汽车专业职业教育情境化教学通用教材

QICHE ZHUANYE ZHIYE JIAOYU QINGJINGHUA JIAOXUE TONGYONG JIAOCAI

汽车电器构造与维修

主编　谭本忠

山东科学技术出版社
·济南·

图书在版编目（CIP）数据

汽车电器构造与维修/ 谭本忠主编. --济南：山东科学技术出版社，2010.1（2022.2 重印）
汽车专业职业教育情境化教学通用教材
ISBN 978-7-5331-5538-4

Ⅰ. ①汽… Ⅱ. ①谭… Ⅲ. ①汽车－电器设备－构造－职业教育－教材 ②汽车－电器设备－车辆修理－职业教育－教材 Ⅳ. ①U472.41

中国版本图书馆CIP数据核字（2009）第233858号

主编：谭本忠
编者：谭 璇 张 青 胡 波 谭玉芳 张国林 罗小玲
张中旗 谭凌凯 谭红平 谭秋平 向 慧 张 燕
徐崟崁 徐廷秀 陈克顺 谭本秀 陈 泉 林路英
张富祥

汽车电器构造与维修

QICHE DIANQI GOUZAO YU WEIXIU

责任编辑：邱 蕾 段 琰 宋 涛

主管单位：山东出版传媒股份有限公司
出 版 者：山东科学技术出版社
地址：济南市市中区舜耕路517号
邮编：250003 电话：（0531）82098088
网址：www. lkj. com. cn
电子邮件：sdkj@sdcbcm. com
发 行 者：山东科学技术出版社
地址：济南市市中区舜耕路517号
邮编：250003 电话：（0531）82098067
印 刷 者：济南鲁艺彩印有限公司
地址：山东省济南市历城区鲍山街道铁骑路68号院内5号房
邮编：250100 电话：（0531）88888282

规格：16开（210 mm × 285 mm）
印张：9.5
版次：2010年1月第1版 **印次**：2022年2月第18次印刷
定价：38.00元

丛书序

当前，我国职业教育正大力推行以就业为导向培训实用型人才。怎样培养出优秀的实用型人才？解决这个问题需要从改变传统的教学模式、方法入手，各地职业学院也纷纷进行教学改革，包括教材的改编与更新。这其中就包括情境化教学的试点与推广。

什么叫情境化教学，就是模拟实际的工作情境和工作任务来设置学习任务，围绕完成这项工作所需掌握的知识和技能对学生进行培训。这样，学生在学校就能学到真正实用的知识和技能，上岗后马上就能适应工作环境，胜任工作任务。

汽车专业的情境化教学教材按汽车结构的特点和维修分工的不同，分为发动机构造、电控发动机、底盘构造、自动变速器、电器、空调、安全舒适系统、汽车电脑、汽车美容与装饰、汽车文化等十八个分块。以上各个系统总成又按结构功能细分到部件，针对各部件在实际工作中可能遇到的故障，我们收集了大量的案例并进行了归纳总结，提取出最典型的事件作为学习情境的设置。

每一个学习情境就相当于一个工作任务。那么，完成这个任务必须掌握哪些理论知识（必知），需要具备哪些技能（必会），同时，在完成任务的过程中要注意哪些事项（如作业安全与环保），又有哪些经验技巧可供参考，这些内容的讲述就构成教材情境的“骨肉”。

做什么，学什么；学什么，用什么。学以致用，为实用而学，这是情境化教学的最大特点。

为了突出教学效果，提高学员对知识与技能的理解程度和学习兴趣，我们为这套教材开发了相应的多媒体教学课件（与教材同步，综合教学所要用到的图片、动画、视频、文本、PPT等）和电子教学讲义（可扫描相关内容二维码获取）。技能实际操作部分，我们全部拍制成实况录像，使学员可以身临其境地进行模仿和学习。教师若有需要可向出版社免费索取（0531-82098053）。

汽车专业职业教育情境化教学通用教材的模块组成如下：

- 发动机构造与维修
- 汽车底盘构造与维修
- 汽车电器构造与维修
- 电控发动机原理与维修
- 自动变速器原理与维修
- 汽车安全舒适系统原理与维修
- 汽车空调原理与维修
- 电控柴油发动机构造与维修
- 汽车电脑原理与维修
- 汽车车身构造与修复
- 汽车保养与维护
- 汽车检测与故障诊断技术
- 汽车机械基础
- 汽车电学基础
- 汽车美容与装饰
- 汽车构造
- 汽车电子控制技术
- 汽车文化与概论

各汽车院校与职业培训机构可以根据自开专业的教学需要选取不同的模块教材。本套教材的目的在于采用情境化教学，实施情境化教学，大大提升学生的学习兴趣、分析问题的能力和动手能力，同时也为教师教学带来更多方便，使专业教学更轻松、更具实效性。

目　录

第一部分

电源系统

一辆捷达轿车，蓄电池刚充足电，放置一天后就出现启动机转动无力、按喇叭声音弱、开启大灯，灯光很暗等故障。

这是一起蓄电池亏电故障。要排除该故障，我们必须了解蓄电池的结构、蓄电池工作原理、蓄电池的正确使用及检查与维护的方法。

情境一：蓄电池结构与检修

一、蓄电池的作用

蓄电池俗称“电瓶”，是一种将化学能转换为电能的装置，是一种可逆的直流电源。在汽车上与发电机并联，向全车用电设备供电，它的作用有：

启动发动机时，给启动机供电。

当发电机过载时，可以协助发电机向用电设备供电。

当发电机不发电或电压较低（低于蓄电池端电压）时，向用电设备供电。

当发电机端电压高于铅蓄电池的电压时，将一部分电能转变为化学能储存起来，也就是进行充电。

二、蓄电池分类

铅酸蓄电池在汽车上应用广泛，铅酸蓄电池又分为普通铅酸蓄电池、免维护蓄电池、干荷电蓄电池、湿荷电蓄电池、胶体电解质蓄电池等。

1. 普通铅酸蓄电池

如图1-1所示，普通铅酸蓄电池启用时需加电解液再经初充电后才能使用。

图1-1　普通铅酸蓄电池

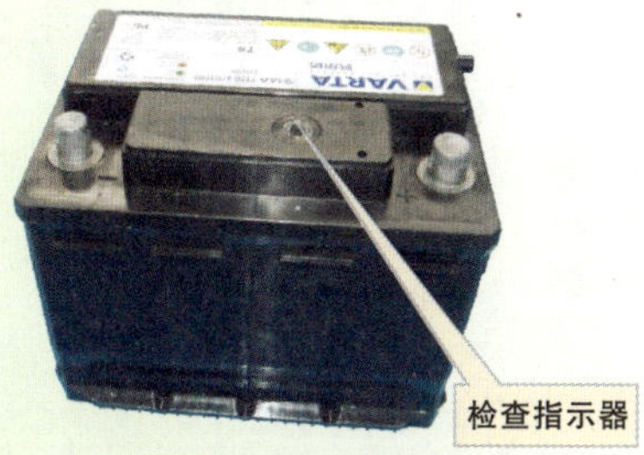

图1-2　免维护蓄电池

2. 免维护蓄电池

免维护蓄电池也叫MF蓄电池，目前在汽车上得到广泛应用，外观如图1-2所示，蓄电池盖上有一检查指示器，它实际是蓄电池内装的比重计，通过它能随时了解电解液的密度、存电情况及液面高度。免维护蓄电池在合理使用过程中不需添加蒸馏水，具有电桩腐蚀轻、内阻小、自行放电少、低温启动性能好、比常规蓄电池使用寿命长、在车上或贮存时不需要补充充电的优点。

3. 干荷电蓄电池

干荷电蓄电池在干燥状态下能够长期（一般两年）保存在制造过程中所得到的电荷，在规定的保存期内如需使用，只要灌入符合规定相对密度的电解液，静置30min即可，不需要初充电。干荷电蓄电池外观如图1-3所示。

图1-3　干荷电蓄电池外观

4. 湿荷电蓄电池

存放期极板呈湿润状态而保持其荷电性的蓄电池叫作湿荷电蓄电池。湿荷电蓄电池在存放期（约6个月）内，加注标准密度的电解液至规定的高度即可使用，首次放电量可达到额定容量的80%。若存放时间过长，则需经过短时间的补充充电才能正常使用。

5. 胶体电解质铅蓄电池

胶体电解质蓄电池如图1-4所示，其电解质用经过净化的硅酸钠溶液和硫酸水溶液混合后，凝结成稠厚的胶状物质，故而得名。胶体电解质铅蓄电池的主要优点是电解质呈胶体状，不流动，无溅出，使用时只需加蒸馏水，不需要调整和测量相对密度值，使用、维护、保管、运输都比较安全和方便。同时，可保护极板活性物质不易脱落。寿命比一般铅蓄电池长20%以上。其缺点是内阻较大，启动容量较小，自放电程度较高，所以现代汽车上采用较少。

图1-4　胶体电解质蓄电池

三、蓄电池结构

汽车蓄电池由3只或6只单格电池串联而成，每只单格电池电压约为2V，串联成6V或12V以供汽车选用，普通铅酸蓄电池主要由极板、隔板、电解液、外壳、联条等组成，如图1-5所示。

蓄电池的结构

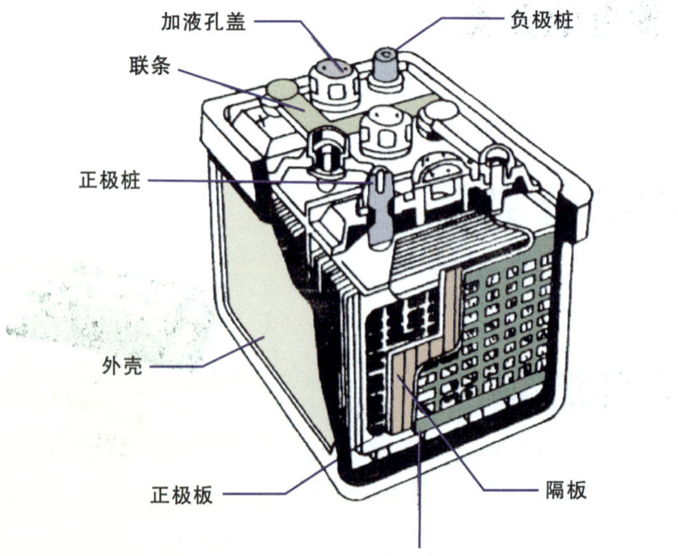

图1-5　普通铅酸蓄电池结构

1. 极板

极板是蓄电池的核心，分正极板和负极板。蓄电池极板由栅架和活性物质组成，如图1-6所示，活性物质填充在铅锑合金铸成的栅架上。蓄电池充、放电过程中，电能和化学能的相互转换是依靠极板上活性物质和电解液的化学反应来实现的。

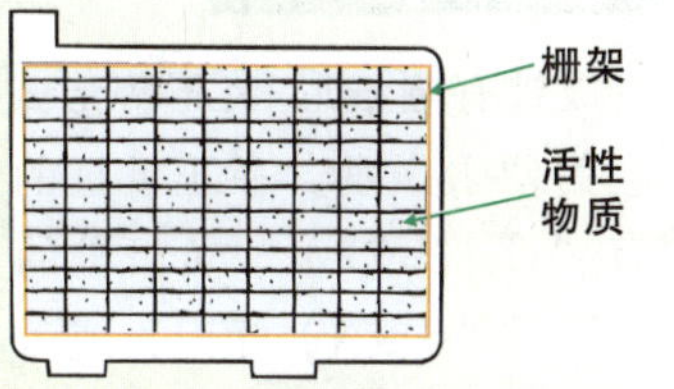

图1-6 蓄电池极板的组成

2. 隔板

隔板的作用是将相互紧靠的正负极板隔开，防止相互接触而短路，如图1-7所示。隔板材料应具有良好的耐酸性和抗氧化性。常用的隔板有木质隔板、微孔橡胶隔板、微孔塑料隔板、玻璃纤维隔板和纸板等。隔板通常一面带有沟槽，安装时，有沟槽面应对着正极板，且与底部垂直，以便于电解液的流通、脱落活性物质的下沉及气泡的逸出。

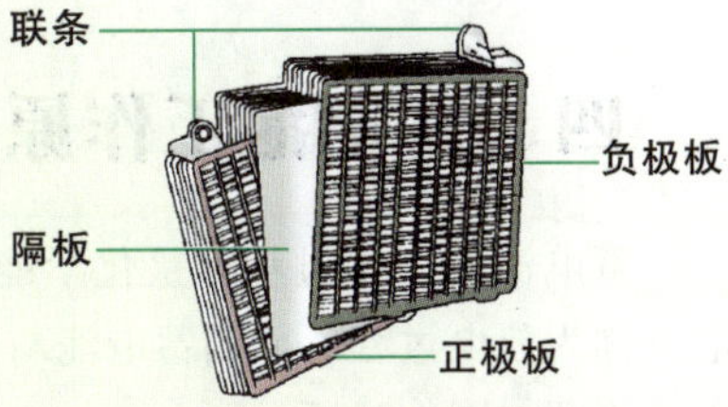

图1-7 隔板的作用

3. 电解液

电解液是蓄电池内部发生化学反应的主要物质，由纯净硫酸和蒸馏水按一定的比例配制而成。蓄电池电解液的密度一般为1.24～1.31g/cm³，确切数值应根据地区、气候条件和制造厂的要求而定，如表1-1所示。对于透明塑料容器的蓄电池，可以通过观察液面高度指示线检查电解液的液面高度，如图1-8所示。

表1-1 不同气温下电解液密度的选择

使用地区最低温度（℃）	冬季（g/cm³）	夏季（g/cm³）
<-40	1.30	1.26
-30~-40	1.28	1.25
-20~-30	1.27	1.24
0~20	1.26	1.23

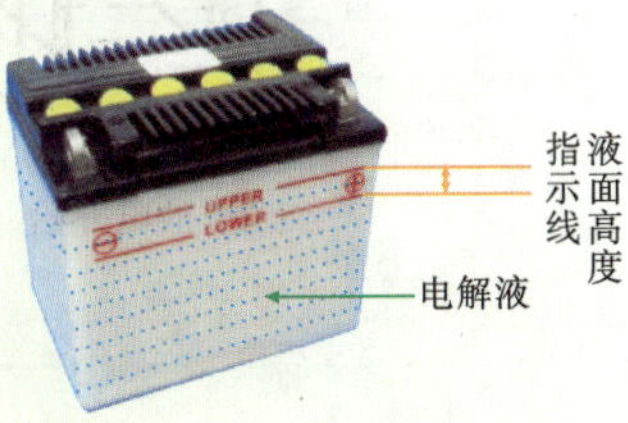

图1-8 电解液液面高度

4. 外壳

蓄电池的外壳是用来盛放电解液和极板组的。它必须耐酸、耐温、耐寒、抗振，并具有足够的机械强度，一般采用橡胶或塑料制成。

一个整体的外壳分成若干个单格。汽车用蓄电池电压多为6V和12V两种规格，6V蓄电池内分3个单格，12V蓄电池分为6个单格。

5. 联条

联条的作用是将单体电池串联起来，提高整个蓄电池的端电压。单体电池的串联方式有传统外露式、内部穿壁式和跨越式三种，如图1-9所示。

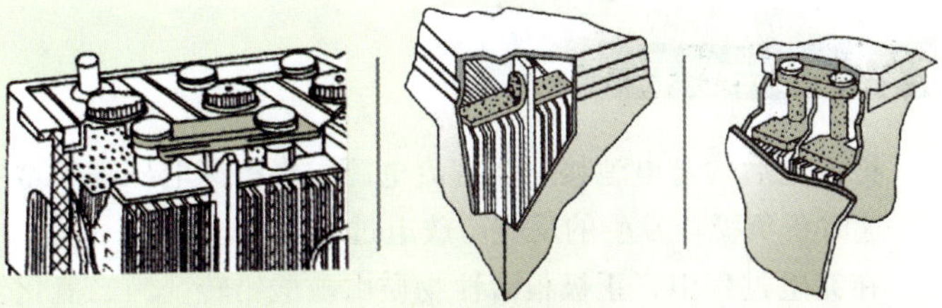

图1-9 单体电池的串联方式

6. 极桩

极桩有圆锥形和L形等形式，如图1-10所示。为便于识别，在正极桩的上方或旁边标刻有“+”（或P）、负极桩的上方或旁边标刻有“-”（或N）标记，或者在正极桩上涂红色油漆。

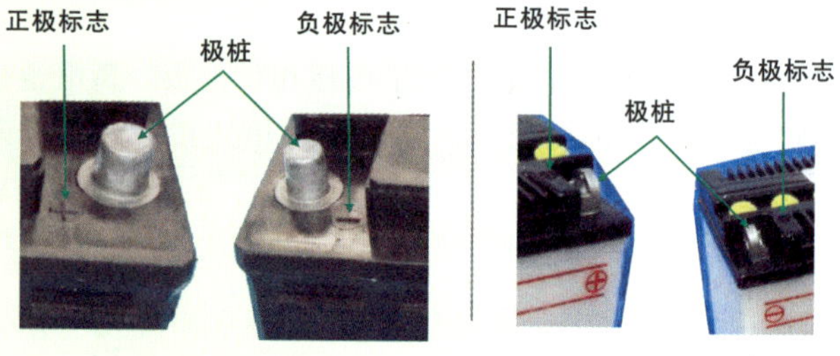

（a）圆锥形极桩　（b）L形极桩

图1-10　极桩的形式

四、蓄电池工作原理

蓄电池的工作过程就是化学能与电能相互转化的过程：当蓄电池将化学能转化为电能时，蓄电池向外供电，称为放电过程；而当蓄电池与外部直流电源相连，将电能转化为化学能时，称为充电过程。蓄电池的基本工作原理如图1-11所示。

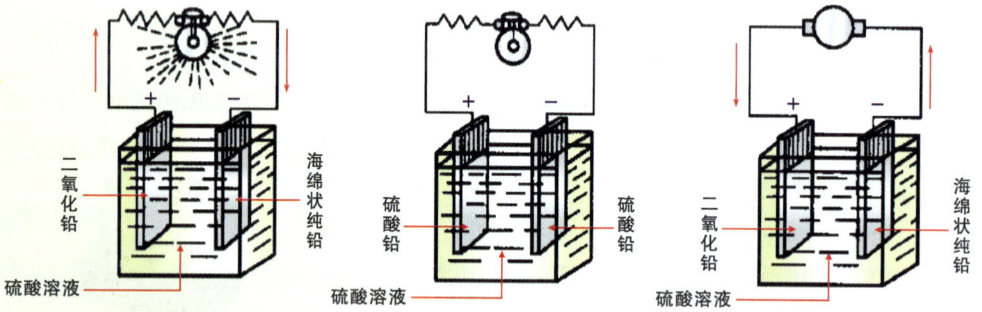

（a）放电开始　（b）放电结束　（c）充电结束

图1-11　蓄电池基本工作原理

1. 放电过程

放电时，蓄电池与外电路接通后，在极板电位差的作用下，电流从正极流出，经过灯泡流回负极，使灯泡发光。

在放电过程中，正极板的铅离子得到来自负极的两个电子后，变成二价铅离子与电解液中的硫酸根离子反应生成硫酸铅（附着在正极上）；负极板上每个铅原子放出两个电子后，生成的铅离子与电解液中的硫酸根离子反应，生成硫酸铅（附着在负极板上）。

如果电路不中断，上述化学反应将持续进行。电解液中的硫酸被消耗，生成了水。所以，放电后电解液的密度是逐渐下降的，这个过程一直进行到化学反应不能再继续进行，灯泡不能正常发光为止。

2. 充电过程

把放电后的蓄电池接一个直流电源。当电源电压高于蓄电池电动势时，电流将从蓄电池正极流入，负极流出。这时正负极板发生的反应与放电过程相反。

在充电过程中，正极板活性物质由硫酸铅转变为二氧化铅，负极板上的活性物质由硫酸铅转变为纯铅，电解液中消耗了水，生成了硫酸，电解液密度逐渐上升。只要充电过程进行，上述电化学反应就不断进行。当极板上的物质全部转变完成后，蓄电池就充足了电。

总结：蓄电池充放电过程中的化学反应是可逆的，可用下式表示，即：

$$PbO_2+2H_2SO_4+Pb \underset{充电}{\overset{放电}{\rightleftharpoons}} 2PbSO_4+2H_2O$$

五、蓄电池使用

1. 蓄电池的识别

按照标准JB/T 2599–1993的规定，蓄电池产品型号由三部分组成，排列如下：

□—□□—□□

第一部分　第二部分　第三部分

第三部分：

表示蓄电池额定容量和特殊性能，我国目前规定采用20h放电率的额定容量，单位为A·h，用数字表示，特殊性能用字母表示：

G–表示高启动率。

S–表示塑料槽。

D–表示低温启动性能好。

第二部分：

表示蓄电池的类型和特征，用汉语拼音字母表示。如第一个字母是Q表示启动用铅蓄电池，M表示摩托车用。第二个字母为蓄电池的特征代号，无字母则表示为普通式铅蓄电池。如：A–干荷电式；W–免维护式；H–湿荷电式；M–密封式；S–少维护；J–胶体电解质。

第一部分：

表示串联的单格蓄电池数，用阿拉伯数字表示，其额定电压为这个数字的2倍。比如：

3–表示3个单格，额定电压6V。

6–表示6个单格，额定电压12V。

举例：

图1-12中所示的蓄电池的型号为6-QA-105S，表示该蓄电池由6个单格组成，额定电压12V，额定容量为105A·h，是采用塑料整体式外壳的启动干荷式蓄电池。

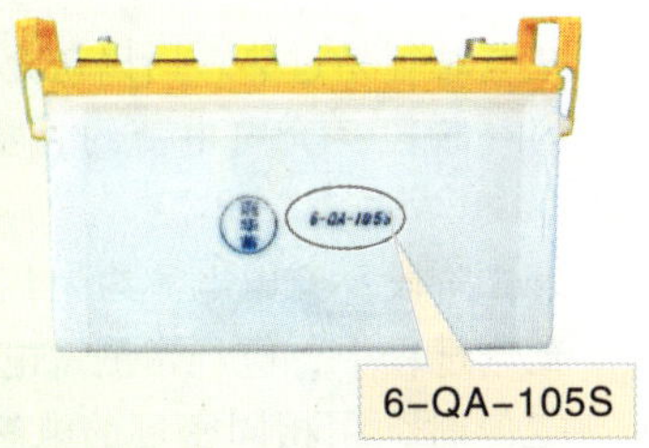

图1-12　蓄电池的识别

2. 蓄电池的正确使用

◆使用启动机时，每次启动时间应不超过5s，两次启动之间的时间间隔应大于15s，如出现连续三次启动不成功时，应查明原因，排除故障后再启动发动机。

◆定期检查蓄电池电解液液面高度，如发现电解液容量不足，要及时进行补充，如图1-13所示。

◆冬季补加蒸馏水时，只能在蓄电池充电前进行，以便蒸馏水较快地与电解液混合而不致结冰。

◆要经常保持蓄电池的外部清洁，以防间接短路和电极接线柱腐蚀。

◆要经常检查蓄电池在车上的安装是否牢靠，电极接线柱与接线头的连接是否紧固。

◆要经常疏通加液孔盖上的通气孔；检查加液孔盖是否拧紧，以免行车时因振动而使电解液溢出。

◆定期对蓄电池进行补充充电，以保证蓄电池始终保持充足电的状态。

◆要经常检查蓄电池的放电情况，放完电的蓄电池在24h内应及时充电。

◆在车上拆卸蓄电池电缆时，应先拆下蓄电池的负极电缆（如图1-14所示），再拆下蓄电池的正极电缆；安装时，应先安装蓄电池正极电缆，再安装蓄电池负极电缆，以免拆卸过程中造成蓄电池短路。

◆对暂时不用的蓄电池可放置在室内暗处进行湿储存。使用前，应重新充足电。对于长期不使用的蓄电池采用干储存法。

图1-13 补充蒸馏水

图1-14 拆卸蓄电池负极电缆

六、蓄电池充电

1. 充电种类

蓄电池的充电种类有初充电、补充充电和去硫化充电等。

（1）初充电

新蓄电池或更换极板修复后的蓄电池在使用之前的首次充电为初充电。具体操作步骤如下：

按规定将一定密度的电解液加注到蓄电池中，加入的电解液温度不得超过35℃，加入电解液后，要静止3～6h，再将电解液液面调整到高出极板10～15mm。

待蓄电池内温度低于30℃时，将充电机正极与蓄电池的正极相连，充电机负极与蓄电池的负极相连，准备充电。

充电时容易过热，所以初充电选用的电流较小，充电分两个阶段进行。

第一阶段：充电电流约为蓄电池额定容量的1/15，充电至电解液中有气泡析出，蓄电池单格端电压达到2.4V。

第二阶段：充电电流约为蓄电池额定容量的1/30（第一阶段电流的一半）。

充电过程中，应经常测量电解液的密度和温度。充电初期密度会有降低情况，不需要调整，当液面高度低于规定值时，用相同密度的电解液调至规定值。如果充电时电解液的温度上升到40℃时，则应将充电电流减半。如果温度继续上升到45℃时，则应停止充电，采用人工降温，待冷至35℃以下时再继续充电。整个初充电大约需60h，充电过程中，如需减少充电电流则应适当延长充电时间。

初充电接近终了时，如果电解液密度不符合规定，应用蒸馏水或密度为1.40g/cm^{3}的稀硫酸进行调整，再充电2h，若相对密度仍不符合规定，应再调整并充电2h，直至相对密度符合要求为止。

（2）补充充电

蓄电池在使用中，如果发现下列情况之一，都必须进行补充充电：

· 启动机运转无力，灯光比平时暗淡，电喇叭声音小。

· 冬季放电超过25%、夏季放电超过50%。

· 蓄电池电解液密度下降到1.15g/cm^{3}以下。

·储存已近1个月不用的普通蓄电池。

另外由于在汽车上使用的蓄电池进行的是定电压充电，不可能使蓄电池充电充足，为了有效防止硫化，最好2～3个月进行一次补充充电。补充充电的过程和方法与初充电相同，也分两个阶段：

第一阶段：充电电流约为蓄电池额定容量的1/10，充至冒气泡，单格电压为2.3～2.4V为止。

第二阶段：充电电流约为容量的1/20，充至蓄电池内产生大量气泡，电解液呈“沸腾”状态，单格电压为2.5～2.7V，电解液密度达到规定值，并且在2～3h内基本不变，此时表示电池电已充足，时长约为15h。

（3）去硫化充电

蓄电池发生极板轻度硫化时，可用去硫化充电法加以消除。具体操作如下：

首先倒出原有的电解液，并用蒸馏水清洗2次，然后再加入足够的蒸馏水。

接通充电电路，用初充电电流进行充电，当密度上升到1.15g/cm³时倒出电解液，加入蒸馏水再进行充电，如此反复多次，直到电解液密度不再增加为止。

以10h放电率放电检查蓄电池容量，当蓄电池容量达到额定值80%以上，说明硫化已基本消除，可上车使用。

蓄电池的充电方法

2. 充电方法

蓄电池的充电方法有定流充电、定压充电和脉冲快速充电三种。

（1）定流充电

蓄电池在充电过程中，充电电流保持恒定不变的充电方法称为定流充电。由于充电过程中蓄电池电动势逐渐升高，因此充电过程中要不断调整充电电压。当充到蓄电池单格电压升到2.4V（电解液开始冒气泡）时，再将充电电流减小一半后保持恒定，直到蓄电池完全充足。

定流充电时，被充电的蓄电池是采用串联的方式进行充电，如图1–15所示。

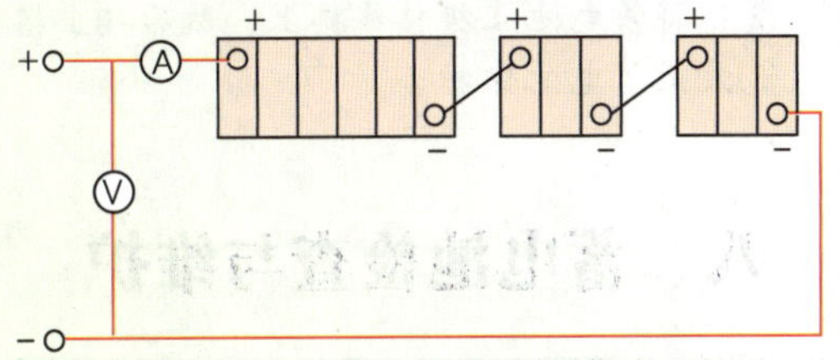

图1–15 定流充电时蓄电池的连接

（2）定压充电

在充电过程中，加在蓄电池两端的充电电压保持恒定不变的充电方法，称为定电压充电。

定电压充电的特点是：充电开始，充电电流很大；随着蓄电池电动势的不断提高，充电电流逐渐减小；充电终了，充电电流将自动减小到零。

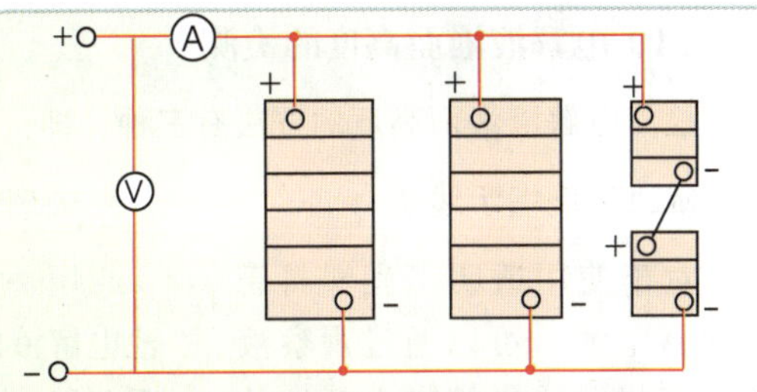

图1–16 定压充电时蓄电池的连接

定压充电具有充电时间短、充电过程中不需调整充电电压的优点，因此适合于蓄电池的补充充电。定压充电时，蓄电池采用并连接法，如图1–16所示。

（3）脉冲快速充电法

脉冲快速充电法也称为分段充电法。充电初期采用大电流，使电池在较短的时间内达到额定容量的60%左右，当单格电压上升到2.4V，电解液开始分解并冒出气泡时，在充电设备的控制下，进行脉冲充电。

脉冲快速充电法的优点是：充电速度快，可缩短充电时间；增加蓄电池容量，极板去硫化明显。缺点是：出气率高，即充电过程中产生大量的气泡，对极板活性物质的冲刷力强，易使活性物质脱落，对蓄电池的使用寿命有一定的影响。

七、蓄电池就车拆装

1. 拆解 （以捷达轿车为例）

①拆下蓄电池的搭铁线。
②打开电源盒盖，拧下蓄电池的正极接线，如图1-17所示。
③拔下电源盒插头。
④拧下蓄电池固定螺栓，松下固定夹，如图1-18所示。
⑤拔下蓄电池正极线，取出蓄电池，如图1-19所示。

蓄电池的拆装

图1-17

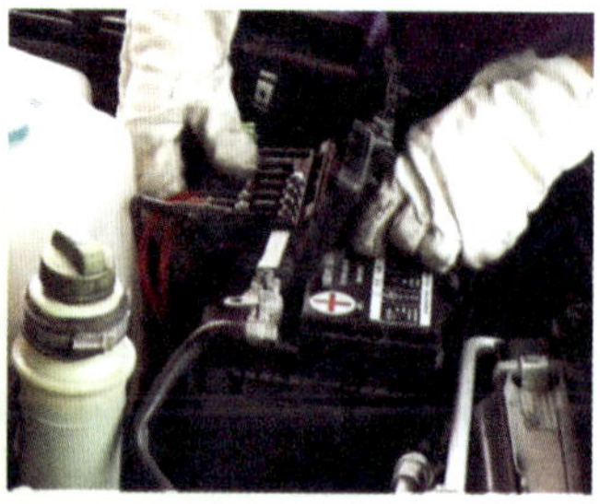

图1-18

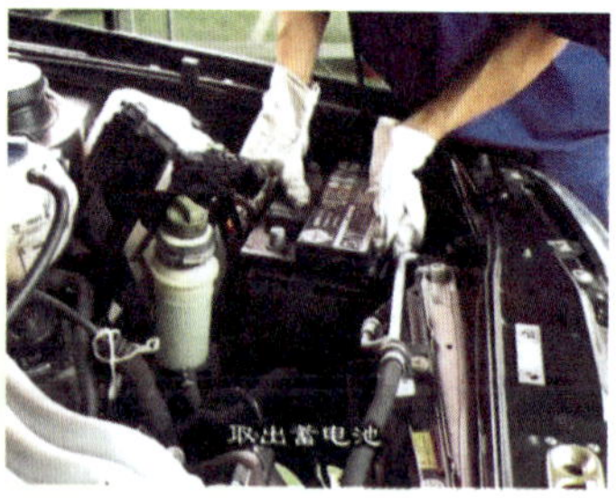

图1-19

2. 安装

①将固定压板压在蓄电池底部凸缘上。
②先将蓄电池正极接线接上，然后接上搭铁线。
③装上蓄电池保护套。

八、蓄电池检查与维护

1. 普通铅酸蓄电池性能的检查

（1）电解液液面高度的检测

检测电解液液面高度的方法有三种，即：液面高度指示线法、玻璃管测量法和加液孔观察判断法。

液面高度指示线法

对于使用透明工程塑料壳体的蓄电池，可以通过观察液面高度指示线来检查电解液的液面高度，如图1-20所示。正常液面高度应介于两线之间，低于下线为液面过低，应加蒸馏水进行补充。

玻璃管测量法

用一空心玻璃管插入到蓄电池电解液内极板的上平面处，用手指按紧玻璃管上端使管口密封，提起玻璃管，玻璃管内所吸取的电解液的高度即为液面高度，标准值应为10~15mm，如图1-21。

加液孔观察判断法

部分进口小汽车在电解液加液孔内侧的标准液面位置处开有方视孔，如图1-22所示。可通过观察液面在方孔的位置来检视液面高度。当液面在方孔下面为液面过低，正好与方孔平齐时为标准，液面满过方孔而充满加液口底部以上为过多。

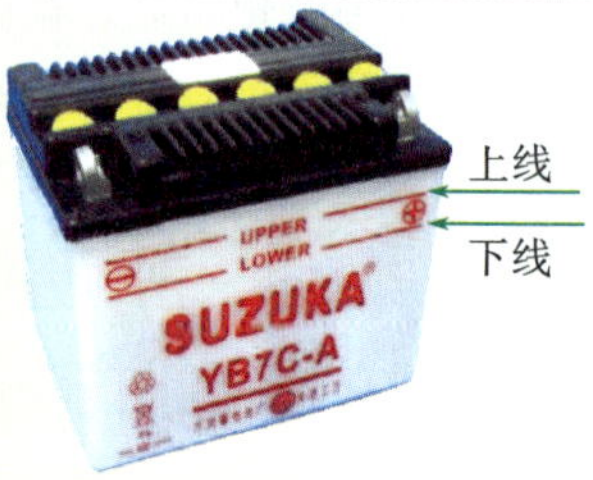

图1-20 液面高度指示线

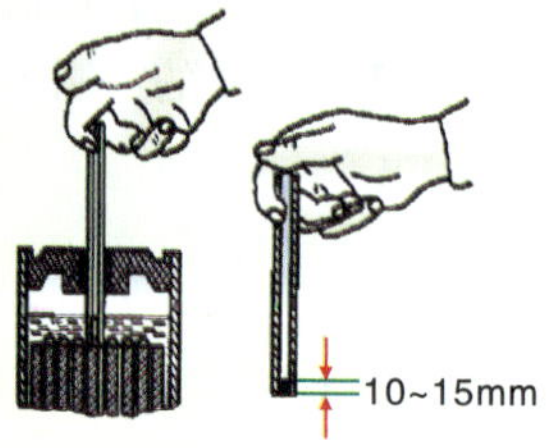

图1-21 用玻璃管测量液面高度

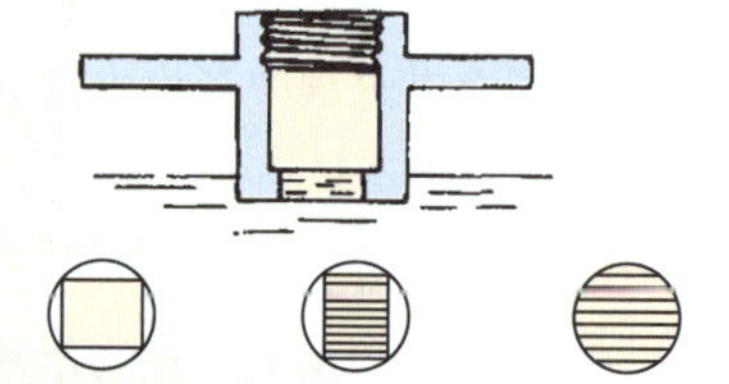

图1-22 根据加液孔液位判定液面高度

（2）蓄电池端电压的检测

用蓄电池高功率放电计测量蓄电池端电压

方法如下：关闭点火开关；将高功率放电计的红色鳄鱼夹与蓄电池的正极相连，黑色鳄鱼夹与蓄电池的负极相连，如图1-23所示；按压高功率放电计测试开关并保持5～10s后放开，待测试仪上的指针静止不动后读出读数（如图1-24所示），此读数即为蓄电池的端电压。

A：如电压>11.5V表明蓄电池良好。

B：如电压在9.5～11.5V，表明蓄电池较好。

C：如电压<9.5V，表明蓄电池需要充电或存在故障。

图1-23　连接高功率放电计与蓄电池

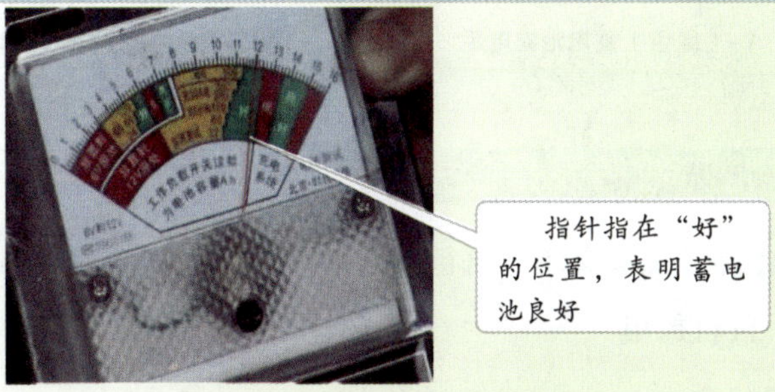

图1-24　读取蓄电池端电压值

（3）电解液密度的检测

测量前紧捏密度计的橡皮头，排除空气，将橡皮管插入电解液，慢慢放松橡皮球，吸取蓄电池中的电解液，直到浮子浮起，如图1-25所示。

根据浮子高度和浮子刻线之间的关系，可读出高度的数值，如图1-26所示。

也可通过观察浮子彩色标记来粗略估计密度值，判断蓄电池放电程度，如图1-27所示。

A：电解液处于黄色区域：电解液密度值为1.25～1.30g/cm^3，说明电量充足。

B：电解液处于绿色区域：电解液密度值为1.15～1.25g/cm^3，说明电量比较充足。

C：电解液处于红色区域：电解液密度值为1.1～1.15g/cm^3，说明蓄电池必须充电。

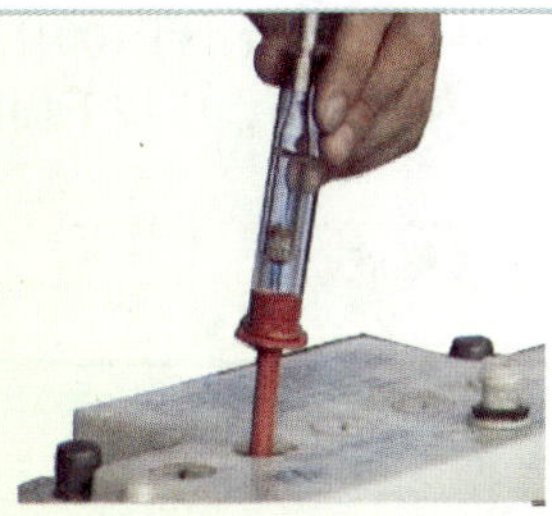

图1-25　用密度计吸取电解液

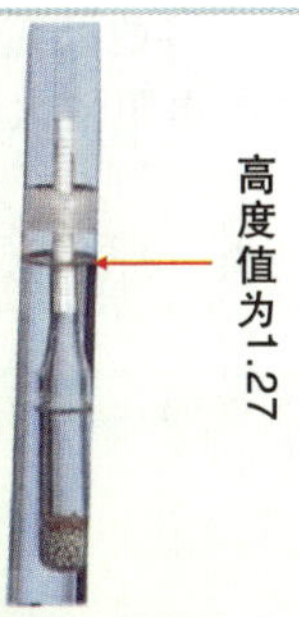

图1-26　读取高度值

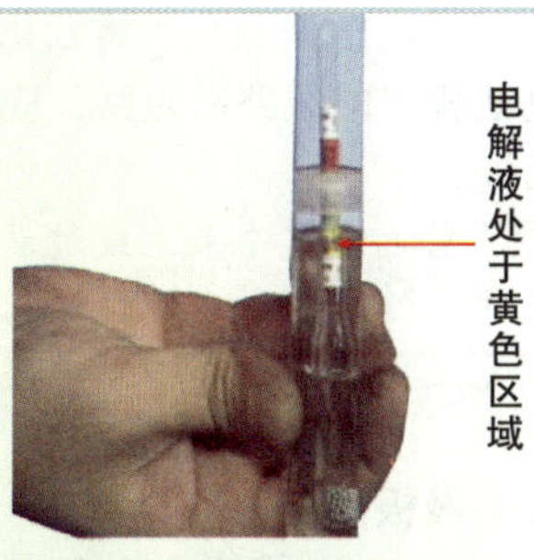

图1-27　观察浮子彩色标记

2. 免维护蓄电池的检查

对于全密封型免维护蓄电池，由于无加液孔，所以不能采用传统的密度计来测量电解液密度以判断其技术状况，只能通过顶端的检查孔观察其颜色来判断蓄电池的技术状况，如图1-28所示。

图1-28　通过顶端检查孔检测免维护蓄电池的状况

3. 常见故障及排除方法

蓄电池常见的故障有：自行放电、极板硫化、极板活性物质大量脱落、极板短路蓄电池存电不足。

（1）自行放电

故障现象：

充足电或使用正常的蓄电池放置几天时间后，在无负荷的情况下，出现电量低甚至无电的现象。

故障原因：

①电解液不纯，电解液中的杂质沉附于极板上产生局部放电。
②电池溢出的电解液堆积在盖板上，使正负极桩形成通路。
③蓄电池内部短路隔板破裂或极板活性物质脱落，下部沉淀物过多使正、负极板短路，引起自行放电。
④蓄电池放置不用，硫酸下沉，下部密度比上部大，极板上下部发生电位差引起自行放电。
⑤与蓄电池相连的线路有短路现象。

排除方法：

断开蓄电池搭铁线，将欧姆表测试笔分别连接接地电缆与蓄电池正极电缆。其电阻值若小于100Ω，说明与蓄电池相连的线路有短路，应检查电气线路；若电阻值大于100Ω，说明蓄电池内部短路，应按下面的步骤进行处理：

①将蓄电池完全放电或过放电，使极板上的杂质进入电解液中，然后倒掉原电解液。
②用蒸馏水将蓄电池清洗几次，最后加入新的电解液进行充电。
③充足电后如仍有自放电现象，则重复上述步骤，直到故障消除为止。

（2）极板硫化

故障现象：

①在极板上生成坚硬、不易溶解的白色大颗粒。
②蓄电池容量降低，用高功率放电计检测，发现单格电压迅速下降。
③电解液的密度下降到规定的正常数值以下。
④蓄电池在开始充电及充电完毕时电压过高，达2.7V以上。
⑤蓄电池在充电时过早地产生气泡，甚至一开始充电就有气泡。
⑥蓄电池在充电时电解液温度上升得过快，易超过45℃。
⑦蓄电池放电时电压下降过快，过早地降至终止电压。

故障原因：

①蓄电池在放电后长期放置不用。在电解液中不断地有溶解与结晶两个相反的过程交替产生，产生后再结晶，经过多次再结晶，便在极板上形成粗大的不易溶解的硫酸铅晶体。

②蓄电池经常过量放电或小电流深放电，从而在极板细小孔隙的内层生成硫酸铅。

③电解液液面过低，极板上的活性物质露在空气中被氧化，汽车行驶时电解液波动使其接触氧化了的活性物质，生成了粗晶粒的硫酸铅。

④蓄电池初充电不彻底或使用期间未进行定期补充充电，使其在半充电状态长期使用，极板上的放电产物硫酸铅长期存在，也会通过再结晶形成粗大的颗粒。

⑤电解液不纯或其他原因导致蓄电池自行放电，均会产生硫酸铅，从而为硫酸铅再结晶提供物质基础。

排除方法：

①用全充电全放电循环法使活性物质还原。

②消除极板上的硫酸铅。

③放电切勿超过规定的电流。

④电解液密度不应超过规定值。

⑤补充电解液至规定的高度。

（3）蓄电池存电不足

故障现象：

汽车启动时，启动机转动无力；按喇叭声音弱；开启大灯，灯光很暗；平时发现电解液耗损过快。

故障原因：

①使用新蓄电池前未按要求进行充电。即充电时未经过充、放电循环，蓄电池未达到规定容量。

②发动机调节器电压调得过低，使蓄电池经常充电不足或蓄电池接线极性与极板连接断裂，致使充电电阻增大。

③电解液密度过低。

④蓄电池极板有短路，或隔板击穿、损坏。

⑤电解液的相对密度过高，充电电流过大，致使极板硫化。

⑥经常长时间启动启动机，造成大电流放电，致使极板损坏。

排除方法：

①首先检查蓄电池的外部，看外壳是否良好，有无裂纹，表面是否清洁，极板上是否有腐蚀及污物。如有，则为蓄电池外部自放电故障，根据相应故障予以排除。

②检查蓄电池搭铁接线，主要观察极柱的连接夹子有无松动，蓄电池接线极柱与极板连接处有无断裂。如有，则为输出电阻过大，电压降低。

③蓄电池充电后检查电解液密度，若出现两个相邻电池中电解液的密度有明显差别，则说明单格电池内部有短路，不能使用。

④检查电解液的液面高度。若液面高度不足，且在极板上有白色结晶物质存在，则可能存在极板硫化故障。

九、蓄电池故障维修实际操作

※ 掌握了蓄电池的基础知识及常见故障的排除方法后，现在回过头来解决前面遇到的蓄电池亏电故障。

检修过程如下：

①检查蓄电池电解液面高度基本正常。

②启动发动机，测量发电机输出电压为13.8V，基本正常。由此怀疑该蓄电池有自放电现象，且较严重，故决定更换蓄电池。

③在拆装蓄电池时，发现接线柱有强烈的电火花，而此时点火开关处于关闭状态。由此说明，电路中有用电器漏电或短路之处。

④不经点火开关的用电器有散热器风扇、点烟器、收音机、制动灯、门灯、小灯等。逐一拔掉上述这些电器的熔丝，观察漏电电流并不减小；拔下所有熔丝，漏电电流还是不减小。再逐一拔掉所有继电器，当拔掉12号位置进气歧管预热继电器后，漏电电流消失，手摸该继电器表面发热严重。

⑤拆开发热的继电器，发现其内部已烧蚀黏连。

进气预热电路如图1-29所示，打开点火开关后，如果发动机冷却液温度低于60℃，温度开关F35闭合，继电器J81通电工作，其内触点闭合，30号电线上的电压经继电器内闭合的触点到进气管预热加热电阻N51，加热器开始加热。当继电器内触点烧蚀黏连后，加热器N51一直工作不停，从而造成了蓄电池亏电故障。

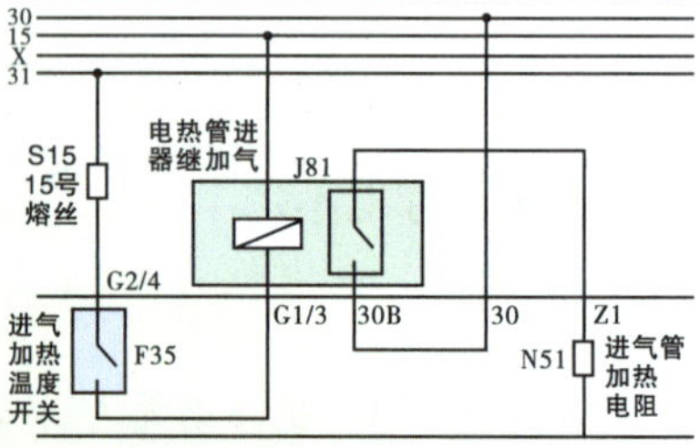

图1-29　进气预热电路

⑥更换新的继电器J81后，漏电消失，蓄电池也不再亏电，故障排除。

思考与练习

一、填空题

1. 铅蓄电池的充电过程是 ________ 转变成 ________ 的过程。

2. 蓄电池充不进电产生原因有__________，__________，__________。

3. 定期对蓄电池补充充电，如冬季放电超过 ________，夏季超过 ________，并出现灯光暗淡，启动无力现象时应停止使用，立即进行补充电。

4. 蓄电池的保养应经常消除铅蓄电池盖上的 __________，保持加液孔盖通气孔的__________。

5. 放完电的蓄电池在 ________ 小时内充电。

二、判断题（正确的打“√”，错误的打“×”）

1. 一般情况下，当蓄电池液面高度低于规定值时，理应添加蒸馏水，不许添加电解液或纯硫酸。（　）

2. 调整电解液密度必须在充足电的情况下进行。（　）

3. 当充电电流过大时，会使蓄电池电解液过快消耗。（　）

4. 在对蓄电池充电的过程中，使充电电流保持恒定的充电方法，称为定电压充电。（　）

5. 蓄电池初充电的特点是充电电流小，充电时间长。（　）

三、选择题

1. 蓄电池与发电机两者在汽车上的连接方法是（　）

A. 串联连接　B. 并联连接　C. 各自独立　D. 以上都不对

2. 蓄电池电解液消耗过快原因之一是（　）

A. 充电电流过大　B. 充电电流过小　C. 充电电流不稳　D. 无充电电流

3. 在发动机正常工作时，用电设备所需要电能是由（　）提供

A. 发电机　B. 蓄电池　C. 点火线圈　D. 底盘

4. 在闭合电路中，蓄电池内阻变大，则输出的端电压将（　）

A. 升高　B. 降低　C. 不变　D. 升高或降低

5. 蓄电池充电时，正极板上的活性物质是（　）

A. 硫酸　B. 纯铅　C. 二氧化铅　D. 硫酸铅

6. 有一蓄电池的型号为6-QA-75，其中A表示（　）

A. 干荷电式　B. 薄型极板　C. 低温启动性好　D. 启动型蓄电池

7. 某一3-Q-90型蓄电池，其20h放电率的放电电流为（　）

A. 3A　B. 4.5A　C. 6A　D. 90A

8. 无需维护蓄电池是指使用中（　）

A. 根本不需维护　B. 3～4年不必加蒸馏水

C. 3～4个月不必加蒸馏水　D. 需要定期补充蒸馏水

一辆捷达轿车，当接通点火开关时，充电指示灯亮，发动机正常运转后充电指示灯却不熄灭。

这是一例发电机不发电故障，要维修该故障，我们需掌握发电机的结构与工作原理、发电机的检测与维修方法、电压调节器的检测方法、充电系常见故障的检修方法，学会识读电源系电路图，了解发电机的拆装方法。

情境二：发电机结构与检修

交流发电机是汽车的主要电源，其作用是：在发动机正常工作时，向用电设备供电；当蓄电池存量不足时，向蓄电池及时地充电。

一、汽车发电机结构

三相同步交流发电机主要由转子、定子、电刷与电刷架、风扇、皮带轮、前后端盖等组成，如图1-30所示。

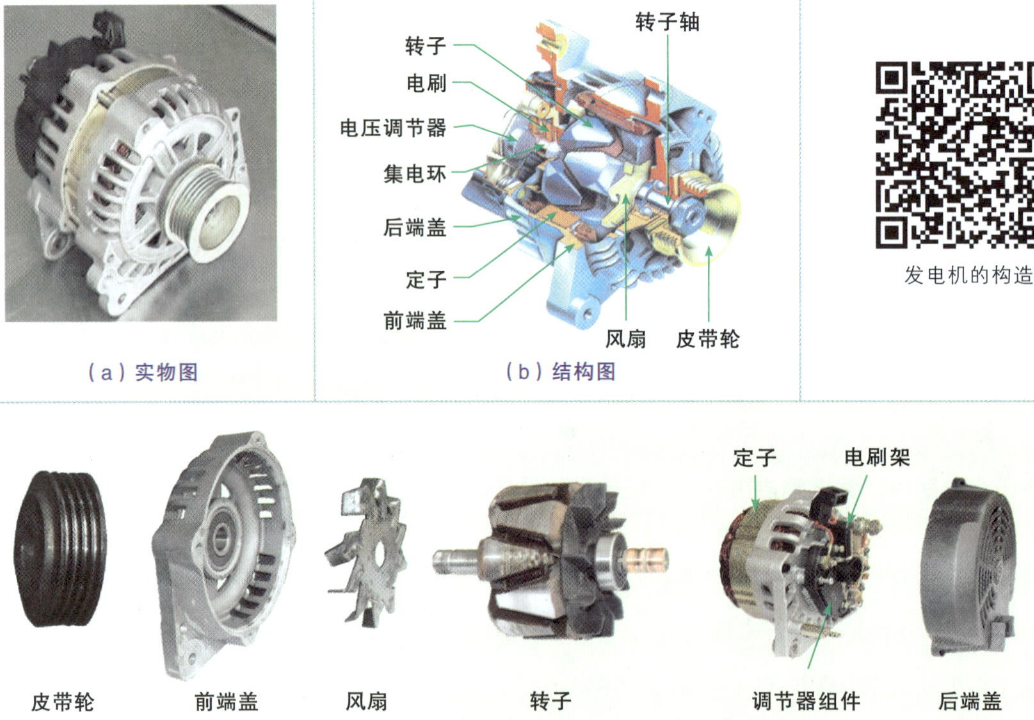

（a）实物图 （b）结构图 （c）分解图

发电机的构造

图1-30 三相同步交流发电机组成及实物

1. 转子

转子的作用是产生磁场。转子主要由两块爪极、励磁绕组、转子轴和集电环（也称滑环）等组成，如图1-31所示。

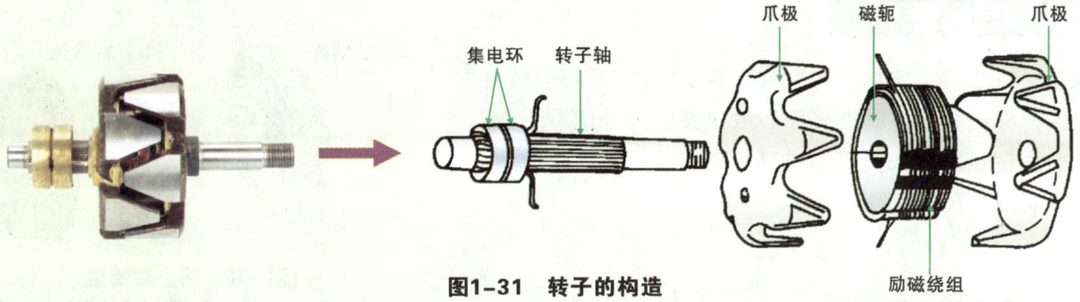

图1-31 转子的构造

转子轴上压装有两块爪极，每块爪极上有六个鸟嘴形磁极，在两块爪极的空腔内装有导磁用的铁心（称为磁轭），铁心上绕有励磁绕组（又称磁场绕组或转子线圈）。励磁绕组的两引出线分别焊在与轴绝缘的两个集电环上，集电环与装在后端盖上的两个电刷接触。当两电刷与直流电源接通时，励磁绕组中便有磁场电流通过，产生轴向磁通，使得一块爪极被磁化为N极，另一块爪极为S极，从而形成了相互交错的磁极。

2. 定子

定子又称电枢，其作用是产生交流电动势。定子由定子铁心和定子绕组组成，如图1-32所示。定子铁芯由相互绝缘的内圆带嵌线槽的圆环状硅钢片叠成。三相定子绕组对称地安放在定子铁芯槽内。绕组的接法有星形（即Y形）、三角形两种方式，如图1-33所示。汽车交流发电机大多采用星形连接。

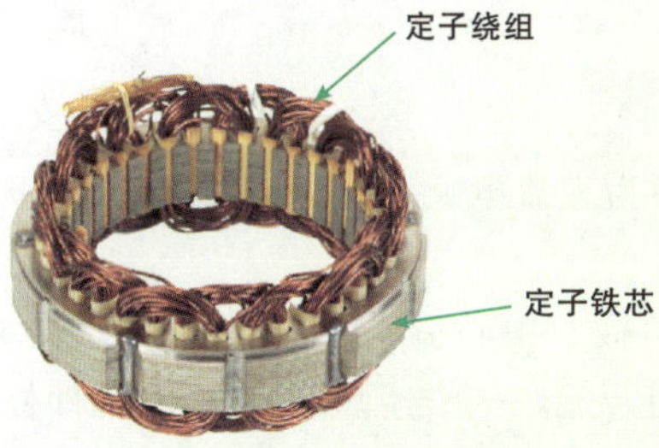

图1-32 定子的结构

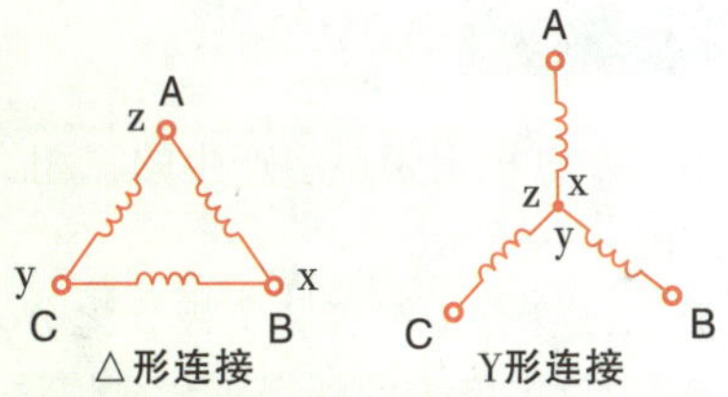

图1-33 定子绕组连接方式

3. 电刷与电刷架

在发电机的后端盖上装有电刷架和电刷（如图1-34所示），两个电刷分别装在电刷架的孔内。电刷的作用是与集电环接触，将直流电引入励磁绕组。电刷架的结构有外装式和内装式两种，如图1-35所示。

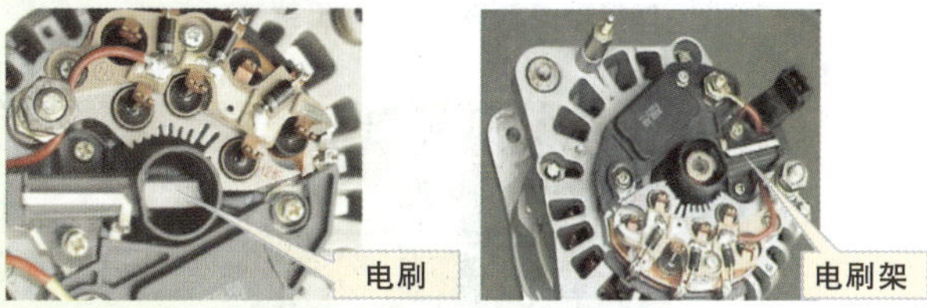

图1-34 电刷与电刷架

图1-35 电刷架的结构

4. 前、后端盖

前端盖、后端盖（实物如图1-36所示）均由非导磁材料的铝合金制成，漏磁少，并具有轻便、散热性能好等优点。汽车发电机的前后端盖上一般设有通风口，以便发电机内部散热。另外，后端盖内装有电刷架和电刷。

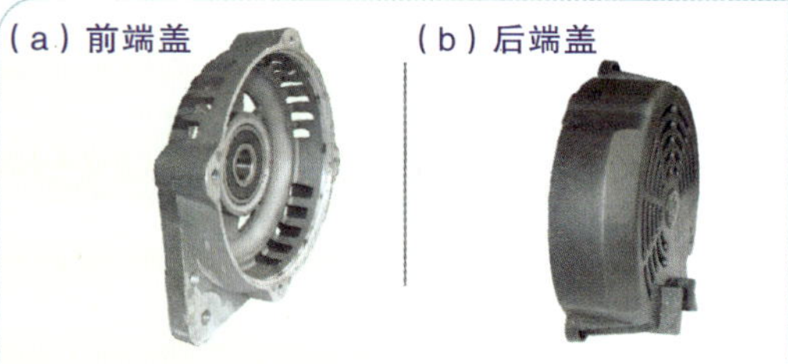

图1-36 前、后端盖

5. 皮带轮

皮带轮（实物如图1-37所示）通常由铸铁或铝合金制成，安装在交流发电机的前端。发动机通过皮带轮驱动发电机旋转。

图1-37 皮带轮

6. 风扇

风扇（实物如图1-38所示）一般由钢板冲制或用铝合金压铸而成，其作用是在发电机工作时，强制通风，对发电机进行冷却。目前新型的发电机将外装单风叶改装为两个风叶并分别固定在发电机的转子极爪两侧，增强了冷却效果。

图1-38 风扇

7. 整流器

整流器的作用是将发电机定子绕组产生的三相交流电变换为直流电，一般由6只硅整流二极管接成三相桥式全波整流电路，如图1-39所示。

交流发电机整流二极管有正极管和负极管之分。外壳为负极、中心引线为正极的二极管，称为正极管，管壳底上有红色标记，3只正极管的外壳压装或焊接在元件板上，由一个与后端盖绝缘的元件板固定螺栓通至机壳外，成为发电机的电枢接线柱“B”或“+”极；外壳为正极、中心引线为负极的二极管，称为负极管，管壳底上注有黑色标记，3只负极管的外壳压装或焊接在另一元件板上（有些压装在后端盖的3个孔内），和发电机外壳一起成为发电机的负极。其安装如图1-40所示。

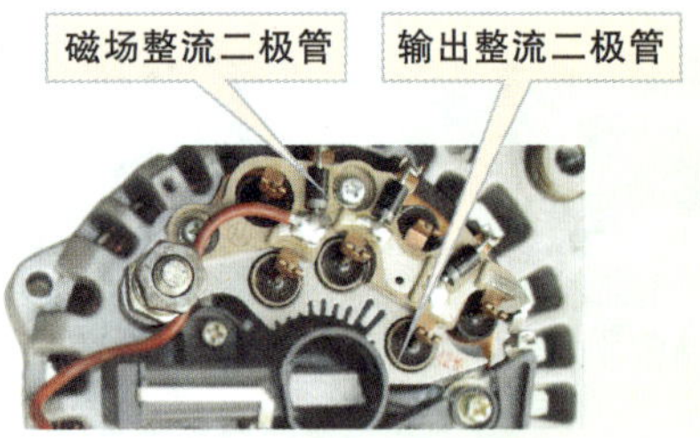

图1-39 三桥相式全波整流电路

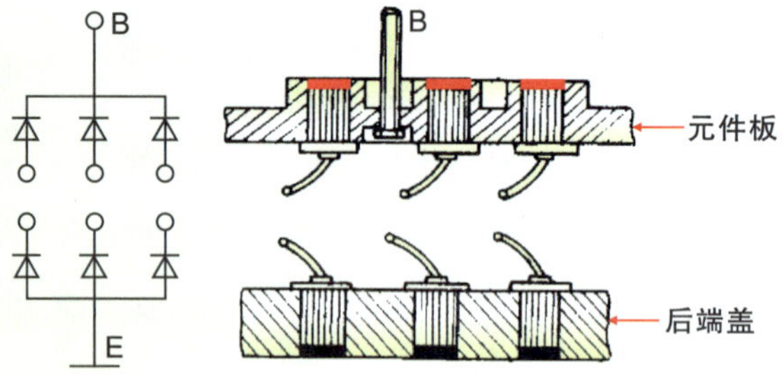

图1-40 交流发电机整流二极管安装图

二、交流发电机工作原理

1. 发电原理

交流发电机产生交流电的基本原理是电磁感应原理，交流发电机工作原理电路如图1-41所示。当励磁绕组中有电流通过时，便产生磁场，而当产生磁场的转子旋转时，磁力线和定子绕组之间产生相对的切割运动，在定子绕组内便会产生交流感应电动势。感应电动势的大小与每相绕组串联的匝数及转子的转速有关，即匝数越多，转速越高，感应电动势越大。

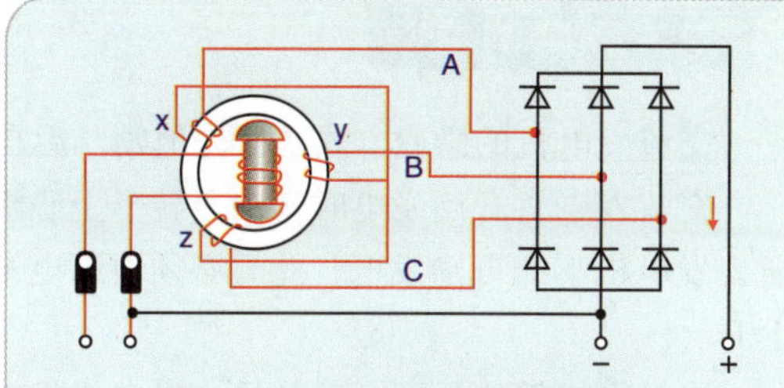

图1-41 交流发电机工作原理

2. 整流原理

整流器是利用二极管的单向导电性将交流电转换为直流电的。

图1-42是以六管构成的三相桥式整流电路，其中3只正极管（VD_1、VD_3、VD_5）的负极联接在一起，在某一瞬间，正极电位最高的管子导通；而3只负极管（VD_2、VD_4、VD_6）的正极联接在一起，在某一瞬间，负极电位最低的管子导通。所以每个时刻有2个二极管同时导通，同时导通的两个管子总是将发电机的电压加在负载的两端。

当$t=0$时，C相电位最高，而B相电位最低，所对应的二极管VD_5、VD_4均处于正向导通，在$0\sim t_1$时间内电流流向如图1-42（a）所示。

在$t_1\sim t_2$时间内，A相的电位最高，而B相电位最低，故对应VD_1、VD_4处于正向导通，$t_1\sim t_2$时间内电流流向如图1-42（b）所示。

在$t_2\sim t_3$时间内，A相电位最高，而C相电位最低，故VD_1、VD_6处于正向导通，$t_2\sim t_3$时间内电流流向如图1-42（c）所示。

以此类推，周而复始，在负载上便可获得一个比较平稳的直流脉动电压，各时间内电流流向如图1-43所示。

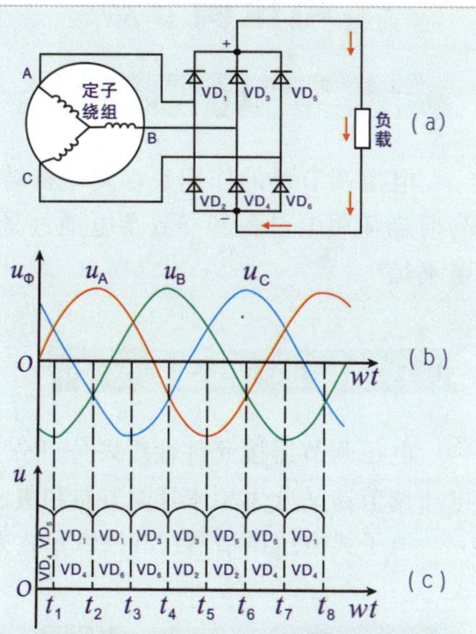

图1-42 三相桥式整流电路

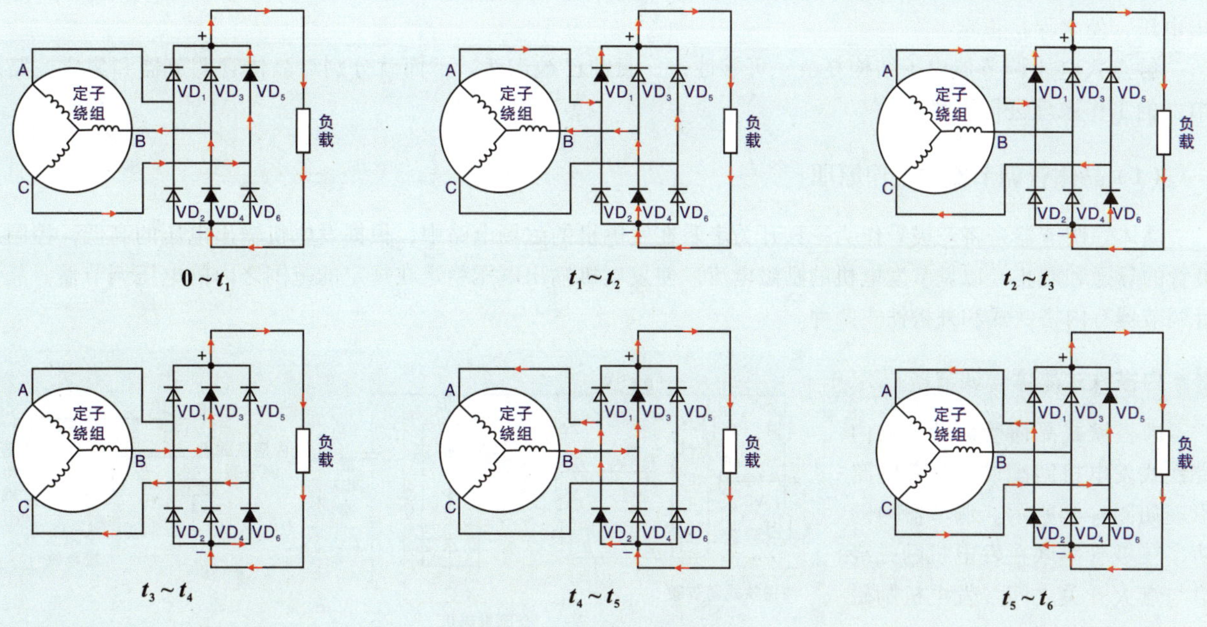

图1-43 各时间内电流流向

3. 励磁方式

交流发电机的励磁方式是：先他励、后自励。

交流发电机开始发电时，由于转子上磁极的剩磁很弱，在低转速下仅靠剩磁产生的电动势不能使二极管导通，发电机不能自励发电，此时必须由蓄电池提供励磁电流，增强磁场，使发电机在低速转动时电压能够迅速上升。

当发电机转速达到一定值后，发电机发电产生的电压达到或超过蓄电池电压时，发电机自己供电给励磁电流，此时，发电机就由他励转变为自励发电。

三、电压调节器

1. 电压调节器的作用

电压调节器的作用是在发电机转速变化时，自动控制发电机电压，使其保持恒定，防止发电机电压过高而烧坏用电设备和导致蓄电池过量充电，同时也防止发电机电压过低而使用电设备工作失常和蓄电池充电不足。

2. 电压调节器的分类

电压调节器按元件性质来分可分为触点式（也称电磁振动式）电压调节器和电子式电压调节器。电子式电压调节器又分为晶体管调节器和集成电路调节器。

电子式电压调节器按其搭铁形式来分又可分为内搭铁式和外搭铁式两种。

3. 电压调节器的工作原理

当交流发电机的转速改变时，调节器通过调节发电机的励磁电流来改变磁极磁通量，从而控制发电机输出电压，使之保持恒定。

触点式电压调节器由于结构复杂、可靠性差，目前已被淘汰。下面就分别对晶体管调节器和集成电路调节器的工作原理进行讲解。

（1）晶体管调节器的工作原理

晶体管调节器是将三极管作为一只开关串联在发电机的磁场电路中，根据发电机输出电压的高低，控制三极管的导通和截止，以调节发电机的励磁电流，使发电机输出电压稳定在规定的范围之内的电压调节器。晶体管调节器有内搭铁式和外搭铁式两种。

内搭铁式晶体管调节器

内搭铁式晶体管调节器与内搭铁式发电机匹配使用，其电路原理如图1-44所示。调节器内的功率三极管串联在发电机励磁绕组与点火开关之间，发电机励磁绕组有一端搭铁。

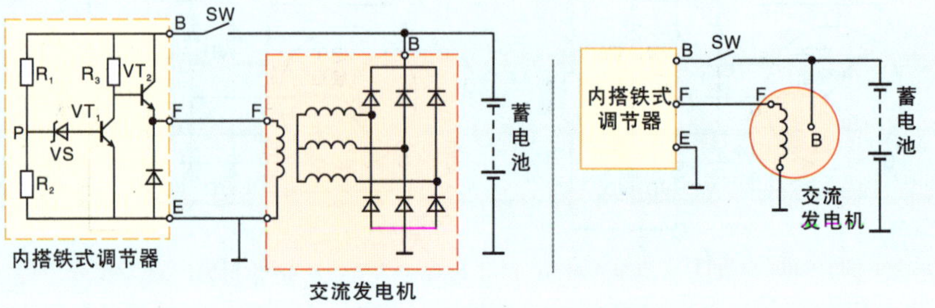

（a）原理图　（b）原理简图

图1-44　内搭铁式晶体管调节器原理

电路工作原理：

①点火开关SW刚接通时，蓄电池电压加在分压器R_1、R_2上，R_2上的分压U_P通过晶体管VT_1的发射极加到稳压管VS上，此时因U_P较低不能使稳压管VS反向击穿，VT_1截止。而由于R_3的分压作用，使得VT_2导通，此时由蓄电池经VT_2给发电机励磁绕组提供励磁电流，电路为：蓄电池正极→点火开关SW→调节器B接柱→三极管VT_2→调节器F接柱→发电机F接柱→励磁绕组→发电机E接柱→搭铁→蓄电池负极。

随着发动机的启动，发电机转速升高，发电机电压上升，当发电机输出电压高于蓄电池电压时，发电机开始自励发电。

②当发电机输出超过规定值时，调节器对电压的调节开始。此时电阻R_1、R_2上的分压U_P达到VS击穿电压，VS导通，VT_1导通，VT_2截止，发电机磁场电路被切断，由于磁场被断路，磁通下降，发电机输出电压下降。

③当发电机电压下降到低于规定值时，电阻R_1、R_2分压减小，U_P下降到VS截止电压，VS截止，VT_1截止，VT_2重新导通，磁场电路重新被接通，发电机电压上升。

重复②③步，如此周而复始，发电机输出电压被控制在一定范围内。

外搭铁式晶体管调节器

外搭铁式晶体管调节器与外搭铁的交流发电机配套使用，其电路原理与接线方式如图1-45所示。调节器内的功率三极管串联在发电机励磁绕组与搭铁之间，发电机励磁绕组无搭铁端，调节器控制励磁绕组搭铁。

外搭铁式晶体管调节器电路工作原理与前述内搭铁式晶体管调节器类似。

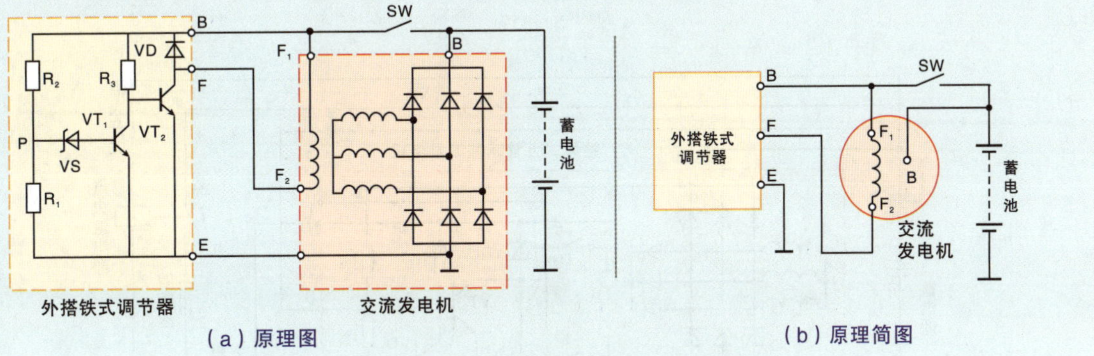

图1-45 外搭铁式晶体管调节器电路原理与接线方式

（2）集成电路电压调节器的工作原理

集成电路电压调节器也称IC调节器，其工作原理与晶体管电压调节器相同。由于集成电路电压调节器具有体积小、质量轻、性能可靠、使用寿命长等优点，现代汽车大量采用集成电路电压调节器。

集成电路调节器装在发电机上，根据电压检测点的不同，所用的检测方法可分为发电机电压检测法和蓄电池电压检测法两种。

发电机电压检测法

发电机电压检测法的特点是直接在发电机上检测发电机的输出电压，如图1-46所示，加在分压器R_2、R_3和上的电压是磁场二极管输出端L的电压U_L，U_L和发电机B端的电压U_B相等，检测点P的电压为U_P，由于检测点P加在稳压管VD_2两端的反向电压与发电机的端电压U_B成正比，所以称为发电机电压检测法。

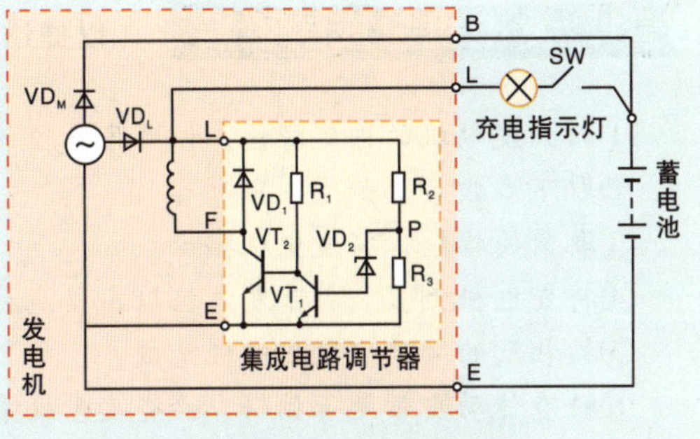

图1-46 发电机电压检测法

采用发电机电压检测法的特点： 发电机的引出线可以少一根；缺点是在“B”到蓄电池接线柱之间导线的电压降较大（因发电机输出电流大）时，蓄电池的充电电压将会偏低，使蓄电池充电不足。因此，一般大功率发电机宜采用蓄电池电压检测法。

蓄电池电压检测法

蓄电池电压检测法的特点是通过连接导线检测蓄电池端电压的变化来调节发电机的输出电压。如图1-47所示，加到分压器R_2和R_3上的电压为蓄电池端电压，由于检测点P加在稳压管VD_2上的反向电压与蓄电池端电压成正比，所以称为蓄电池电压检测法。

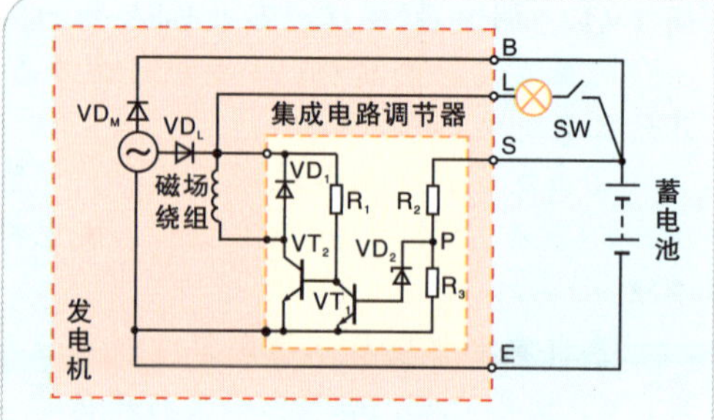

图1-47　蓄电池电压检测法

采用蓄电池电压检测法时，如“B”到蓄电池接线柱之间或“S”到蓄电池接线柱之间断线时，由于不能检测出发电机的端电压，发电机的输出电压将会失控。为了克服这一缺点，电路上应采取一定措施。

图1-48为日产蓝鸟轿车集成电路调节器电路，调节器电路采用蓄电池电压检测法。为了防止接于检测点S和蓄电池正极间的电压检测导线断路而不能检测蓄电池电压导致发电机电压失控现象发生，在发电机的输出端B与检测点S之间又接入了一只电阻R_4，这样，当蓄电池电压检测线断路时，由于R_4的存在，仍能检测出发电机的端电压，即当蓄电池电压检测法失效时，调节器转为发电机电压检测法控制，从而可以继续正常工作。

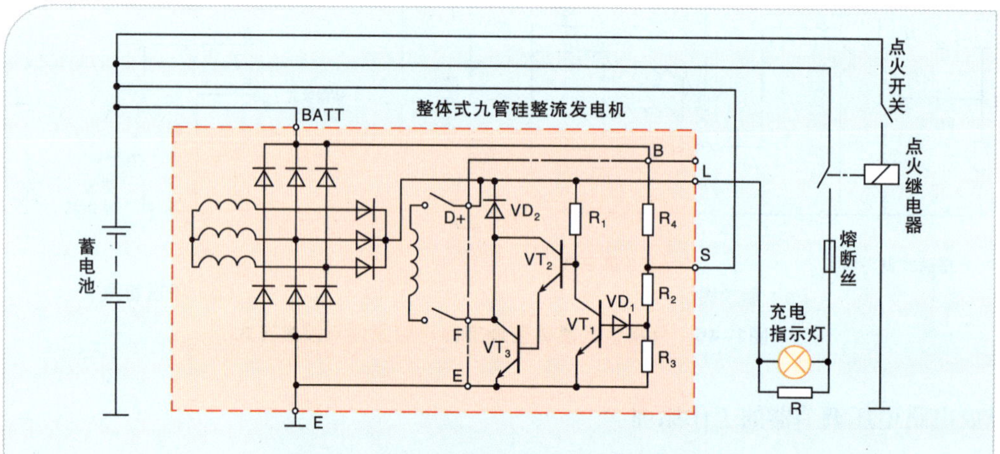

图1-48　日产蓝鸟轿车集成电路调节器电路

四、发电机拆装

1. 发电机总成的更换（以捷达轿车为例）

①松开发电机的固定螺栓，松开张紧轮的张紧度。如图1-49所示。
②取下多楔带，如图1-50所示。
③取紧固螺栓，将发电机摇松。
④将发电机倒置，拧下发电机输出接线柱（图1-51），取下发电机。
⑤按相反的顺序安装发电机总成。
⑥检查传动皮带是否偏斜、检查皮带松紧度。

图1-49 松开固定螺栓和张紧度

图1-50 取下多楔带

图1-51 取下发电机

2. 发电机的分解与装配

①用扭力扳手拧出发电机皮带轮的紧固螺母，取出螺母垫圈。

②用拉器拉出发电机皮带轮，如图1-52所示。

③拧下发电机后端盖的整流器罩盖螺栓，取下后端盖。

④拧下各颗发电机前后端壳体紧固螺栓，用橡胶锤敲击转子轴，如图1-53所示。

⑤取出前端盖，如图1-54所示。

⑥取出止推垫圈和风扇叶轮，如图1-55所示。

⑦取出转子绕组总成，如图1-56所示。

⑧按拆解的反顺序装复。装复后，转动发电机皮带轮，转子应转动平顺，无摩擦及碰击声。

发电机分解

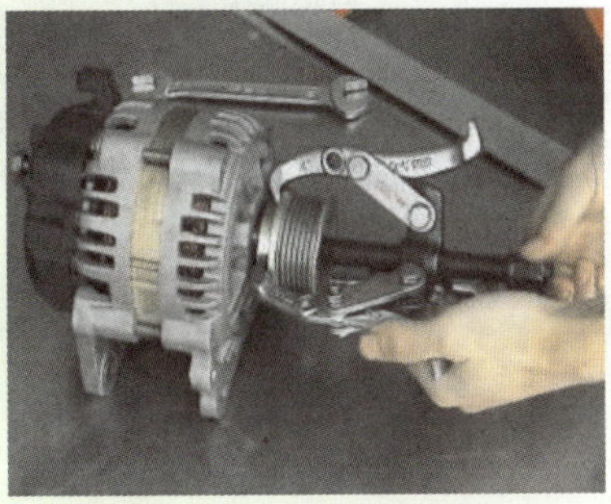
图1-52 拉出发电机皮带轮

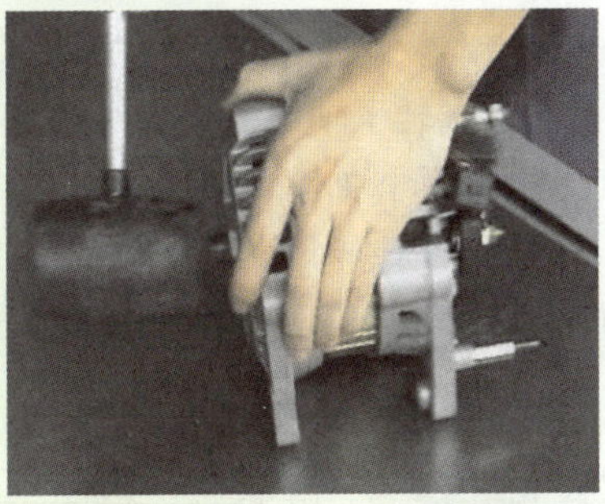
图1-53 敲击转子转轴

图1-54 取前端盖

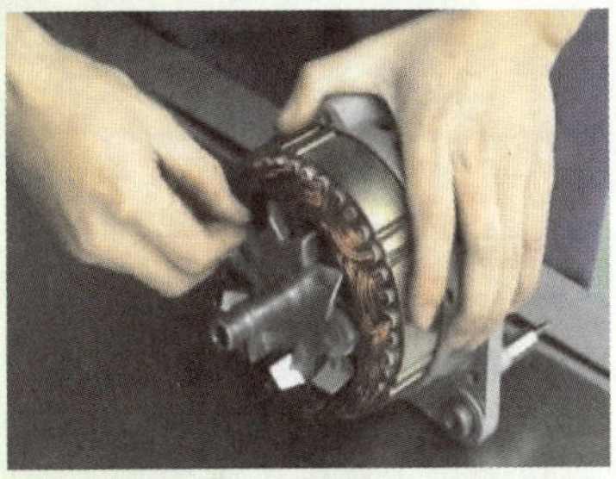
图1-55 取风扇叶轮

图1-56 取转子总成

五、汽车交流发电机检测与维修

1. 交流发电机的整机检测

充电指示灯检查：打开点火开关，不启动发动机时充电指示灯（图1-57）点亮，然后启动发动机，当发动机正常运转时充电指示灯应熄灭，否则应检查发电机。

发电机检查：在发动机运转状态下用一带铁的物体检查发电机转子轴有无磁性，如有说明发电机励磁电路良好（图1-58）；如没有应检查发电机励磁电路有无输入电压，如无则检查电压调节器及励磁绕组有无损坏。然后检查发电机输出电压（在发动机2 500 r/min时12V）发电机输出应为12～14.8V（图1-59），否则应检查硅整流器及定子绕组有无损坏。

图1-57　充电指示灯(捷达)

图1-58　转子轴磁性检查(捷达)

图1-59　检查发电机的输出电压

2. 交流发电机零部件的检测与维修

转子的检修

励磁绕组短路和断路检测：将万用表笔分别触在两集电环上，如图1-60所示。电阻正常为2.5～6Ω，如果电阻比标准值小，说明励磁绕组有短路故障；如果电阻无穷大，说明励磁绕组有断路故障。

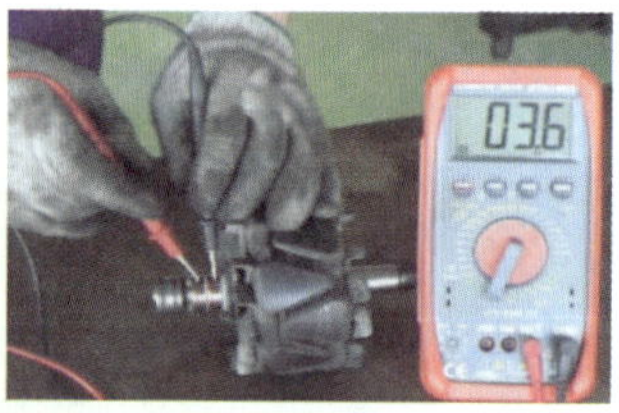

图1-60　励磁绕组短路和断路检测

励磁绕组的绝缘性检测：即检查转子绕组与铁心（或转子轴）之间的绝缘情况。用万用表蜂鸣挡检测两集电与铁心（或转子轴）之间的导通情况。正常应为“∞”,若发出蜂鸣响声，说明有搭铁故障，如图1-61所示。

集电环的检修：集电环应光滑平整，若有划伤或沟槽可用细砂布磨光，如图1-62所示；用游标卡尺测量集电环的外径，其值应不小于标准直径的0.5mm，集电环厚度应≥1.50mm。

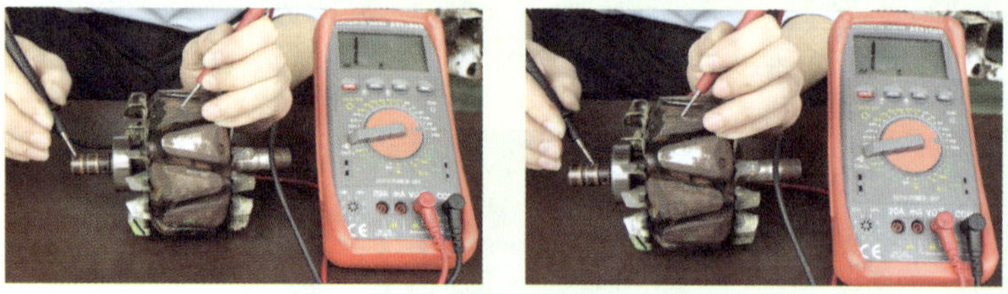
图1-61　励磁绕组绝缘性检测

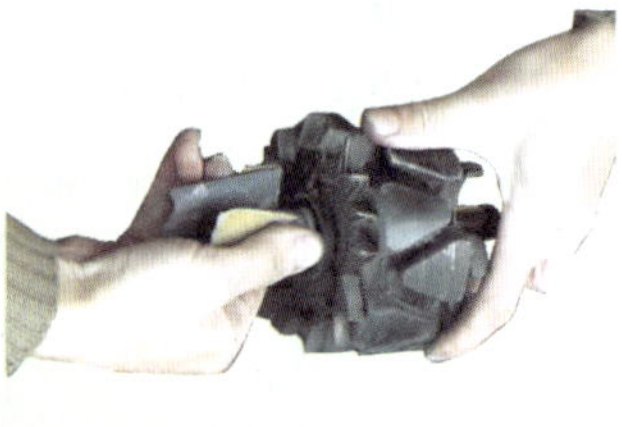
图1-62　集电环的检修

定子的检修

定子绕组短路与断路的检测：数字万用表置于“Ω”挡，检测定子每两个绕组端头之间的电阻。正常时阻值应小于1Ω且相等。阻值为“∞”，说明断路；阻值为0，说明短路，如图1-63所示。

定子绕组搭铁检测：即检查定子绕组与定子铁心间绝缘情况。用数字万用表蜂鸣挡测试定子铁心与绕组各接线端间的电阻，正常应指示“∞”，如图1-64所示。

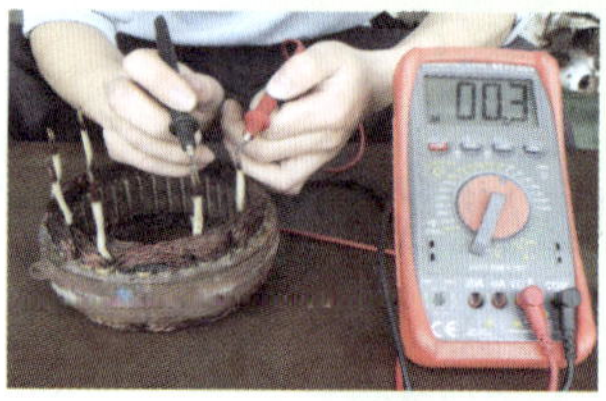

图1-63　定子绕组短路、断路检测

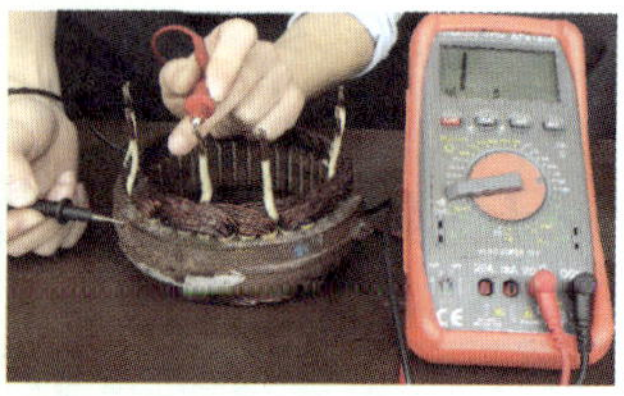
图1-64　定子绕组搭铁检测

整流器的检查

检测正极管：用数字万用表的蜂鸣挡进行检查，黑表笔接元件板，红表笔分别接整流器各接柱，万用表均应导通，否则说明该二极管断路；调换两表笔进行测试，此时万用表均不导通，否则说明二极管短路，如图1-65（a）所示。

检测负极管：用数字万用表的蜂鸣挡进行检查，红表笔接发电机后端盖，黑表笔分别接整流器各接柱，万用表均应导通，否则说明该二极管断路；调换两表笔进行测试，此时万用表均不导通，否则说明二极管短路，如1-65（b）所示。

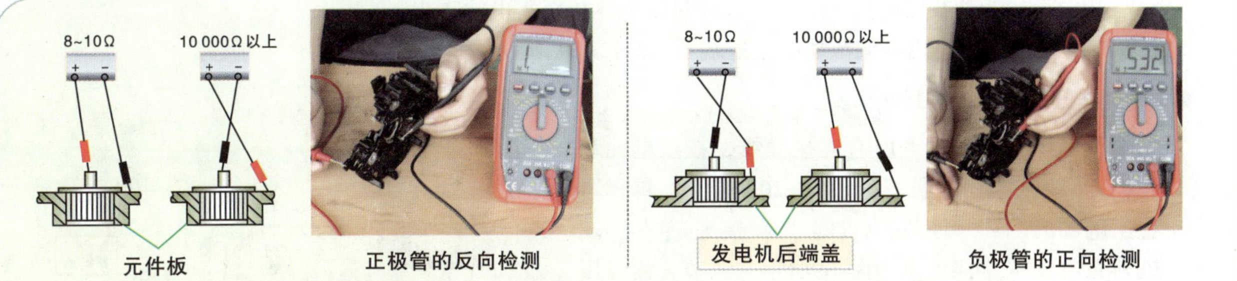

（a）正极管的检测　　（b）负极管的检测

图1-65　整流器的检测

电刷组件的检查

电刷表面不得有油污，且应在电刷架中活动自如，电刷外露长度一般不小于7mm，电刷架应无裂纹，弹簧应无腐蚀或折断的现象，否则应更换电刷或电刷弹簧。电刷外露长度的检测如图1-66所示。

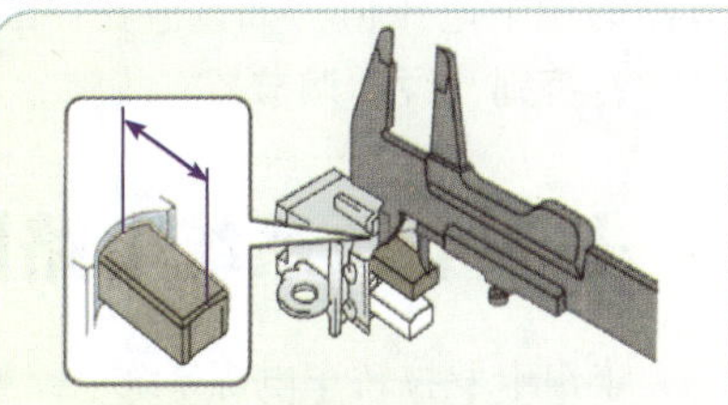

图1-66　电刷外露长度的检测

六、电子式电压调节器检测

电子电压调节器由于使用不当或质量不佳，会出现发电机不发电的现象；发电机电压过高，充电电流过大，蓄电池电解液沸腾，消耗过快等故障。下面就分别介绍晶体管式电压调节器和集成电路式电压调节器的检测方法。

1. 晶体管式电压调节器的检测

晶体管式调节器搭铁形式的判别：对12V系统的调节器，用一个12V蓄电池和1个12V、2W的小灯泡按图1-67所示连接好线路。

灯泡接在“–”与“F”接线柱之间发亮，而接在“+”（B）与“F”接线柱之间不亮，说明该调节器为内搭铁式，如图1-67（a）所示；反之，如果灯泡接在“+”（B）与“F”接线柱之间发亮，而接在“–”与“F”接线柱之间不亮，说明该调节器为外搭铁式，如图1-67（b）所示。

晶体管式电压调节器好坏判断：当判别出调节器的搭铁型式后，就可将调节器与一个输出电压为0~30V，电流为3~5A的可调直流稳压电源按图1-68所示的线路接线。逐渐提高电源输出电压，此时，灯泡的亮度应随电压升高而增强，当电压达到13.5~14.5 V时，指示灯熄灭，这种情况说明调节器性能良好。如果灯泡从开始一直不亮或亮了以后一直不熄灭，说明调节器有故障。

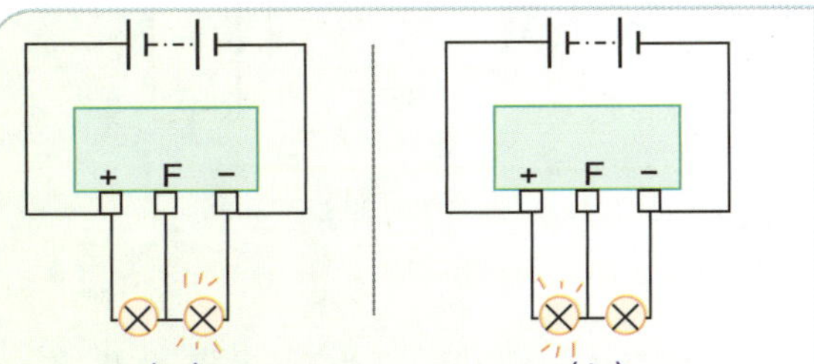

（a）　（b）

图1-67　晶体管式调节器搭铁型式判别电路

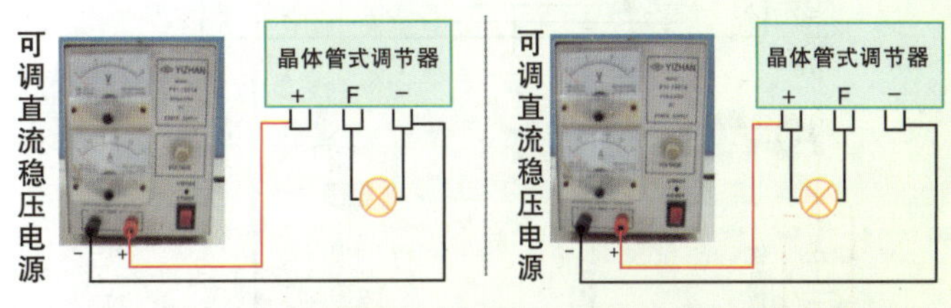

（a）搭铁调节器　　（b）外搭铁调节器

图1-68　电子调节器检测接线图

2. 集成电路电压调节器的检测

集成电路电压调节器端子介绍

集成电路电压调节器为全密封结构，损坏后不方便维修，故只需检测出调节器的好坏，然后直接更换即可。

带有集成电路调节器的整体式交流发电机与外部连线端子常用如下符号表示：

B+（或“+”“B”“BAT”）：为发电机输出端子，连蓄电池正极或启动机。

IG：通过线束接至点火开关（有的发电机上无此端子）。

S（或“R”）：为调节器电压检测端子，通过线束连接至蓄电池正极。

E（或“–”）：为发电机与调节器的接地端子。

集成电路电压调节器好坏判断

首先拆下整体式发电机上所有连接导线，在蓄电池和发电机“L”接线柱之间串联一只12V、20W灯泡，再将可调直流稳压电源的“+”端接发电机的“S”接头，“–”端与发电机外壳或“E”相接，如图1–69所示。调节直流稳压电源，使电压缓慢升高，直至灯泡熄灭，该电压值就是调节器的调节电压值。如该值在13.5～14.5V，则说明调节器正常；否则，说明调节器有故障，应予更换。

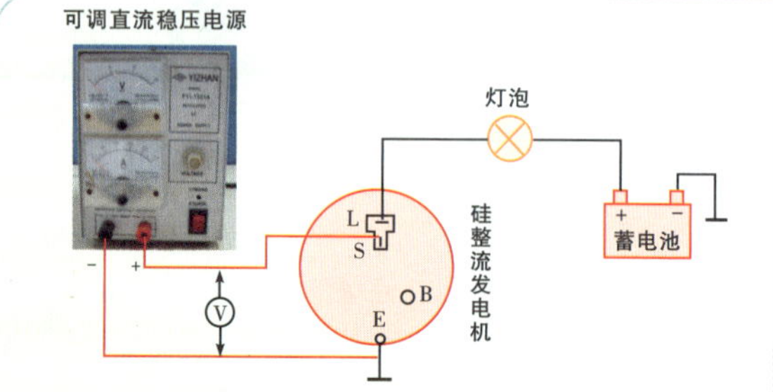

图1–69 集成电路调节器检测接线图

七、电源系统电路图识读 以丰田卡罗拉电源系电路为例

丰田卡罗拉轿车电源系统电路如图1–70所示，主要包括蓄电池、发电机、组合仪表等。发电机内部装有IC集成电路调节器，用于检测发电机电压并调节电压。发动机转速越高，发电机电压越高，高电压会损坏汽车电路系统，需要把发电机输出电压控制在一定范围内，一般为13.8~14.4V。当点火开关闭合时，电路分析如下：

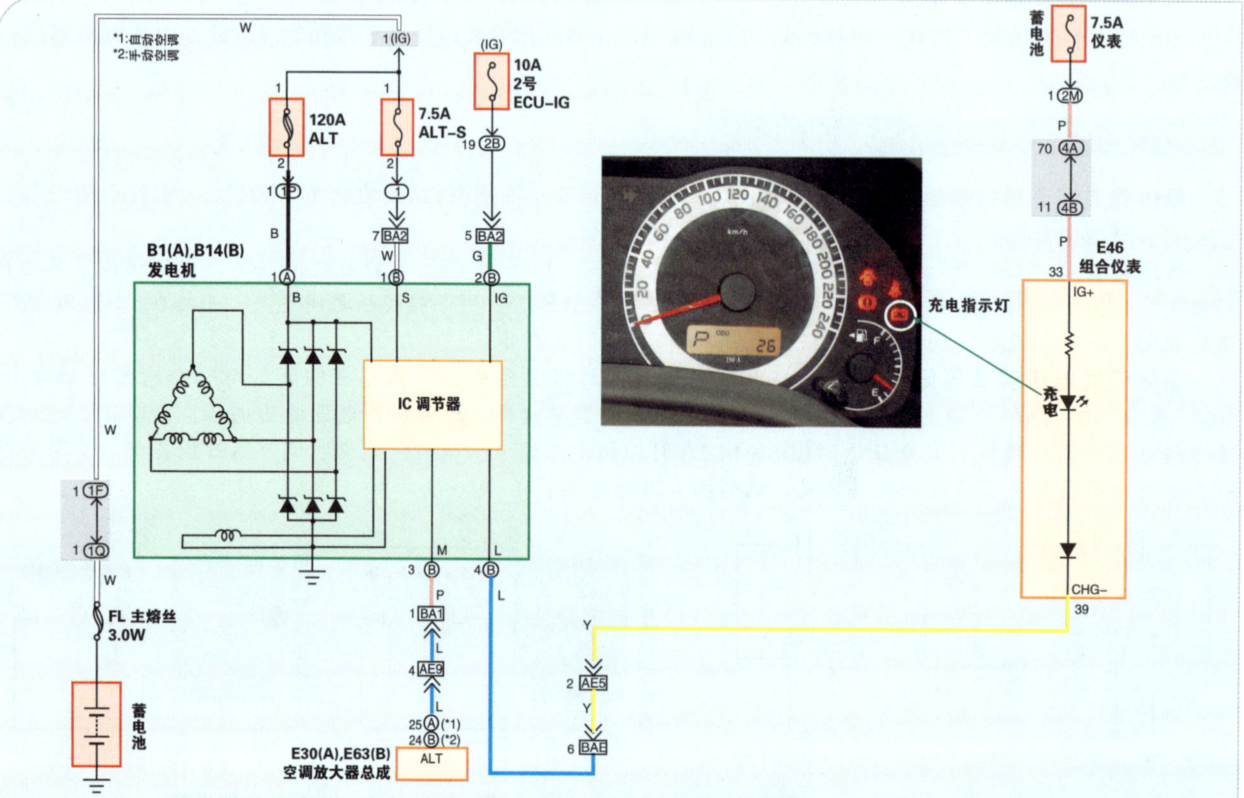

图1–70 丰田卡罗拉轿车电源电路图

发电机B4（L）端为充电指示灯控制端，电路为：蓄电池电压→7.5A 仪表熔丝→组合仪表33接线柱→仪表内部充电指示灯→组合仪表39接线柱→发电机B4（L）端。

当发电机不发电或输出电压低于蓄电池电压时，发电机B4（L）端为低电压，在充电指示灯的两端有电压差，此时充电指示灯亮；当发电机发电后，发电机B4端的电压上升，此时充电指示灯两端的电压相等（都为发电机的端电压），充电指示灯熄灭。

发电机A1（B）插接器是交流发电机的输出端，充电电路为：发电机A1端→120A熔丝→FL 3.0W主熔丝→蓄电池正极，发电机给蓄电池充电。

发电机B2（IG）端子为电压调节器供电端，电路为：从点火开关来的电压→10A 2号ECU-IG熔断丝→发电机B2（IG）端子。

发电机B1（S）端子为蓄电池端电压检测端，检测电路为：蓄电池电压→FL主熔断丝→7.5A ALT-S熔断丝→发电机B1（S）端子。

发电机B3（M）端子接空调放大器：用于控制空调加热器元件的数量。

八、充电系统电路常见故障检修

（1）不充电故障的检修

故障现象：

发电机以中速及以上速度运转时，电流表始终指示不充电，或充电指示灯不熄灭。

故障原因：

①发电机传动带太松或油污打滑。
②发电机励磁线路或充电线路断路。
③发电机整流二极管被击穿、短路或断路。
④发电机定子绕组断路或搭铁。
⑤发电机转子绕组断路。
⑥发电机电刷与集电环接触不良。
⑦调节器失效。

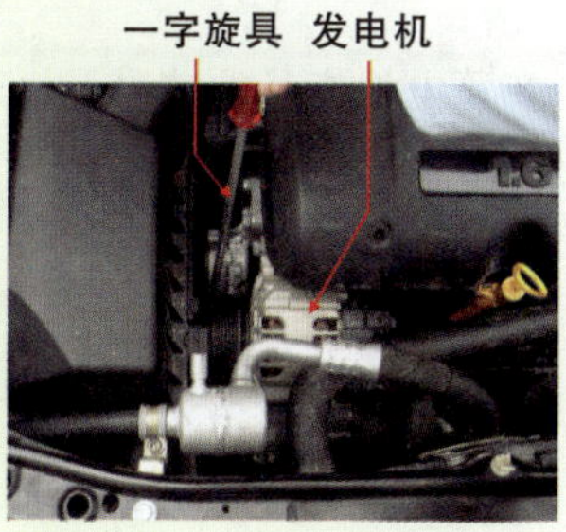

图1-71　探测转子电磁吸力

维修思路：

①检查发电机皮带是否过松或油污打滑。皮带松紧度的检查方法：用手指压下皮带的中部，若压下量过大，说明发电机皮带过松，应调整。

②接通点火开关，用一字旋具靠近发电机后轴承盖，探测转子电磁吸力（图1-71），若有明显吸力，说明励磁回路正常，故障在充电回路；若无吸力或吸力微弱，说明励磁回路有断路、接触不良或局部短路故障。

③若充电回路有故障，可将试灯的一端搭铁，另一端接触发电机“B”接线柱。试灯亮，表时蓄电池到发电机电枢接线柱之间连接正常，故障在发电机；若灯不亮，表明蓄电池到发电机“B”之间断路。

④若励磁回路有故障，可将发电机电枢接线柱与调节器励磁接线柱短接［注：对于内搭铁式，短接发电机“B”与“F”接线柱，如图1-72（a）所示；对于外搭铁式，短接“F_2”与“-”，如图1-72（b）所示］。然后重新探测磁力，磁力变强，说明发电机内部励磁电路正常，故障在调节器；若仍不能增强，说明故障在发电机内部。

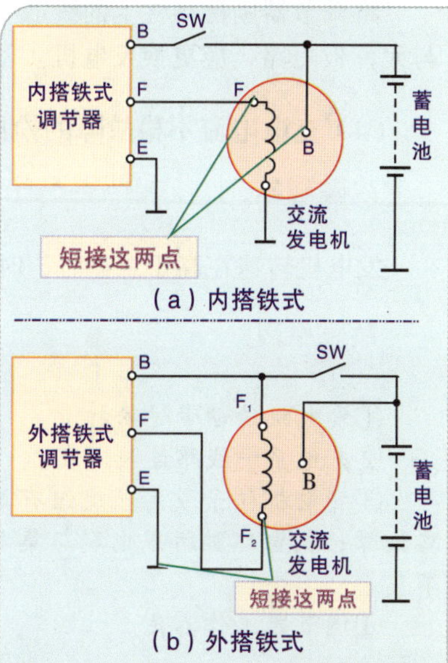

图1-72　搭铁式晶体管调节器原理

（2）充电电流过小故障的检修

故障现象：

蓄电池在亏电情况下，发动机中高速运转时，充电电流很小。

故障原因：

①发电机传动带过松或油污打滑，使发电机转速过低。
②充电线路接触不良。
③发电机电刷接触不良，整流器损坏。
④定子绕组有短路或断路故障。
⑤转子绕组局部短路。
⑥调节器有故障。

维修思路：

①检查发电机传动带松紧度和油污情况，使之恢复正常。

②拆下发电机“F”接柱或调节器“F”接柱上的导线，对内搭铁式发电机将发电机“B”接柱与“F”接柱短接（对外搭铁式发电机将发电机“F_2”接柱搭铁），如果充电电流增大，说明故障在调节器；如充电电流仍然过小，则故障在发电机。

（3）充电电流过大故障的检修

故障现象：

在蓄电池充足的情况下，充电电流仍在10A以上；蓄电池电解液损耗过快。

故障原因：

①调节器损坏。
②发电机电刷与元件板短路，造成调节器不起作用。

维修思路：

将调节器励磁接柱上的线取下，提高发动机转速，观察是否仍有充电电流。若有，说明发电机内部电刷与元件板短路，应更换发电机。若没有，说明调节器有故障。

（4）充电电流不稳故障的检修

故障现象：

发电机转速在高于怠速时，时而充电，时而不充电，电流表指针不断摆动。

故障原因：

①发电机传动带过松打滑。

②充电系统线路连接不良。

③发电机转子或定子绕组有局部短路或断路故障；集电环脏污或电刷与集电环之间接触不良。

④调节器工作不良。

维修思路：

①检查和调整发电机传动带，排除传动带打滑和导线接触不良等因素。

②检查集电环和电刷的接触是否良好；检查整流器，清洗油污表面。

③检查调节器，对于晶体管调节器可换件对比检查。

（5）充电指示灯故障的检修

故障现象：

充电指示灯不亮或充电指示灯常亮，以图1-73所示的九管控制电路为例。

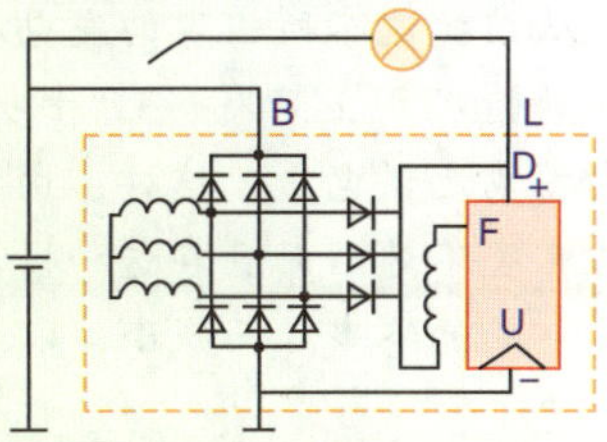

图1-73　九管控制电路

故障原因及维修：

①充电指示灯不亮

接通点火开关，充电指示灯不亮，则表明充电指示灯回路断路。应检查充电指示灯是否烧坏；调节器是否断路；点火开关是否损坏；磁场绕组是否断路；连接线路有无断路等。

②充电指示灯常亮

启动发动机后，充电正常而指示灯不熄灭，说明“B”与“D+”间存在电压降，应检查发电机定子是否单相搭铁、整流正二极管是否有一只短路或励磁二极管是否有短路、断路的情况。

九、故障维修实际操作

※ 掌握了发电机的维修知识后，现在我们一起来解决前面遇到的捷达轿车发电机不发电故障。

检修过程如下：

①用检查发电机V形带松紧度，发现发电机V形带松紧度适宜。

②检查发电机固定情况和线路的连接状况，也正常。

③检查发电机调节器

捷达车的发电机调节器采用的是内装混合式晶体管发电机调节器，可在不拆卸发电机的情况下单独拆下进行检查。检查表明，它与发电机的连接情况良好，搭铁可靠。

用通电法检查发电机调节器的工作情况：将蓄电池与发电机调节器、试灯接成回路，当接上12V直流电源时，试灯亮；当接上16~18 V的直流电源时，试灯熄灭。检查结果说明发电机调节器工作正常。

④检查励磁绕组

用万用表两表笔分别接触转子两滑环的方法检查励磁绕组电阻，也在规定范围内；然后用一支表笔接触滑环而另一支表笔接触发电机外壳的方法进行检查，励磁绕组无搭铁故障。这说明故障在发电机内部。

⑤故障分析

捷达乘用车采用的是内置发电机调节器式整流交流发电机，主要由三相同步交流发电机（由定子、转子、前后端盖、风扇及带轮等组成）、与碳刷支架连成一体的集成电路、发电机调节器和硅二极管整流器等组成。为提高发电机的输出功率，在发电机星形连接的三相定子绕组的中性点上加装了2只整流二极管。

该车充电系电路的特点是：硅整流发电机除8只硅二极管进行输出整流外，还增加了3只小功率硅（磁场）二极管，专门用来供给励磁电流，这样可以提高发电机的电压调节精度。由于采用磁场二极管，充电指示灯直接串入点火开关和励磁绕组的输入端，仅用简单的充电指示灯即可指示发电机发电情况，省装了一只充电指示灯继电器。该指示灯不仅能反映发电机工作情况，还能在停车时提醒驾驶员勿忘断开点火开关。

从该捷达车所出现的发电机警报灯常亮的现象，并结合以上的检查结果分析认为，在发电机调节器正常工作的情况下，只有当3只小功率磁场二极管断路时（不论发电机发电还是不发电），才不能提供自励电流（由蓄电池供电）。这样，由蓄电池提供的励磁电流均通过发电机警报灯，所以发电机无论是否运转，该警报灯常亮不熄。而且在这种情况下，由于蓄电池提供的他励电流经过发电机警报灯，所以励磁电流因发电机警报灯的始终串入而减小，以致发电机发电能力下降。

⑥故障排除

断开发电机的D+端子导线，用万用表电阻挡检测，果然发现3只磁场二极管断路。更换一套同型号二极管板，发电机的充电性能和发电机警报灯恢复正常，故障排除。

思考与练习

一、填空题

1. 集成电路调节器所采用的检测方法可分为________电压检测法和________电压检测法，检测是为了调节器电压采样。

2. 硅整流发电机转子线圈的电阻值，可用________测量，其正常阻值为________，测得的阻值小于正常值说明________；大于正常值说明有________等故障。

3. 汽车用的硅整流发电机是由一台________和一套________组成的硅整流器所构成的。

4. 硅整流发电机整流器的作用是将定子绕组产生的________电变为________电。

5. 硅整流发电机必须与________使用。

二、判断题（正确的打"√"，错误的打"×"）

1. 充电时，充电指示灯亮；不充电时，充电指示灯熄灭。（　　）

2. 充电指示灯熄灭就表示发电机有故障不发电。（　　）

3. 发动机运转时，严禁将蓄电池回路突然断开，以免损坏晶体管设备。（　　）

三、选择题

1. 汽车上交流发电机配装了调节器后，具有（　　）的性能

A. 限制自身最大输出电流　B. 限制自身最大输出电压

C. 同时限制最大输出电流和最大输出电压　D. 控制激磁电流保持恒定不变

2. 经常烧毁灯泡和分电器触点的故障原因是（　　）

A. 调节器调节电压过高　B. 发电机皮带打滑　C. 充电电流不稳　D. 充电电流过大

3. 交流发电机电刷在其架内卡滞或磨损过大，将使发电机（　　）

A. 不发电　B. 充电电流过大　C. 发出响声　D. 充电电流不稳

4. 汽车电器设备有着共同的特点，即直流低压、（　　）、并联单线和负极搭铁

A. 均为12V　B. 两个电源　C. 完全由发电机供电　D. 有点火系

5. 车辆怠速时，灯泡暗淡的故障是由（　　）引起的

A. 蓄电池电压低　B. 发电机输出电压低　C. 传动带过度张紧　D. 前照灯开关有故障

第二部分

启动系统

一辆捷达轿车，启动机不工作。估计是启动机内部存在故障，要维修此故障，我们得了解启动机的结构及工作原理，掌握启动机部件的维修方法、启动系统常见故障的维修方法。

情境一：启动机结构与工作原理

一、启动系统作用与组成

1. 启动系统的作用

启动系统的作用是带动发动机曲轴转动，使发动机曲轴达到必需的启动转速，以使发动机进入自行运转状态。当发动机进入正常运转状态后，便结束任务停止工作。

2. 启动系统的组成

启动系统由蓄电池、启动机、启动继电器、点火开关等组成，如图2-1所示。

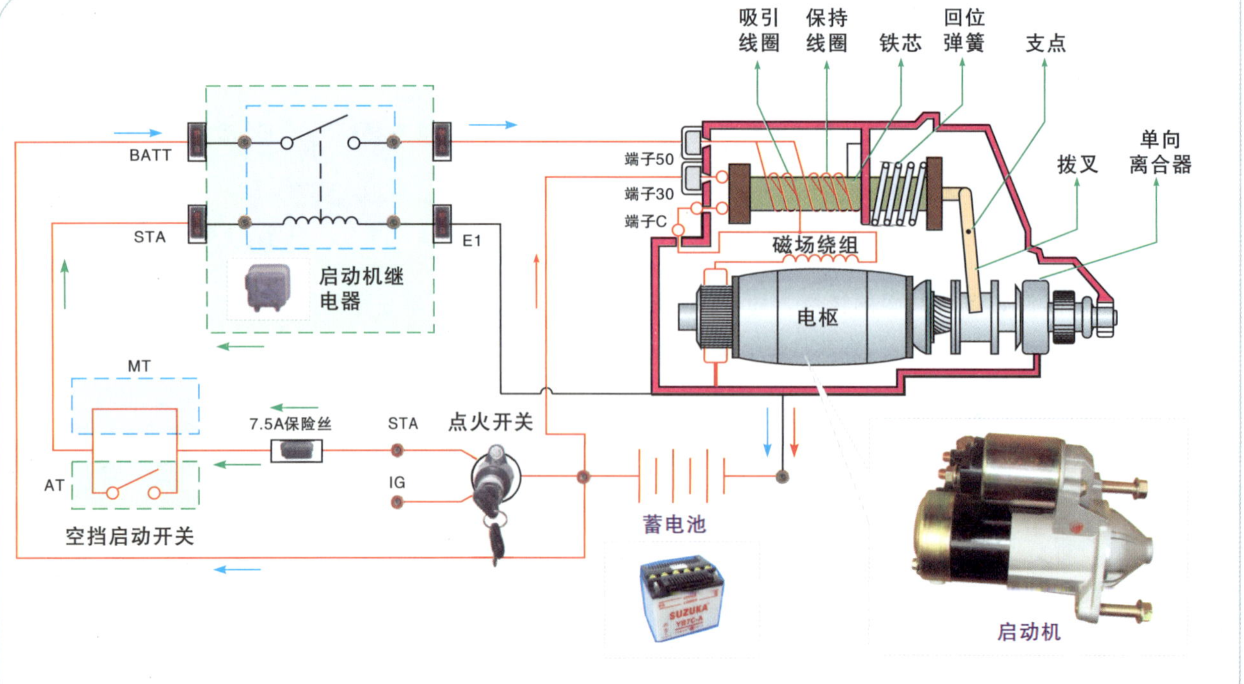

图2-1　启动系统的组成（来源凌凯发动机启动系统示教台）

二、启动机组成

启动机由直流电动机、传动机构、控制机构三个部分组成，如图2-2所示。

1. 直流电动机

直流电动机的作用是将蓄电池输入的电能转换为机械能，产生电磁转矩。

2. 传动机构

传动机构的作用是当启动发动机时，使启动小齿轮与飞轮齿圈啮合，将电动机的转矩传递给发动机曲轴；在发动机启动后又能及时切断曲轴与电动机之间的动力传递。

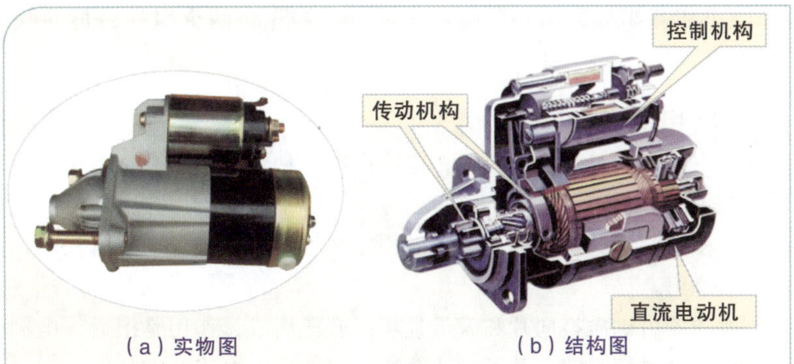

（a）实物图　（b）结构图

图2-2　启动机的结构

3. 控制机构

控制机构也称操纵机构或电磁开关。控制机构的作用是接通或切断直流电动机与蓄电池之间的电路，控制启动机小齿轮与发动机飞轮齿圈的啮合与分离。有些启动机的控制机构还具有在启动发动机时短路点火线圈附加电阻的作用。

三、启动机分类

启动机的种类很多，从其结构、控制方式和啮合方式来分有如下几种：

按电动机种类分类

根据电动机种类的不同，有：电动励磁式启动机和永磁式启动机。

按控制机构分类

根据控制机构的不同可分为：机械控制式启动机和电磁控制式启动机。

按传动机构分类

根据传动机构的不同可分为：惯性啮合式启动机、强制啮合式启动机、电枢移动式启动机、减速式启动机。

四、直流电动机结构与工作原理

直流电动机的结构

1. 直流电动机的结构

直流电动机主要由电枢、磁极、电刷与电刷架、机壳等组成，如图2-3所示。

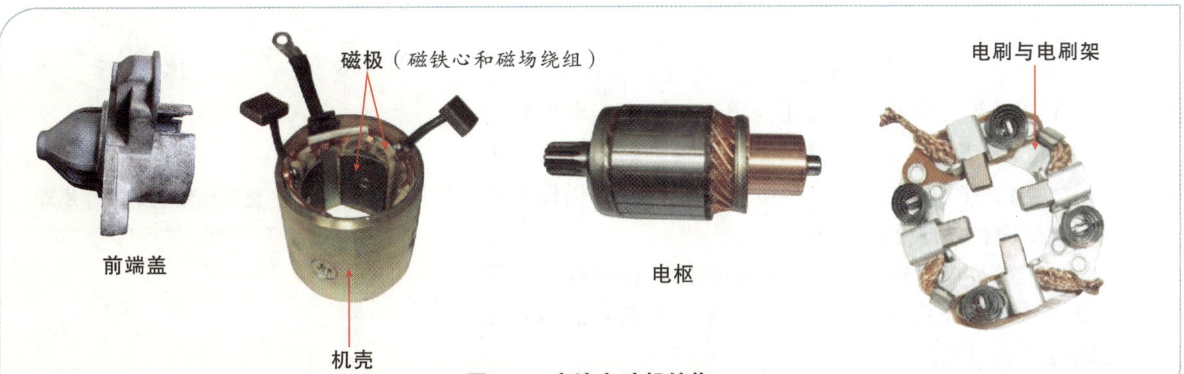

图2-3　直流电动机结构

（1）磁极

磁极由固定在机壳上的磁铁心和磁场绕组组成（图2-4），其作用是产生磁场。大多数启动机采用4个磁极。4个磁极的连接方法有两种。一种是4个绕组相互串联，另一种是两串两并，即先将两个串联后再并联，如图2-5所示。

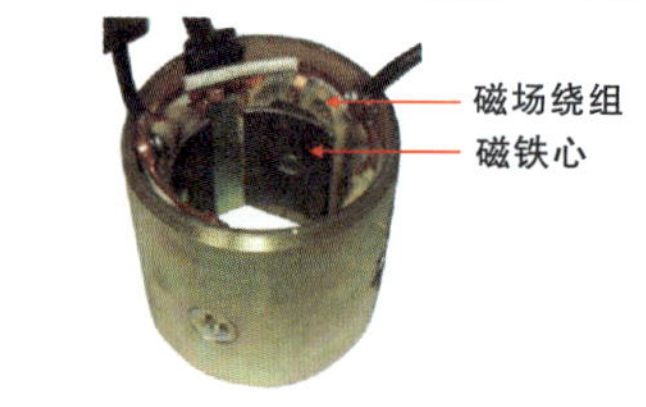

图2-4　磁极的组成

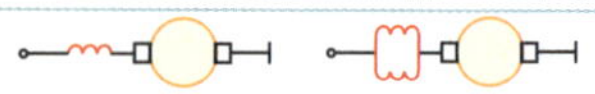
（a）4个绕组相互串联　（b）两串两并

图2-5　磁极的连接方式

（2）电枢

电枢的作用是产生磁转矩，电枢由电枢轴、电枢铁心、电枢绕组和换向器组成（图2-6）。

电枢铁心由硅钢片叠装而成并固定在轴上，铁心外围开有线槽，用来安放电枢绕组。

换向器由铜质换向片和云母片相间叠压而成，作用是把通入电刷的直流电流传递给电枢线圈，并适时地改变电枢绕组中电流的方向。

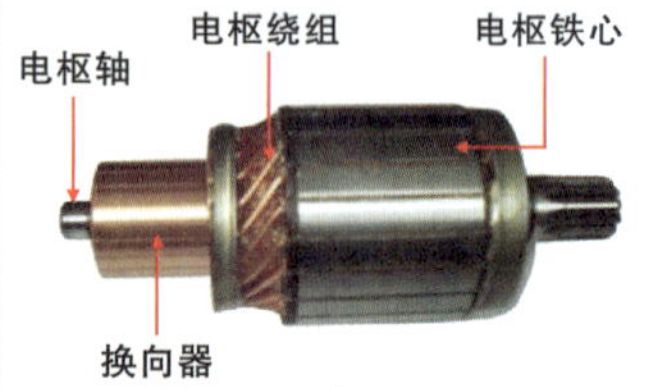

图2-6　电枢的组成

（3）电刷与电刷架

电刷与电刷架的作用是将电流引入电动机。电刷一般是用铜和石墨粉压制而成。电刷装在电刷架中，借弹簧压力将它压紧在换向器上，如图2-7所示。

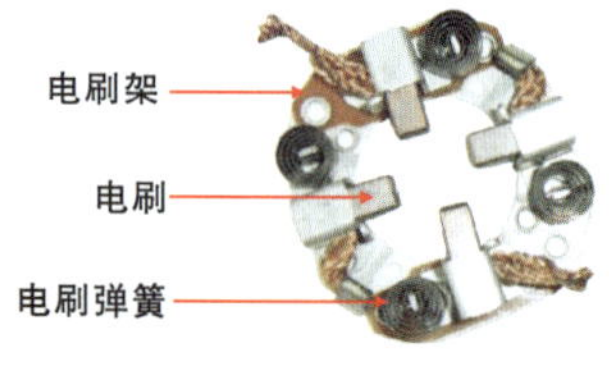

图2-7　电刷与电刷架

（4）机壳

机壳一般做成圆筒状（图2-8），一端开有窗口，作为观察电刷和换向器之用，平时用防尘箍盖住。机壳上有一绝缘接线端，在内部与磁场绕组的一端相接。

（5）端盖

端盖分为前端盖和后端盖（图2-9）。后端盖一般用钢板压制而成，其上装有4个电刷架；前端盖用铸铁浇铸而成，其上有拨叉座。前后端盖分别装在机壳的两端，靠两个长螺栓与启动机机壳紧固在一起。

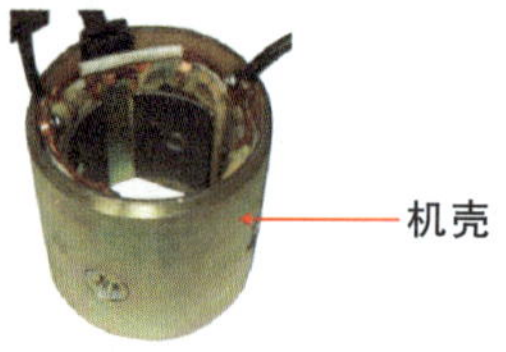

图2-8　机壳

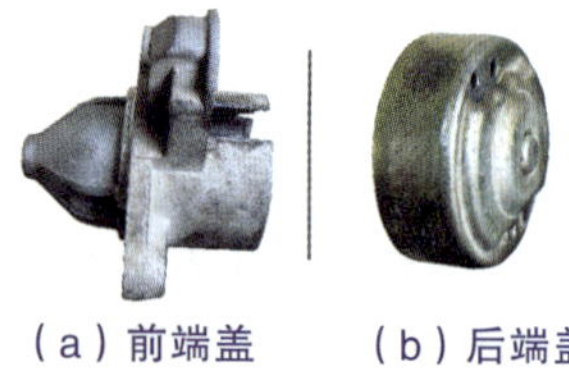
（a）前端盖　（b）后端盖

图2-9　前后端盖

2. 直流电动机的工作原理

直流电动机是根据通电导体在磁场中受磁场力作用的原理制成的。其工作原理如图2-10所示，电动机工作时，电流通过电刷和换向器流入电枢绕组。如图2-10（a）所示，换向片A与正电刷接触，换向片B与负电刷接触，绕组中的电流方向为a→b→c→d，根据左手定则，绕组ab边、cd边均受到电磁力F的作用，由此产生逆时针方向的电磁转矩使电枢转动；当电枢转动至换向片A与负电刷接触，换向片B与正电刷接触时，电流改由d→c→b→a，如图2-10（b）所示，但电磁转矩的方向仍保持不变，使电枢按逆时针方向继续转动。

图2-10只列举了电枢绕组中的一匝线圈的工作过程，实际上，直流电动机电枢是由很多组线圈组成的，换向器的铜片数量也随线圈数量的增加而增多。

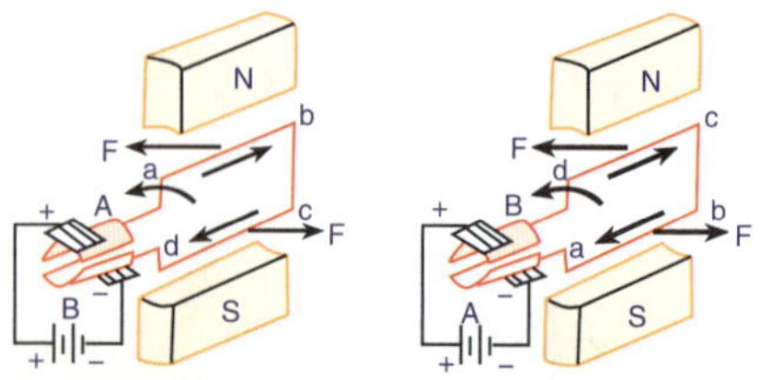

（a）电流从a至d　（b）电流从d至a

图2-10　直流电动机的工作原理

五、传动机构结构与工作原理

传动机构由驱动齿轮、单向离合器（图2-11）、拨叉、减速机构（有的启动机不具有减速机构）等组成。

图2-11　单向离合器

1. 传动机构的工作过程

传动机构的工作过程如图2-12所示。

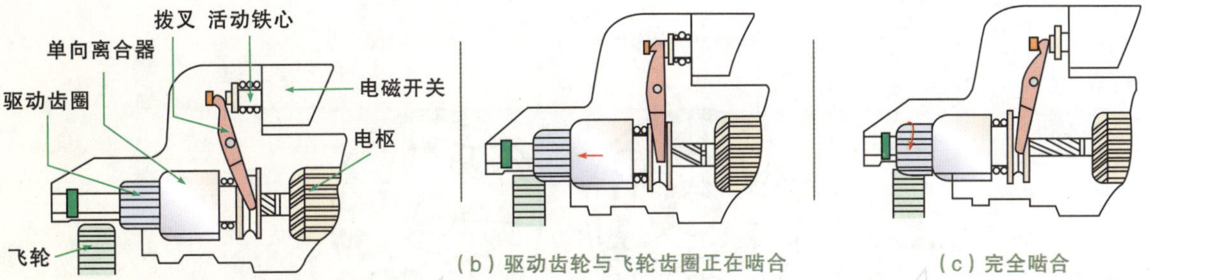

（a）启动机静止状态

启动机不工作时所处的位置

（b）驱动齿轮与飞轮齿圈正在啮合

在电磁开关的作用下，驱动齿轮与飞轮齿圈正在啮合，此时启动机的主电路还没有接通

（c）完全啮合

驱动齿轮与发动机飞轮齿圈完全啮合，主电路接通，电枢轴开始带动发动机曲轴旋转。发动机启动后，驱动齿轮与飞轮齿圈仍处于啮合状态，单向离合器打滑，驱动齿轮在飞轮的带动下空转。启动结束后，驱动齿轮在电磁开关的作用下，与发动机飞轮齿圈脱离啮合

图2-12　启动机传动机构工作过程

2. 单向离合器的结构及工作原理

常见的启动机单向离合器主要有滚柱式、摩擦片式和弹簧式三种。

（1）滚柱式单向离合器

滚柱式单向离合器的结构如图2-13所示。驱动齿轮与外壳连成一体，滚柱和弹簧嵌装在与花键套筒制成一体的十字块上。整个离合器总成套装在电动机轴的花键部位上，既可在拨叉作用下沿电枢轴轴向移动，又可在电枢驱动下做旋转运动。

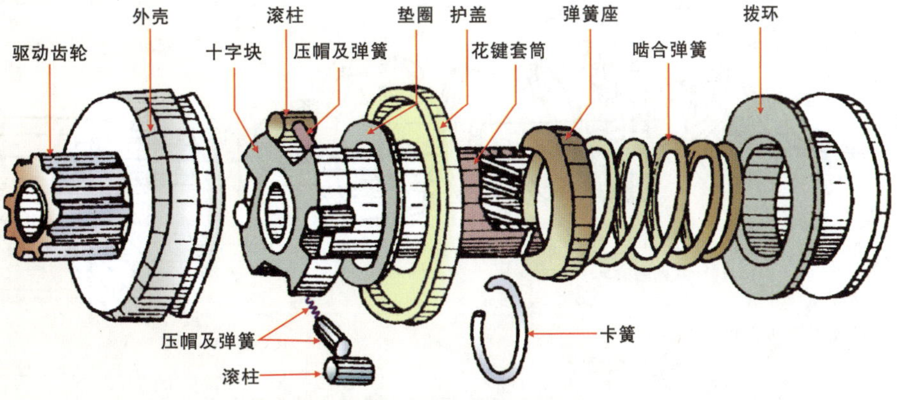

图2-13　滚柱式单向离合器结构

滚柱式离合器的工作原理是通过改变滚柱在楔形槽中的位置来实现分离和接合。具体分析如下：

启动时，拨叉动作，将驱动齿轮与发动机飞轮齿圈啮合，电枢转矩由传动套筒传给十字块，使十字块随同电枢轴旋转。此时，飞轮齿圈施加给小齿轮的阻力使滚柱滚向槽的窄端而卡死［图2-14（a）］。电枢轴产生的转矩通过驱动齿轮传给飞轮，启动发动机。

发动机启动后，飞轮齿圈带动驱动齿轮高速旋转。当驱动齿轮的转速大于十字块的转速时，滚柱滚入楔形槽的宽处而打滑［图2-14（b）］。因此，驱动齿轮高速旋转的转矩不会传给电枢轴，从而防止电枢因高速飞转而造成电枢飞散的事故。

单向滚柱式离合器主要用于中、小功率的启动机。

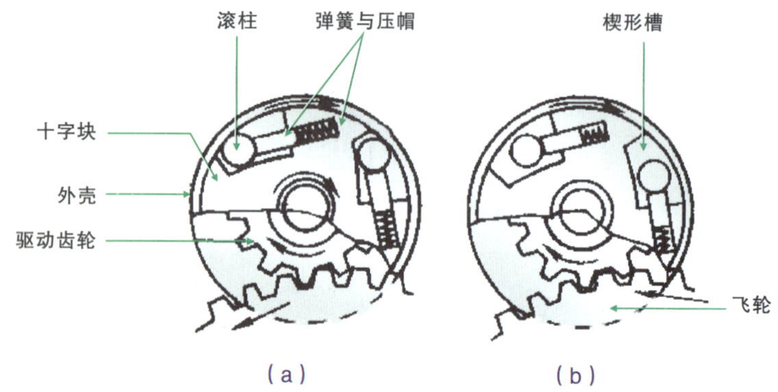

图2-14　滚柱式单向离合器工作原理

（2）摩擦片式单向离合器

摩擦片式单向离合器的结构如图2-15所示。其工作原理是通过主、从动摩擦片的压紧和放松来实现分离和接合。具体分析如下：

启动时，当驱动齿轮啮入飞轮齿圈后，启动机通电旋转，内接合毂由于螺旋花键的作用右移动，摩擦片被压紧而将启动机的力矩传给驱动齿轮。当发动机的阻力矩较大时，内接合毂会继续向右移动，增大摩擦片之间的压力，直到摩擦片之间的摩擦力足够传递所需的启动力矩，带动曲轴旋转，启动发动机。

启动后，驱动齿轮被飞轮齿圈带动，其转速超过电枢转速时，内接合毂沿螺旋花键向左退出，摩擦片之间的压力消除。这时驱动齿轮虽然高速旋转但不会带动电枢，从而防止了电枢超速飞散的危险。

摩擦片式单向离合器主要用于大功率启动机。

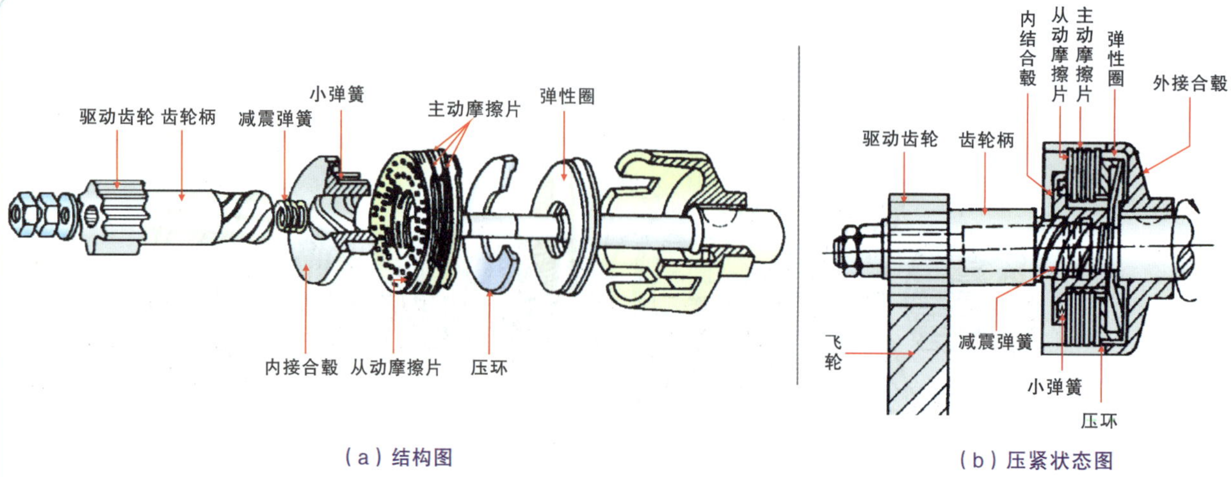

图2-15　摩擦片式单向离合器结构

（3）弹簧式单向离合器

弹簧式单向离合器的结构如图2-16所示，其工作原理是通过扭力弹簧的径向收缩和放松来实现分离和接合。具体分析如下：

当启动机带动曲轴旋转时，扭力弹簧扭紧，内径变小，包紧驱动齿轮柄和连接套筒，于是电枢的转矩通过连接套筒、扭力弹簧、驱动齿轮传至飞轮齿圈，使发动机启动。

当发动机启动后，驱动齿轮的转速高于启动机电枢，则扭力弹簧放松，内径变大，齿轮柄与连接套筒松脱，这样飞轮齿圈的转矩便不能传给电枢，即驱动齿轮只能在电枢轴上的光滑部分上空转而起单向分离的作用。

弹簧式单向离合器一般只应用于大功率启动机。

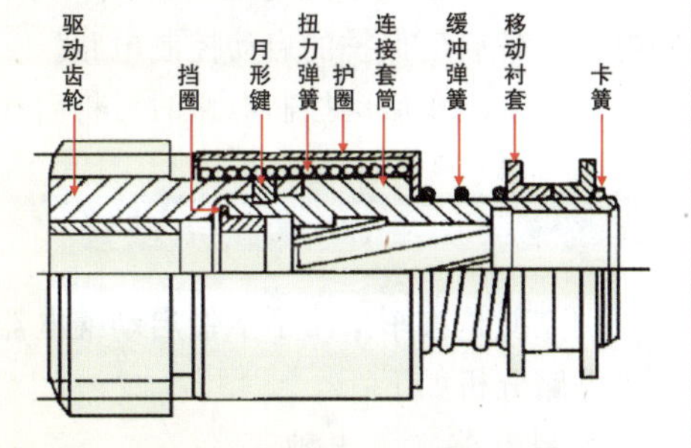

图2-16 弹簧式单向离合器

六、操纵机构结构与工作原理

1. 操纵机构的组成

启动机的操纵机构（或称为控制机构）主要由启动电磁开关、拨叉等组成。启动机的工作主要受电磁开关的控制，电磁开关由吸拉线圈、保持线圈、活动铁心、主开关接触盘及复位弹簧等组成，电磁开关实物如图2-17所示。

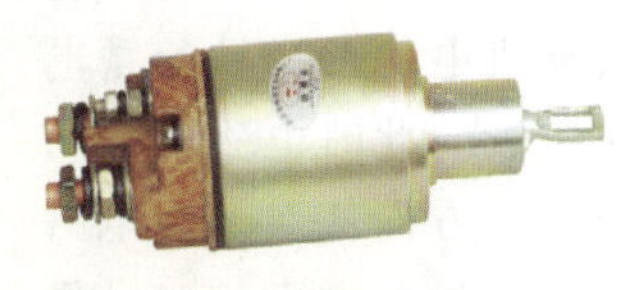
图2-17 电磁开关实物

2. 操纵机构的工作原理

电磁操纵式启动机电路原理如图2-18所示。

将启动开关接通时，蓄电池经启动控制电路向启动机电磁开关通电，接通了2条回路，其电流回路为：

回路1：蓄电池正极→启动开关→50接线柱→吸拉线圈→C接线柱→启动机励磁绕组→电枢→搭铁→蓄电池负极。

回路2：蓄电池正极→启动开关→50接线柱→保持线圈→搭铁→蓄电池负极。

此时，磁场铁芯向左移动，带动拨叉推动启动机驱动齿轮向右移动，与飞轮齿圈啮合。同时压动推杆使导电盘接通电磁开关上的30接线柱与C接线柱，启动机主电路接通，即：蓄电池正极→30接线柱→导电盘→C接线柱→启动机励磁绕组→电枢→搭铁→蓄电池负极。直流电动机产生强大转矩通过接合状态的单向离合器传给发动机飞轮齿圈。

启动机启动后，松开启动开关，50接线柱断电，但电磁开关内吸拉线圈和保持线圈通过仍然闭合的主开关得到电流，其电流回路为：蓄电池正极→30接线柱导电盘→吸拉线圈→保持线圈→搭铁→蓄电池负极；吸拉线圈与保持线圈产生相反方向的磁场而大大削弱有效磁场，磁场铁芯因失去磁场力而在复位弹簧的作用下迅速回位，导电盘与C接线柱与30接线柱分开，同时驱动齿轮通过拨叉被拉回位，启动机停止工作，启动完成。

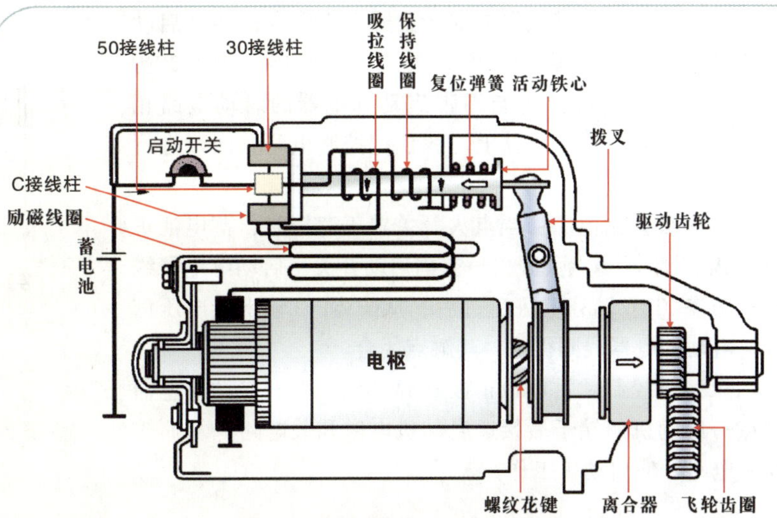

图2-18 电磁操纵式启动机电路原理

七、汽车启动控制电路识读

汽车启动控制电路有三种形式，即：不带启动附加继电器的启动控制电路；带启动附加继电器的启动控制电路；带启动保护的启动控制电路。

在识读汽车启动控制电路时可将启动电路分为两个部分：一部分是主电路，另一部分为控制电路。

1. 不带启动继电器的启动控制电路

别克凯越汽车采用了不带启动继电器的启动电路，如图2-19所示。

电路分析如下：

控制电路：蓄电池正极→保险丝→点火开关后分两路：一路经电磁开关内部的保持线圈→搭铁→蓄电池负极；另一路经电磁开关内部的吸拉线圈→启动机电机→搭铁→蓄电池负极。此时电磁开关动作，一方面使启动主电路接通，另一方面使启动机小齿轮与飞轮接合达到使启动机带动发动机飞轮齿圈转动的目的。

主电路：蓄电池正极→启动机电磁开关内部的开关触点→启动电机→搭铁→蓄电池负极。

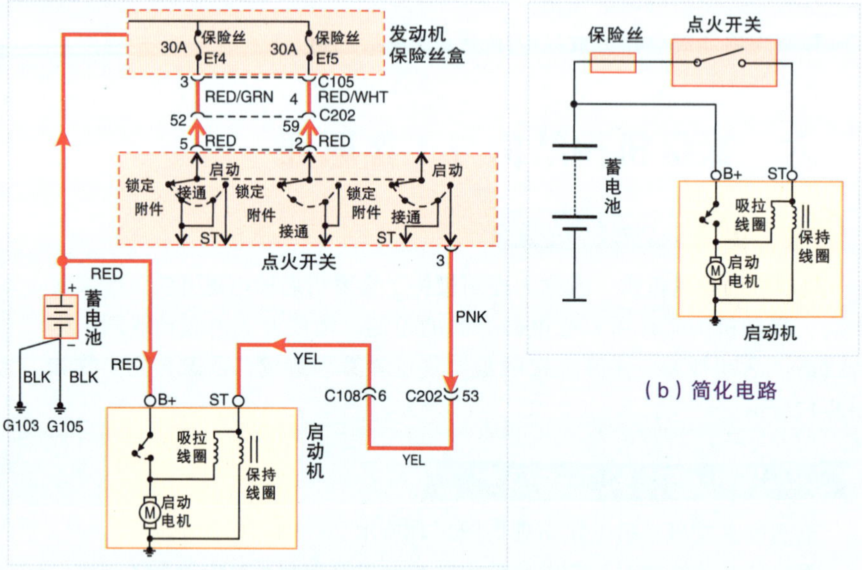

（a）原电路

（b）简化电路

图2-19 不带启动继电器的启动电路（别克凯越）

2. 带启动继电器的启动控制电路

带启动继电器的启动控制电路是通过控制启动继电器内的电磁线圈，使继电器内部的常开触点闭合而接通启动电磁开关电路，使启动电磁开关工作。电路如图2-20所示。该电路在主电路上与不带启动继电器的启动电路相同，不同之处在控制电路上。我们把控制电路分两级进行分析。

第一级控制电路：当点火开关置于ST挡时，蓄电池正极→AM2保险丝→点火开关→空挡启动开关→启动继电器线圈→防盗ECU。防盗验证通过后，从防盗ECU输出低电压信号，启动继电器线圈得电，其触点闭合。

第二级控制：蓄电池正极→MAIN保险丝→启动继电器触点→启动机ST端子后接通启动机电磁开关电路，从而接通主电路，使启动机工作。

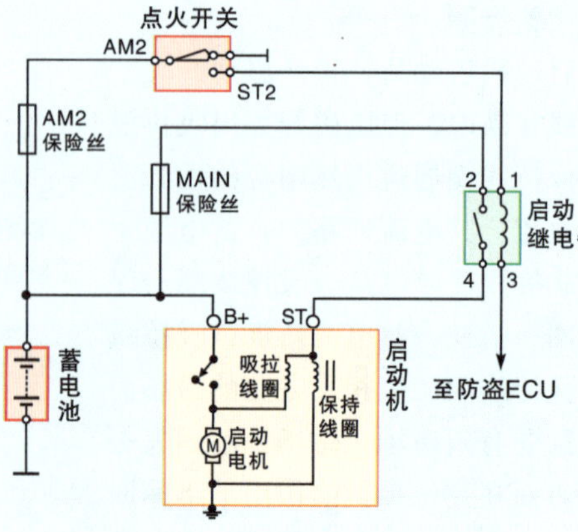

图2-20 带启动继电器的启动电路

3. 带启动保护的启动控制电路

如图2-21所示为东风EQ1091型汽车启动电路，该启动电路最大的特点就是带有组合启动继电器，具有启动保护作用。即发动机在运行状态下，如果因误操作而将点火开关转到启动挡，启动机不会工作，这样避免了飞轮在调整运转时，启动机驱动齿轮的啮入而造成打齿的现象。

电路分析如下:

K1为启动继电器的常开触点，K2为充电指示灯继电器的常闭触点。其工作原理如下：

启动时，点火开关打到Ⅱ挡，复合继电器中的启动继电器磁化线圈L1通电，其电路如下：

蓄电池正极→启动机主接线柱→熔断器→电流表→点火开关→复合继电器SW接线柱→线圈L1→触点K2→搭铁。

由于线圈L1通电，则K1闭合，接通启动机电磁开关电路，启动机正常工作。

启动机启动后，发电机开始发电，发电机中性点接线柱N使线圈L2有电流通过，K2断开，线圈L1断电，触点K1断开，使启动机电磁开关断电，启动机自动停止工作，同时充电指示灯熄灭。

发动机工作时，由于发电机中性点电压的作用而使触点K2常开，这时，即使将点火开关误打到ST挡，启动机也不会工作，防止误操作。

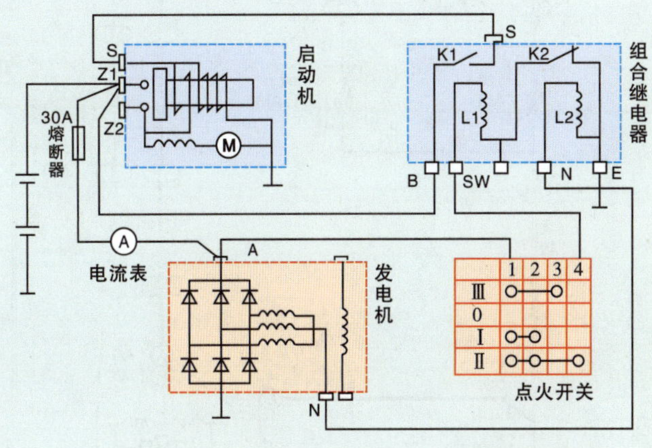

图2-21 东风EQ1091型汽车启动电路

4. 典型汽车启动控制电路的分析

下面以丰田凯美瑞轿车启动电路（图2-22）为例进行分析。

控制电路：

第一级控制电路

当点火开关置于START位置时，电流流向为蓄电池正极→FL MAIN 3.0W主熔丝→120A熔丝→7.5A Am1熔丝→点火开关4#→点火开关3#→驻车/空挡位置开关→1号断电器盒中的启动继电器1#→启动继电器线圈→1号断电器盒中的启动继电器2#→A1或A3接地点接地。此时启动继电器线圈得电，其触点闭合，1号断电器盒中的启动继电器5#与3#导通。

第二级控制电路

蓄电池正极→FL MAIN 3.0W主熔丝→30A 熔丝→点火开关5#→点火开关7#→1号断电器盒中的启动继电器5#→1号断电器盒中的启动继电器3#→启动机A1（自动变速器A1/手动变速器B1）后分两路：一路经保持线圈→接地；另一路吸引线圈→启动电机→接地。电磁开关闭合。

主电路：

蓄电池正极→启动机C1→电磁开关→启动机→启动机接地→蓄电池负极。此时启动机得电启动。

带智能进入和启动系统的凯美瑞轿车配备有启动保持控制系统。ECU检测到启动机的启动信号后，通过离合器启动开关或驻车/空挡位置开关，输出启动机继电器驱动信号（STA信号）至启动机继电器，启动机启动后，发动机开始转动。当ECU接收到一个稳定的发动机转速信号（NE信号），更确切地说，当 NE 信号达到预设值后，ECU停止输出 STAR 信号。ECM 还根据 STA 端子电压状态来监控启动继电器的运行情况。

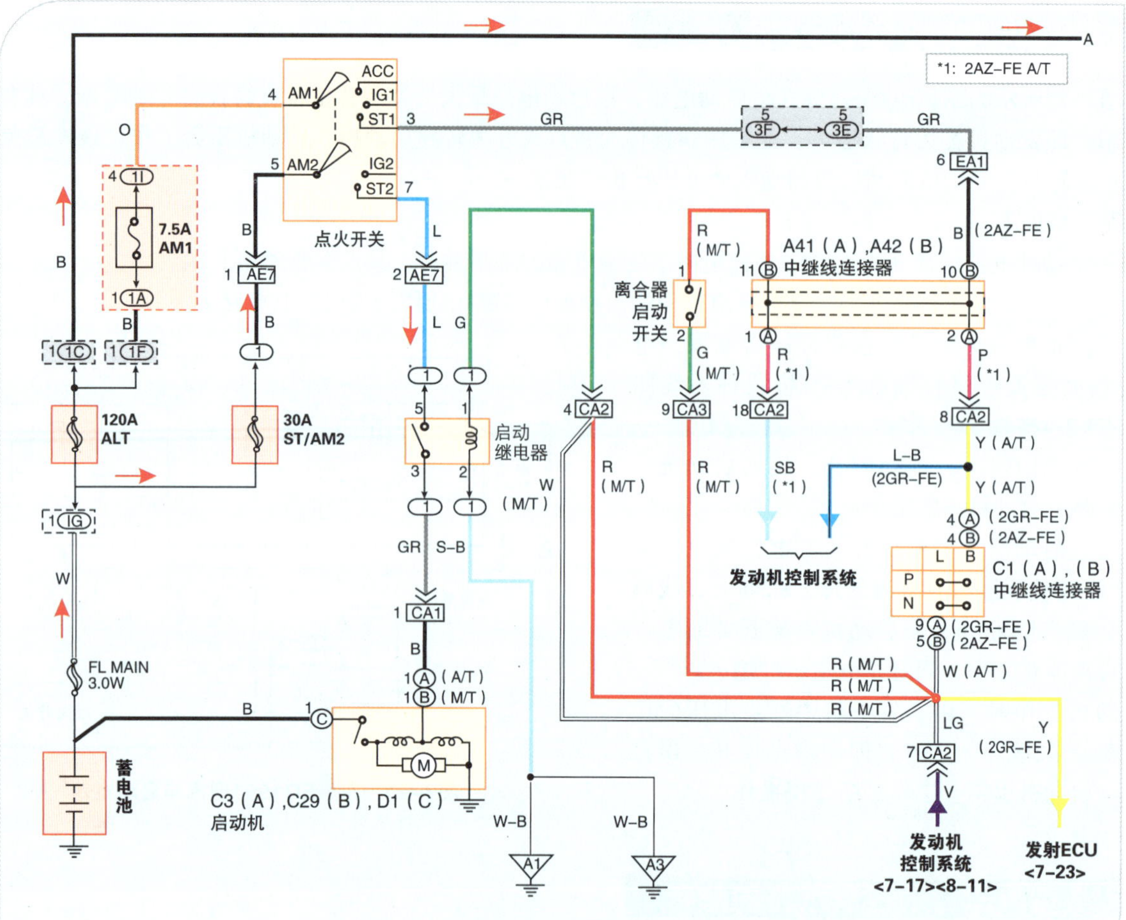

图2-22　丰田凯美瑞轿车启动电路（不带遥控钥匙）

八、启动机拆装

1．拆解（以捷达轿车启动机为例）

启动机分解

①拆下启动机磁场绕组电源线紧固螺母。

②拆卸磁场绕组后盖的紧固螺栓，并将其取下，如图2-23所示。

图2-23　取下紧固螺栓

③取出启动机炭刷，再取出磁场绕组及电枢，如图2-24所示。

图2-24　取出磁场绕组及电枢

④拧下电磁开关后盖的紧固螺丝，并取出后盖及电磁开关。

⑤用撞起将启动机前端盖的紧固螺栓取出。

⑥用橡胶锤敲出前端盖。

⑦用橡胶锤敲出单向离合器总成，如图2-25所示。

⑧再用橡胶锤敲出前盖上的离合器、飞轮与钢珠。

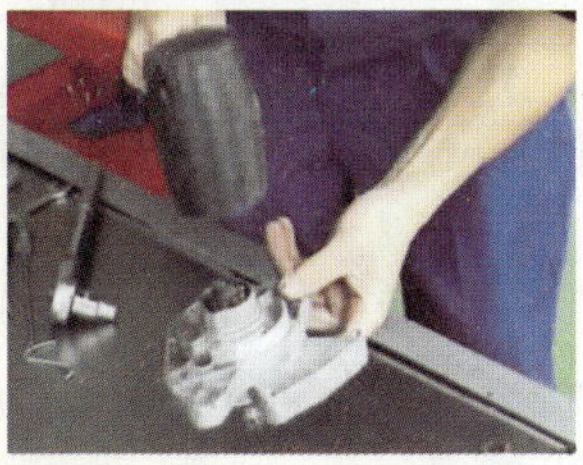

图2-25 敲出单向离合器总成

2. 安装 （以捷达轿车启动机为例）

①将单向离合器与前盖涂上润滑油。

②将单向离合器与减速齿轮装上前端盖，并涂上润滑脂，如图2-26所示。

③将钢珠装入单向离合器内部（图2-27），并装上电磁开关绕组壳体，涂上润滑脂。

④锁紧前端紧固螺栓。

⑤用细砂纸将电磁开关工作面进行打磨。

⑥将电磁开关导向管涂上润滑油，并装好，其应转动自如，如图2-28所示。

⑦装上后盖，并拧紧紧固螺丝。

⑧装上电枢及磁场绕组，装好炭刷及后端盖，并拧紧紧固螺栓，如图2-29所示。

⑨装上磁场绕组电源线，并拧紧紧固螺母。

图2-26 安装单向离合器和减速齿轮

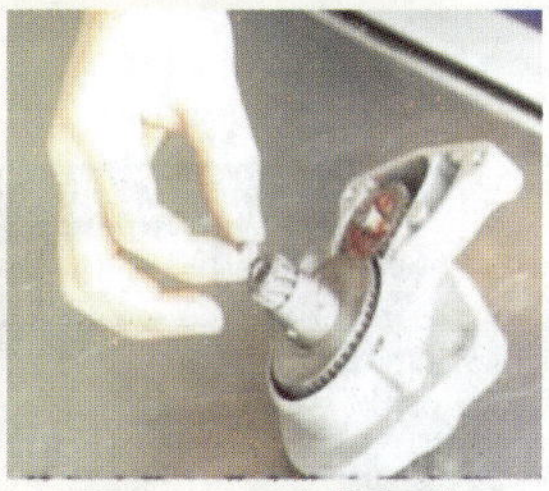

图2-27 安装钢珠

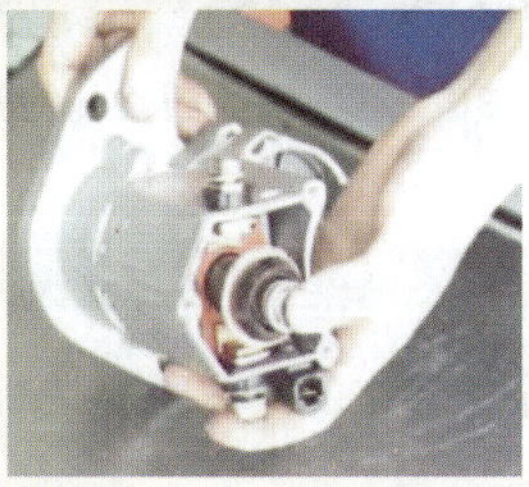

图2-28 安装电磁开关导管

图2-29 安装电枢及磁场绕组

情境二：启动机故障检修

一、启动机静态检测与修复

1. 磁场绕组的检修

磁场绕组的故障有断路、短路和对地短路。

（1）磁场绕组断路的检查

用万用表测量磁场绕组两端的导通情况（图2-30），若不通，则说明磁场绕组有断路现象。

（2）磁场绕组短路的检查

当怀疑磁场绕组有短路现象时，可用蓄电池的2V直流电源检查磁场绕组有无短路。如图2-31所示。开关接通后，将旋具放在每个磁极上，磁极对旋具吸力应相同。若一极吸力太小，表明磁场绕组有匝间短路。若各磁极均无吸力，则为断路。

（3）磁场绕组搭铁的检查

用万用表检查磁场绕组与外壳之间的电阻值（图2-32）。若导通，说明励磁绕组有搭铁故障。

图2-30 磁场绕组断路的检查

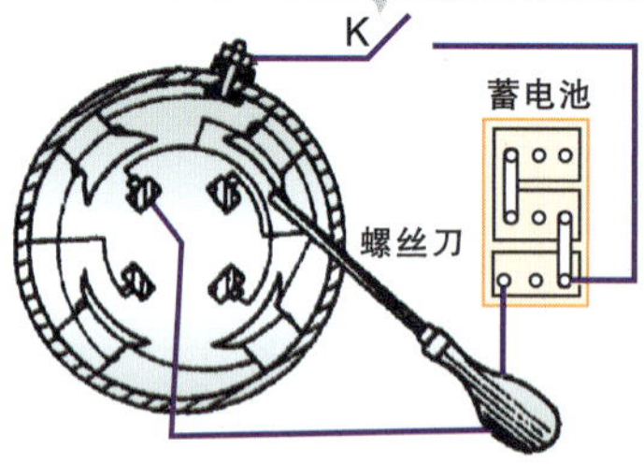

图2-31 磁场绕组有无短路的检查

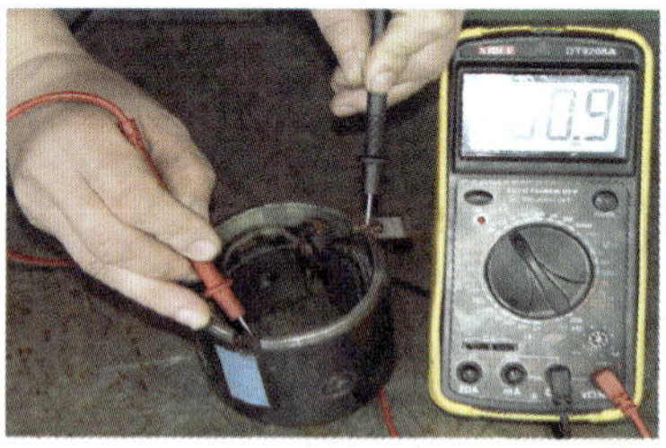

图2-32 磁场绕组搭铁的检查

2. 电枢绕组的检修

电枢绕组的故障主要是断路、短路和对地短路。

（1）电枢绕组断路的检查

用万用表的电阻挡进行检查，将两个表笔分别接触换向器相邻的铜片，如图2-33所示，测试换向器片之间是否导通，如不导通，说明焊点或电枢线圈断路，应修理或更换。

（2）电枢绕组搭铁的检查

用万用表的电阻挡进行检查，用一根表笔接触铁心（或电枢轴），另一根表笔依次接触换向器铜片，电阻应为无穷大，如图2-34所示，如果导通，说明电枢绕组与电枢轴之间绝缘不良，应更换。

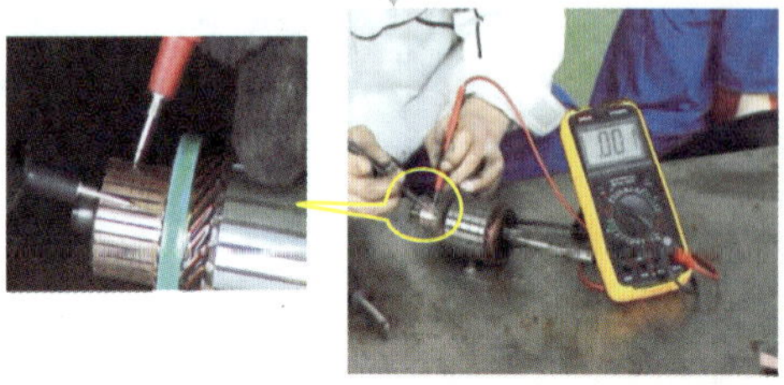

图2-33 电枢绕组断路的检查

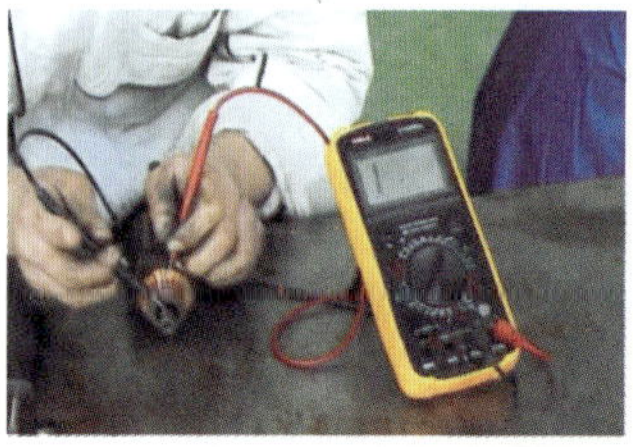

图2-34 电枢绕组搭铁的检查

3. 电枢轴的检修

电枢轴的常见故障是弯曲变形，检查方法如图2-35所示，用百分表测量电枢轴的弯曲程度，径向跳动不应大于0.15mm，否则应校正。

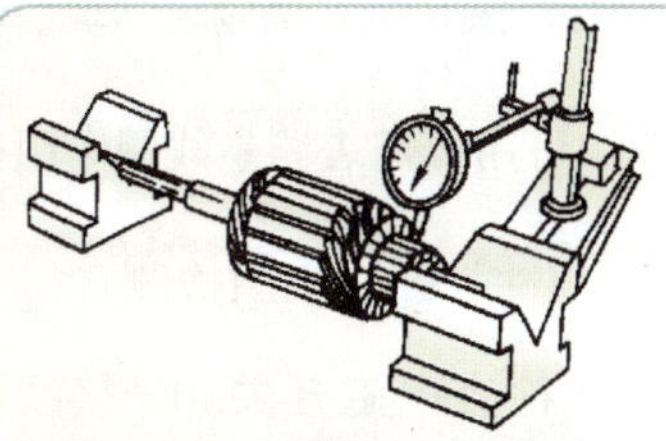

图2-35 电枢轴的故障检查

4. 换向器的检修

检查换向器表面是否清洁，如有烧蚀、脏污，可用细砂纸打磨修整（图2-36），发现严重烧蚀或失圆（径向圆跳动>0.05 mm）时应进行机加工。

检查换向器云母深度，深度应为0.5～0.8mm；最浅应为0.2mm，如不符合标准，修理或更换换向器，如图2-37所示。

用游标卡尺测量换向器的外径（图2-38），当磨损低于使用极限时，应更换。

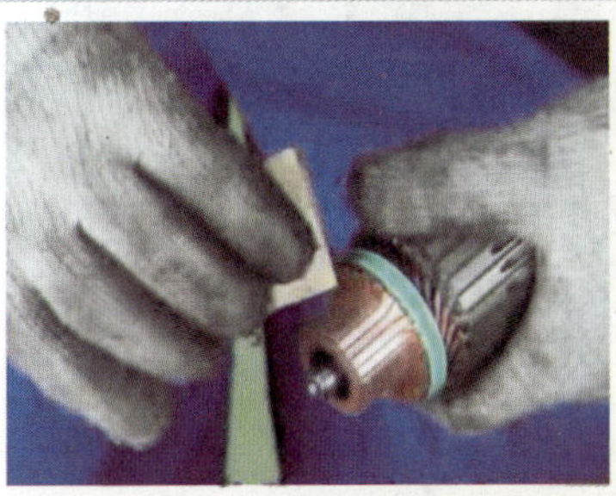

图2-36 用细砂纸打磨换向器

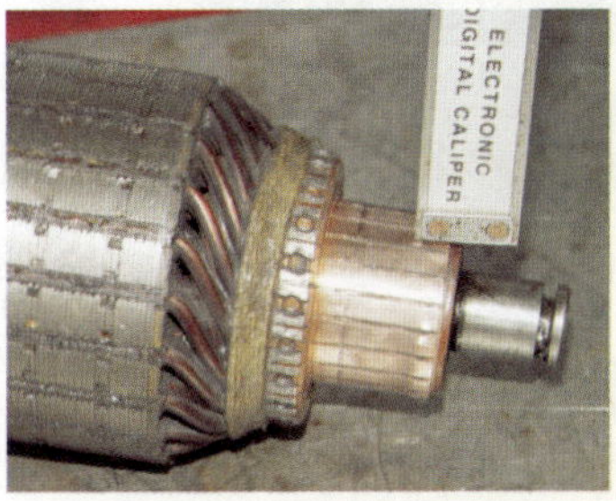

图2-37 检查换向器云母深度

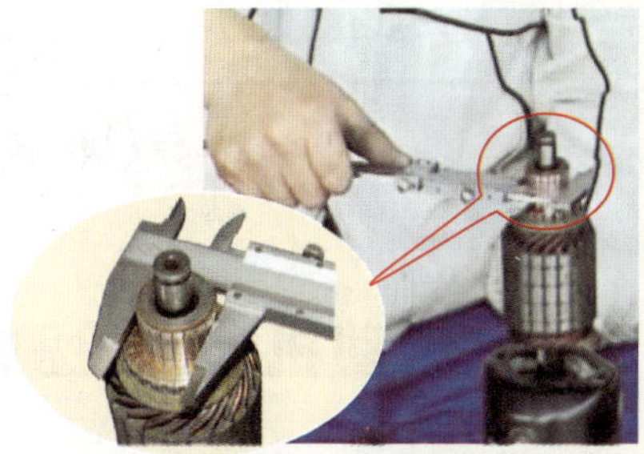

图2-38 用游标卡尺测量换向器外径

5. 电刷与电刷架的检修

（1）检查电刷长度

测量电刷长度，检查电刷是否磨损（图2-39）。如果低于极限值，更换电刷。

（2）检查电刷架与底板之间绝缘情况

检查时可按图2-40所示，用万用表进行，如果绝缘效果不好，必须更换。

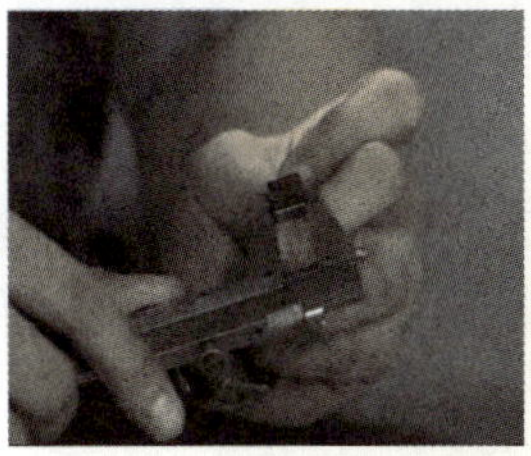

图2-39 测量电刷的长度

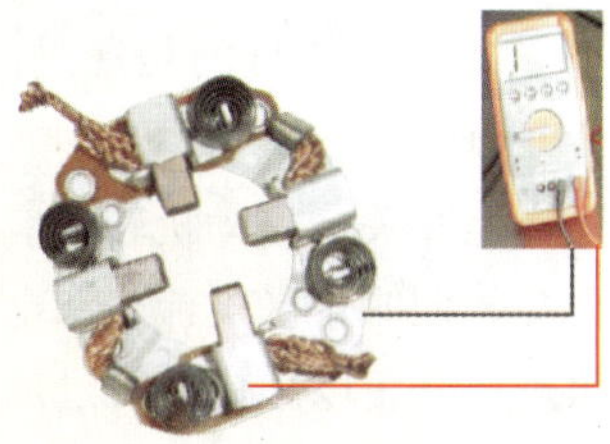

图2-40 检查电刷架与底板之间的绝缘情况

6. 单向离合器的检修

握住外座圈，转动驱动齿轮，应能自由转动；反转时不应转动，否则就有故障，应更换单向离合器。如图2-41（a）所示。

将单向离合器夹紧在虎钳上，用扭力扳手反时针方向转动，如图2-41（b）所示，单向离合器应能承受规定的转矩而不打滑。

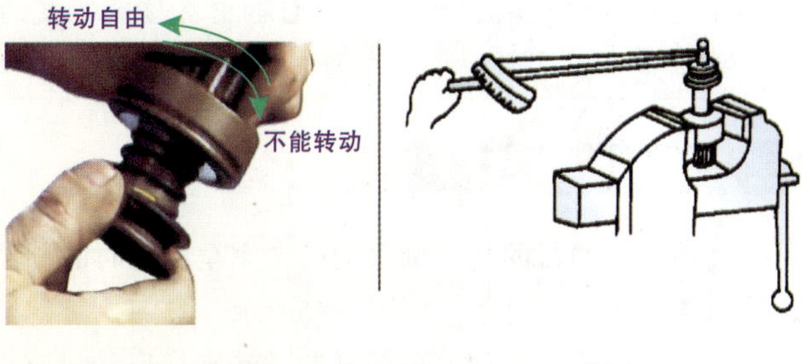

（a） （b）

图2-41 单向离合器的检修

7. 电磁开关的检修

可用万用表测量线圈电阻的通断来判断电磁开关内部线圈有无断路。

（1）吸拉线圈检测

检查电磁开关50号接线柱与励磁绕组接线柱C之间的导通情况（图2-42）。如果不导通，说明线圈开路，应更换。

（2）保持线圈检测

检查电磁开关50号接线柱与电磁开关壳体之间的导通情况（图2-43）。如果不导通，线圈开路，应更换。

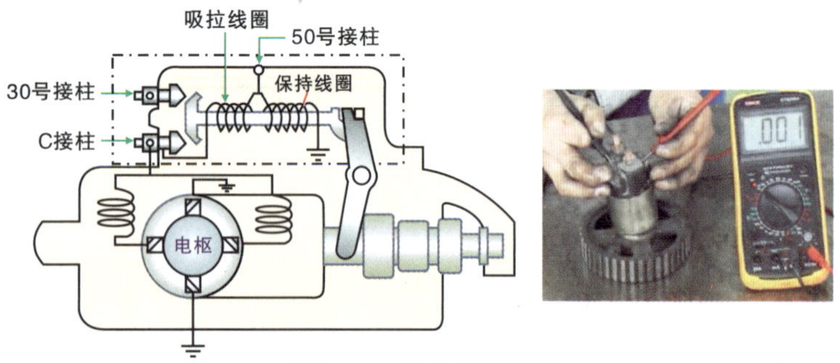

图2-42 吸拉线圈检测

图2-43 保持线圈的检测

二、启动机动态检测与修复

启动机修复后，应利用空载实验和全制动实验两种方法进行技术状态的检验，如不符合要求，应重新检查和修理。

1. 空载实验

空载实验的目的是通过测量空载转速和空载电流来检查启动机内部是否有电路故障和机械故障。如图2-44所示。

合上开关，启动机转动应均匀，无抖振现象，电刷与换向器之间应无火花，同时记录电流表和电压表的读数，并测量转速值，试验时间不应超过1min，以免启动机过热。

将记录数值与标准值进行比较

如果电流大、转速低，表明存在装配过紧方面的机械故障，或电枢、磁场绕组搭铁、短路。

如果电流和转速都很小，表明电路中有接触不良的地方，如电刷和换向器接触不良、弹簧压力太弱、磁场绕组连接端接触不良等。

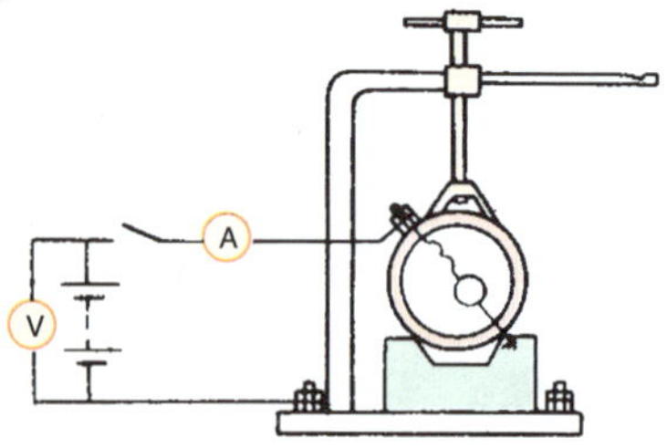

图2-44 空载实验

2. 全制动实验

全制动实验的目的是测量启动机在完全制动时的制动力矩和制动电流，以判断启动机主电路是否正常，并检查单向离合器是否打滑。如图2-45所示。

将启动机固定，制动力矩杠杆的一端夹住启动机驱动齿轮，另一端挂在弹簧秤上。合上开关，在5s内观察单向离合器是否打滑，并读出电流表、电压表和弹簧的读数。

将记录数值与标准值进行比较

如果制动力矩小而制动电流大，说明电枢、磁场绕组中有短路和搭铁故障。

如果制动力矩和制动电流都小，说明启动机电路中有接触不良的故障；若驱动齿轮锁止而电枢轴仍缓慢转动，则说明单向离合器有打滑现象。

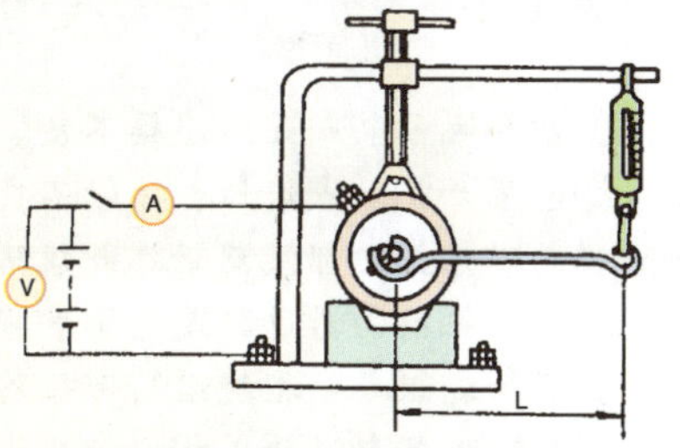

图2-45 全制动实验

三、启动系常见故障维修思路

1. 启动机不转

故障现象：

接通启动开关，启动机不转。

故障原因：

①蓄电池严重亏电。

②蓄电池正、负极柱上的电缆接头松动或接触不良。

③继电器线圈绕组烧毁或断路。

④继电器触点严重烧蚀或触点不能闭合。

⑤启动机电磁开关触点严重烧蚀或两触点高度调整不当而导致触点表面不在同一平面内，使触盘不能将两个触点接通。

⑥换向器严重烧蚀而导致电刷与换向器接触不良。

⑦电刷弹簧压力过小或电刷卡死在电刷架中。

⑧电刷与磁场绕组断路或正电刷搭铁。

⑨磁场绕组或电枢绕组有断路、短路或搭铁故障。

⑩电枢轴的铜衬套磨损，使电枢铁心与磁极发生摩擦或碰撞。

维修思路：

①按喇叭或开前照灯，若喇叭响声变小或前照灯灯光暗淡，说明蓄电池容量过低或电源导线接触不良。

②蓄电池良好，应对蓄电池的正极线、搭铁线及各接线柱和总电源开关进行检查。若有脏污或松脱，应清洁或紧固。

③用金属条短接启动机电磁开关上的两个主接线柱（30号接线柱与C接线柱），若启动机不转且无火花，说明电动机有故障，应解体检修；若启动机运转，说明电动机正常。

④用导线连接电磁开关上的蓄电池正接线柱和50号接线柱（即吸引及保持线圈流入端）。若启动机不工作，说明电磁开关有故障，应进一步检查电磁开关；若启动机工作，说明50号接线柱至蓄电池之间线路或点火开关有故障。

⑤用导线短接启动继电器的点火开关与电池接线柱。若启动机工作，说明点火开关及其连线有故障；若启动机不工作，说明继电器及其连线有故障。

2. 启动机转动无力

故障现象：

启动机转动缓慢无力，带动发动机困难；接通启动开关后，启动机只有“咔嗒”一声并不转动。

故障原因：

①蓄电池亏电或导线连接不良。
②电磁开关触点烧蚀、接触不良。
③电磁开关内部线圈断路或短路。
④启动机换向器过脏或电刷磨损严重。
⑤磁场绕组或电枢绕组局部短路。
⑥启动机装配过紧或电枢轴弯曲轴承间隙过大导致转子与定子碰擦。

维修思路：

①检查蓄电池容量和电源导线的连接情况。

②在确认蓄电池容量足够、线路连接良好的情况下，用金属条短接启动机电磁开关的两个主接线柱，如果短接后启动有力，说明启动机电磁开关内主触点和接触盘接触不良；如果短接后启动仍然无力，则可认为电动机有故障，或其搭铁不良，需进一步拆检。

③在接通启动开关后，启动机内部发出连续的"咔嗒声"。

如果短接启动机电磁开关的两个主接线柱，启动机转动正常，说明电磁开关保持线圈断路或短路。

3. 启动机空转

故障现象：

接通启动开关，启动机只是空转，不能带动发动机运转。

故障原因：

①飞轮齿圈磨损过大或损坏。
②电磁开关铁心行程太短，驱动小齿轮与飞轮齿圈不能啮合。
③单向离合器打滑。

维修思路：

①操纵机构有故障，造成启动机驱动齿轮不与飞轮齿圈啮合的空转，此时应检查电磁控制式启动机的接触盘的行程，若行程过小，则会使启动机提前转动，不能与飞轮齿圈啮合，而出现打齿现象。

②启动机空转速度较快但无碰齿声音，说明是单向离合器打滑。

4. 启动机异响

启动机在工作中出现异响有以下几种情况，如表2-1所示。

表2-1　启动机异响的故障类型及其排除方式

故障现象	故障原因	维修思路
发动机能启动，启动前有频率非常高的噪声	驱动齿轮与飞轮齿圈之间的间隙过大	调整启动机的安装垫
发动机能启动，启动后释放点火钥匙时有频率非常高的噪声	驱动齿轮与飞轮齿圈之间的间隙过小	调整启动机的安装垫，并检查飞轮齿圈有无破坏，必要时更换齿圈
发动机启动后不关钥匙时有非常大的噪声	启动机存放时间过长而生锈，单向离合器损坏	更换单向离合器
发动机启动后，启动机转速降到0时，有"轰隆隆"的敲击声	电枢轴弯曲或电枢轴不平衡	更换启动机电枢总成

四、启动故障维修实际操作

※ 在掌握了启动机的维修知识后，现在我们一起来解决前面遇到的启动机不工作故障。

维修过程如下：

拔下电磁开关上端子上的50号接线柱，一人启动发动机，另一人测量拔下的接线柱对地（搭铁）间的电压，有12V电压，说明启动控制电路正常。

↓

将点火开关置于ON（打开）挡，用一把粗螺丝刀把电磁开关两接柱上的螺母短接，发动机可顺利地启动，由此说明电磁开关已损坏。

↓

更换一只同型号新的电磁开关（图2-46）后启动机工作正常，故障排除。

图2-46 电磁开关

& 维修提示 &

电磁开关的损坏多为其内部的线圈烧坏。如一时无原型号的配件可换，也可通过重绕线圈进行修复。重绕时应注意导线直径、匝数及绕制方向应与原线圈相同。一般保持线圈（较细）在内层，吸引线圈（较粗）在外层，两个线圈绕向相同，线圈之间以及与外壳之间应用绝缘纸隔开。

线圈绕好后，应进行一次去潮、烘干的处理，然后按原线圈的接线方式连接好。

思考与练习

一、填空题

1. 启动机控制装置的作用是接通和切断________，同时还具有隔除和接入点火线圈________的功能。
2. 使用启动机时，每次启动时间不得超过________s，相邻两次启动的时间间隔应大于________s。
3. 启动机作空转试验的时间应不大于________，作全制动试验的时间应不大于________。

二、判断题（正确的打“√”，错误的打“×”）

1. 用试灯的一个触头依次接触换向片，另一个触头接触电枢轴，若灯亮为良好。（　）
2. 启动机换向器的作用是使直流电动机维持定向旋转。（　）
3. 启动机有“哒哒”声响，但不能发动的原因一定是电磁开关中吸拉线圈已烧断。（　）
4. 蓄电池和连接线路良好，短接电磁开关上两个主要接线柱，若启动机转动良好，则说明启动机不转的故障在启动继电器或电磁开关。（　）

三、选择题

1. 启动机不转的原因为（　）
   A. 启动机开关触点烧蚀　B. 启动机继电器触点烧蚀
   C. 电刷与换向器接触不良　D. 启动机开关断路
2. 启动机空转的原因是（　）
   A. 电磁开关铁芯行程太短　B. 单向啮合器打滑
   C. 启动机内部短路　D. 启动机外部短路
3. 汽车启动机运转时造成大电流消耗的原因是（　）
   A. 蓄电池负极电缆的电压降过大　B. 发动机压缩比低
   C. 电池需要充电　D. 启动机绕组断路
4. 发动机启动运转无力，其主要原因在（　）
   A. 蓄电池与启动机　B. 启动机与点火系
   C. 蓄电池与供油系　D. 蓄电池与点火系统
5. 启动机磁极的数目一般是（　）
   A. 2极　B. 4极　C. 8极　D. 12极
6. 启动汽车时，使用启动机每次不得超过（　）
   A. 10s　B. 8s　C. 5s　D. 3s

第三部分

点火系统

在本情境的学习中，我们将讲解传统点火系统的结构与工作原理、零部件的检测与维修方法、传统点火系统常见故障的维修方法。

情境一：传统点火系统结构与检修

传统点火系统也叫蓄电池点火系统，传统点火系统的电能来源于发电机或蓄电池。传统点火系统曾在汽车上获得了广泛的应用。

一、传统点火系统结构

传统点火系统由电源、点火线圈、分电器、火花塞、点火开关等组成，如图3-1所示。

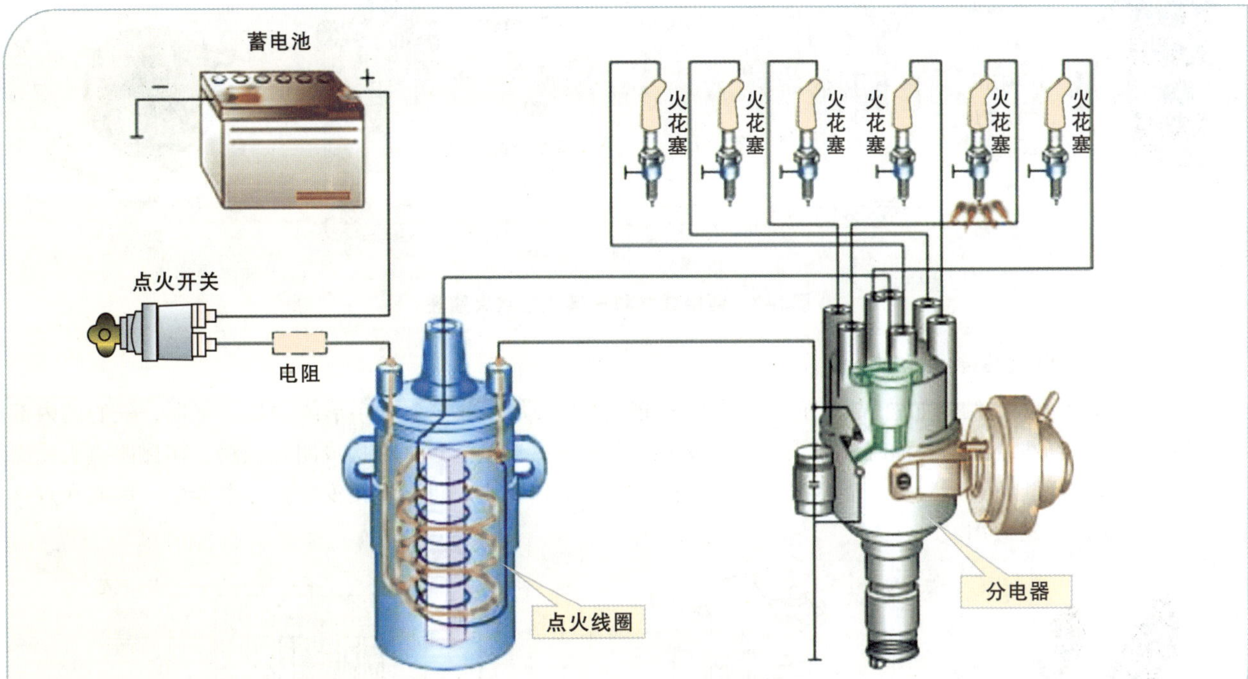

图3-1　传统点火系统结构

1. 电源

电源为蓄电池和发电机，其作用是给点火系统提供低压直流电源，电压一般为12V。

2. 点火线圈

点火线圈的作用是将12V低压电转变成15～20kV的高压电。点火线圈主要由初级绕组、次级绕组和铁心等组成。按磁路的结构形式不同，可分为开磁路点火线圈和闭磁路点火线圈。

（1）开磁路点火线圈

开磁路点火线圈的结构如图3-2所示，点火线圈的中心部分是一个软铁心，由硅钢片叠成，包在硬纸板套内。在纸板套外先绕制次级绕组；再在次级绕组外面绕制初级绕组。在绕组与外壳之间装有导磁钢片，用来加强磁通。外壳的底部有绝缘磁杯，用来防止高压电击穿次级绕组的绝缘向铁心和外壳放电。点火线圈的上部是胶木盖，中央突出的部分是高压线插口，高压线插口两侧的接线柱是低压接线柱。

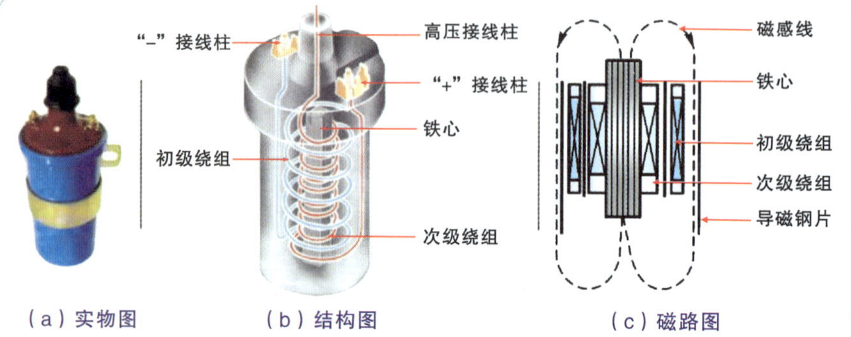

图3-2 开磁路点火线圈

点火线圈的低压接线柱有两接线柱和三接线柱之分，如图3-3所示。

三接线柱点火线圈的三个接线柱上分别标有“-”“开关”“+开关”标记，“开关”和“+开关”接线柱上接有附加电阻，“+开关”“-”接线柱分别与点火开关、分电器连接。

两接线柱点火线圈的两个低压接线柱分别标有“+”和“-”的标记。

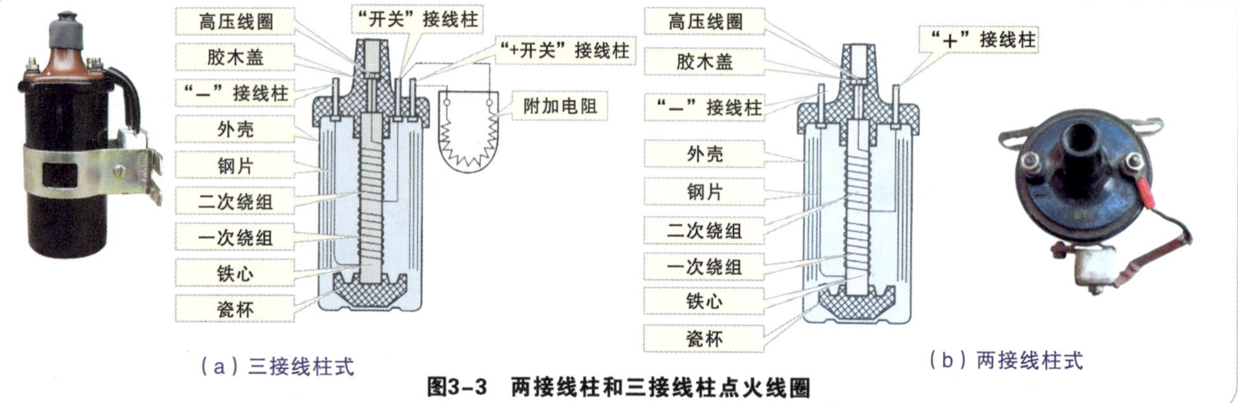

图3-3 两接线柱和三接线柱点火线圈

（2）闭磁路点火线圈

闭磁路点火线圈的结构如图3-4所示，这种点火线圈的铁心加工成“口”字形或“日”字形，铁心的内部先绕初级绕组，初级绕组的外面绕次级绕组。初级绕组产生的磁通量通过铁心构成闭合磁路。闭磁路点火线圈与开磁路点火线圈相比，漏磁少、能量损失小、转换效率高、体积小，可以直接安装在分电器中，因此在点火系统中得到了广泛的应用。

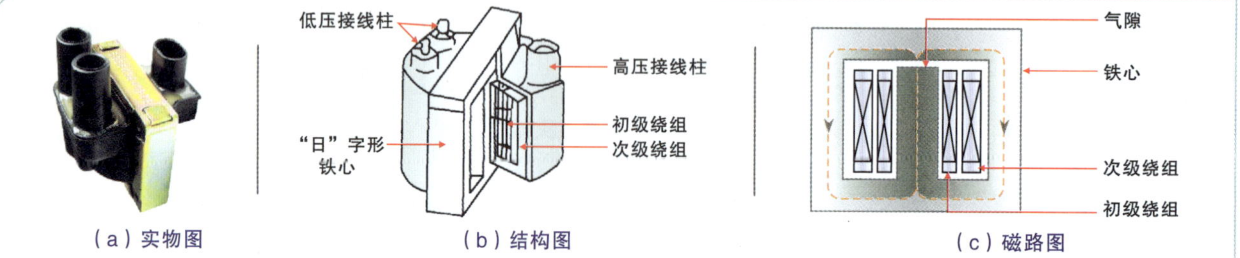

图3-4 闭磁路点火线圈结构

3. 分电器

分电器由配电器、电容器、断电器和点火提前机构等部分组成，如图3-5所示。

配电器

由分电器盖和分火头组成（图3-6）。分电器盖四周有与发动机气缸数相同的旁电极。可通过分缸高压线与各气缸火花塞相连。分火头装在断电器凸轮的顶端，随凸轮一起旋转，分火头上制有一金属导电片。当分火头旋转时，它上面的导电片依次和旁电极接通，将点火线圈产生的高压电，按发动机的各缸的点火顺序分别传到各缸火花塞。

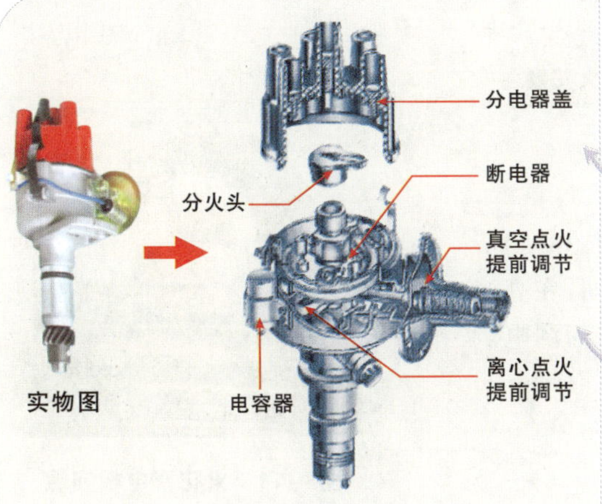

图3-5　分电器

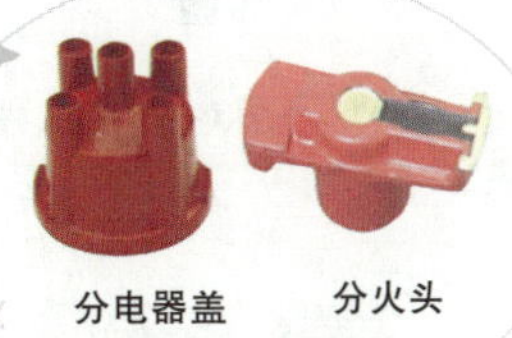

图3-6　配电器

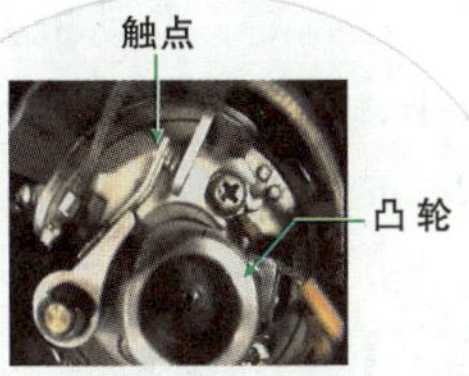

图3-7　断电器

断电器

由固定在断电器底板上的触点和凸轮组成（图3-7），凸轮在旋转时，控制触点接通和断开，从而控制点火系统初级电路接通和断开，使次级电路产生高压。

电容器

电容器与断电器触点并联，用来减小触点间的火花，延长触点的使用寿命，提高次级电压。

点火提前机构

点火提前机构由随发动机转速变化而改变提前角的离心调节器和随发动机负荷变化而改变提前角的真空点火调节器组成。点火提前机构随发动机转速和负荷变化，自动调节点火提前角。

4. 点火开关

点火开关的作用是用来控制点火系统的初级电路，同时也控制启动机、发电机励磁、空调、刮水器、仪表、信号灯等电路（图3-8）。

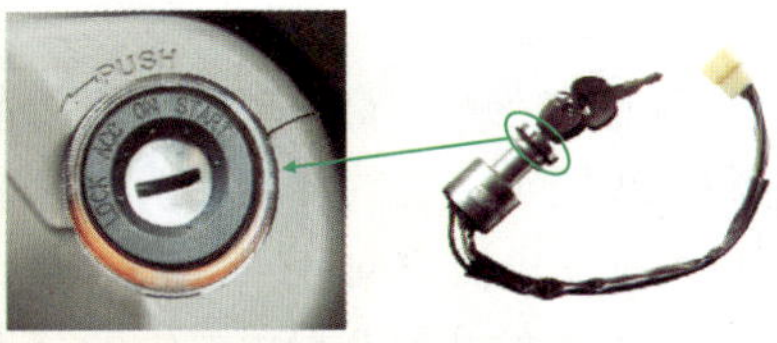

图3-8　点火开关

5. 火花塞

（1）火花塞的结构

火花塞的作用是将高压电引入发动机的燃烧室，产生电火花，点燃混合气。其构造如图3-9所示。火花塞的放电部分是中心电极和侧电极，两者之间用陶瓷绝缘隔开，绝缘体内部的中心导电部分分为三段，最下面一段为中心电极；中间是导电玻璃；最上面是金属杆，金属杆的上部制有螺纹，接线螺母拧在其上，高压导线接在接线螺母上。

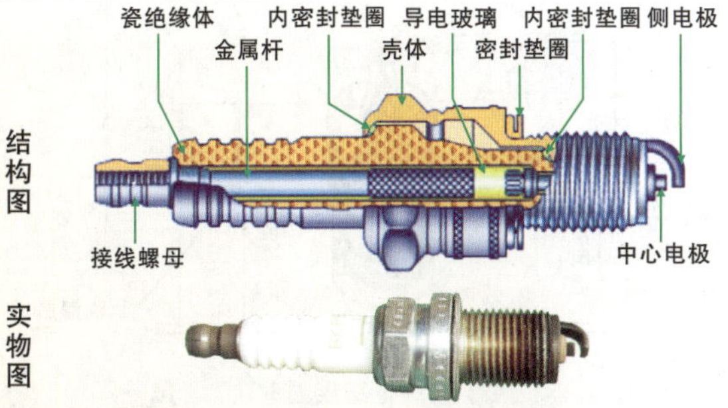

图3-9　火花塞的结构

（2）火花塞的分类

根据火花塞裙部绝缘体的长度，可以将火花塞分为热型、冷型、中型三类，如图3-10所示。

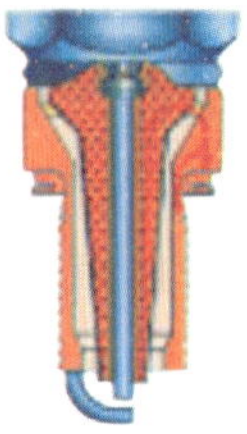

热型

热型火花塞： 绝缘体裙部长的火花塞，其受热面积大、传热距离长、散热困难、裙部温度高。热型火花塞用于低压缩比、低转速、小功率的发动机中

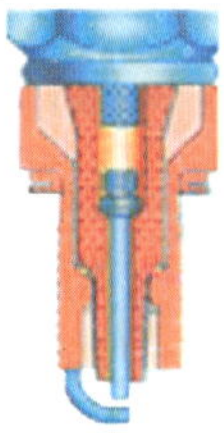

冷型

冷型火花塞： 裙部短的火花塞，吸热面积小、传热距离短、散热容易、裙部温度低。冷型火花塞用于高压缩比、高转速、大功率的发动机中

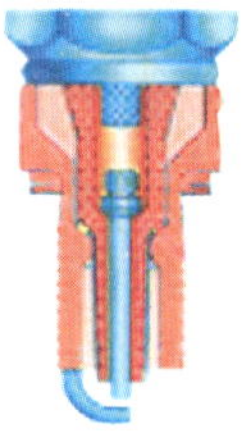

中型

中型火花塞： 绝缘体裙部的长度介于热型与冷型之间

图3-10　三种类型的火花塞

（3）火花塞电极间隙

火花塞电极间隙是指中心电极与侧电极之间的间隙，如图3-11所示。电极间隙过大，所需的击穿电压越高，发动机不易启动，且在高速时易发生“缺火”；电极间隙过小，火花微弱且容易产生积炭而漏电。一般火花塞的电极间隙为0.7～0.9mm。

图3-11　火花塞电极间隙

二、传统点火系统工作原理

工作原理如图3-12所示。发动机工作时，断电器凸轮在发动机凸轮轴的驱动下旋转，凸轮旋转时使断电器触点交替地闭合和打开。在点火开关接通的情况下，当触点闭合时，点火线圈初级绕组中有电流流过，回路为：蓄电池正极→点火开关点→火线圈初级绕组→断电器触点→搭铁→蓄电池负极。初级电流在点火线圈的铁心中形成磁场，电能转变为磁能。

当断电器凸轮将触点打开时，初级电路被切断，磁铁中的磁场突然消失，在点火线圈的次级绕组内就感应出15～20kV的电动势，此电动势作用在火花塞上，它足以击穿火花塞的电极间隙，产生电火花点燃混合气。次级回路为：次级绕组→点火开关→蓄电池→搭铁→火花塞旁电极→火花塞中心电极→高压导线→分电器→高压导线→次级绕组。

流过火花塞的高压电流方向为旁电极到中心电极，如前所述，这样击穿电压低。高压电流的方向与次级绕组和初级绕组二者的绕向关系有关。对负极搭铁的蓄电池，次级绕组和初级绕组绕向相同时，即可产生击穿电压低的高压电流方向。

断电器的凸轮和配电器中的分火头每转1圈，发动机的各个气缸按点火顺序点火1次。

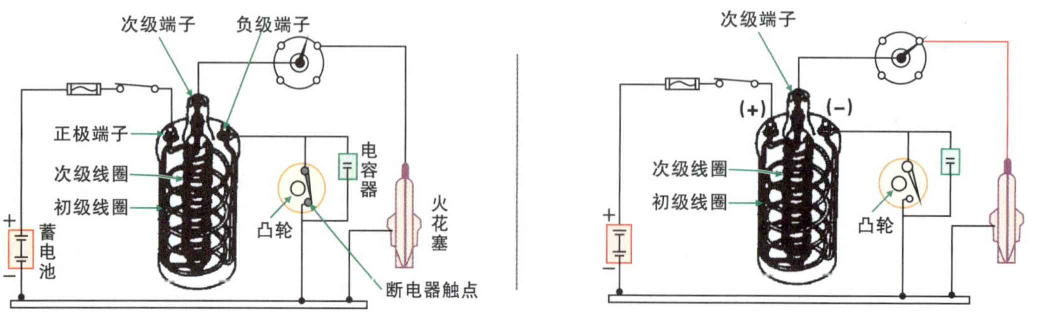

（a）初级电路接通时　（b）初级电路断开时

图3-12　传统点火系统工作原理

三、传统点火系统零部件检测与维修

1. 点火线圈的检测与维修

点火线圈的故障有：初级或次级绕组断路、短路和搭铁、绝缘盖破裂漏电、附加电阻断路等。

直观检查

各接线柱焊接应牢固；察看点火线圈外壳，若绝缘盖或外壳破裂，应予更换。

初、次级绕组断路、短路的检查

用万用表电阻挡测量点火线圈初级绕组、次级绕组以及附加电阻的阻值，电阻值应在规定范围内，如图3-13所示。

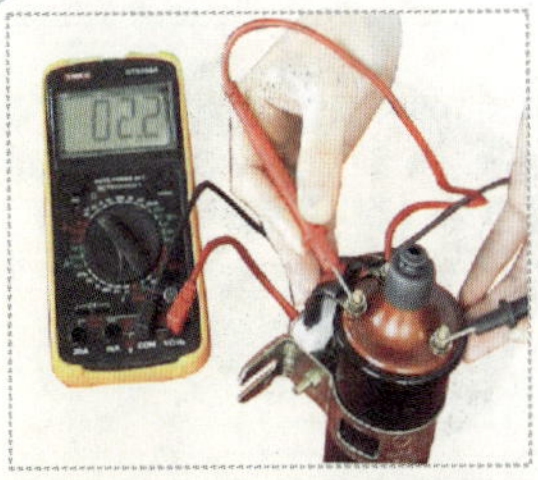

初级绕组电阻值的测量

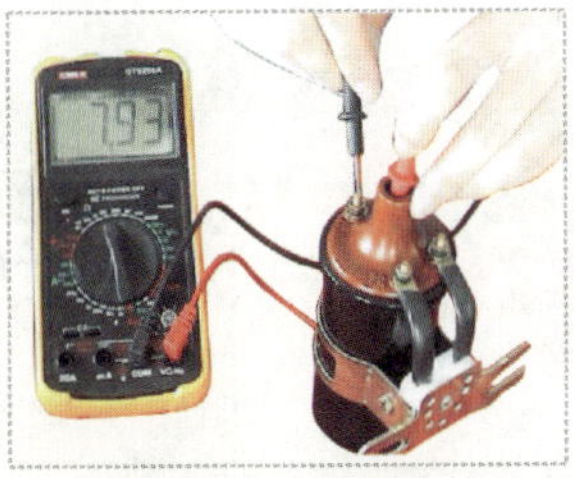

次级绕组电阻值的测量

附加电阻值的测量

图3-13 用万用表检测点火线圈

点火线圈绝缘情况检查

用交流试灯检查初级绕组与外壳是否搭铁，将交流试灯的一只测试头接初级绕组接线柱，另一只测试头接外壳，如试灯亮，表示初级绕组与外壳搭铁；如不亮，表明点火线圈正常。如图3-14 所示。

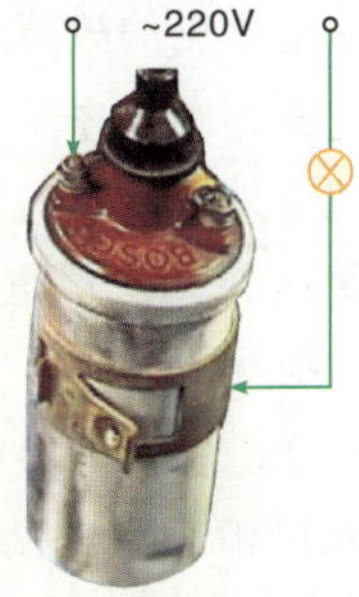

图3-14 点火线圈绝缘情况检查

点火线圈点火强度试验

点火线圈点火强度试验可就车进行，试验时，蓄电池必须充足电，使发动机在3 000r/min下空转，拔下某缸火花塞的高压线，使其端头距缸体5~6mm以上，如火花连续无间断，为点火线圈性能良好；否则为性能不良。

点火线圈的维修

点火线圈表面有尘垢或导电杂质时，使用中就会出现表面爬电形成的炭路，可用砂布擦去炭化表面，打光后再涂上环氧树脂胶或绝缘漆，干涸后不爬电即可使用。

高压插座端部缺损、低压接线柱松脱、点火线圈漏油及内部发生故障时，应更换。

2. 分电器的检测与维修

分电器常见的故障有：断电器触点烧蚀；分电器盖或分火头裂损、受潮、积污而漏电；触点臂弹簧的张力减弱等。

检测断电器触点的接触状态

断电器触点应光洁平整，触点接触面应不小于90%，触点厚度不小于0.5mm，如触点有轻微烧蚀，可用细砂纸擦磨干净；若触点表面严重烧蚀、凸凹不平时，应更换新触点。两触点的中心线应重合，其上下偏移量可借助活动触点的上下垫圈调整，左右偏移量可用钳子扭动固定触点架调整。

检查触点间隙

用塞尺检查断电器触点间隙，正常应为0.35~0.45mm，如图3-15所示。如不符合要求，可松开紧固螺钉，转动调整螺钉进行调整，如图3-16所示。

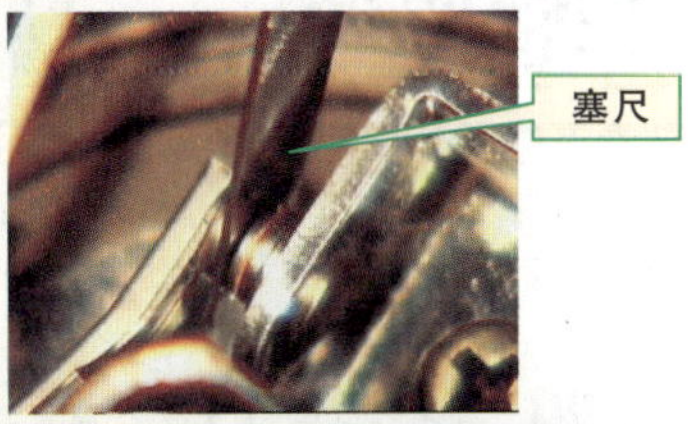

图3-15 检查断电器触点间隙

图3-16 调整断电器触点间隙

检查分火头和分电器盖是否漏电

调整中央高压线端部距分火头，使其距导电片4～6mm，启动发动机或人工接通及切断断电器触点，用高压电检验分火头的绝缘性（图3-17），如果高压线与分火头之间有高压火出现，说明分火头已经损坏；如果无火花，说明分火头良好。

测量分火头电阻

按图3-18所示的方法测量分火头的电阻，阻值应在规定范围内，如桑塔纳的分火头阻值为（1±0.41）kΩ、奥迪的分火头阻值为（5±1.0）kΩ，如不符合要求，应更换分火头。

检查触点臂弹簧的张力

触点闭合时，用弹簧秤的挂钩钩在活动触点的一端，沿着触点的轴向拉动弹簧秤，如图3-19所示。当触点刚刚分开时，弹簧秤的读数应为5～7N，否则调整弹簧张力或更换触点。

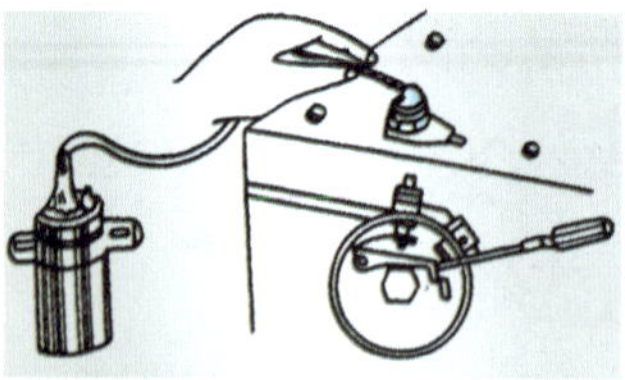

图3-17　分火头绝缘情况检查

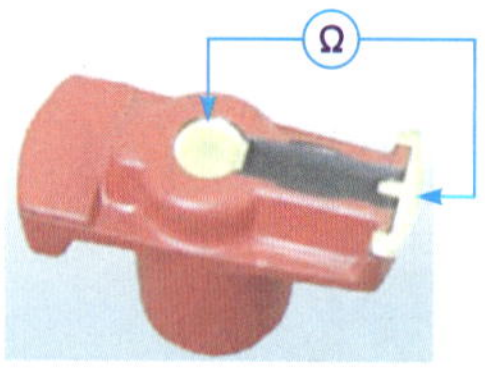

图3-18　分火头电阻的测量

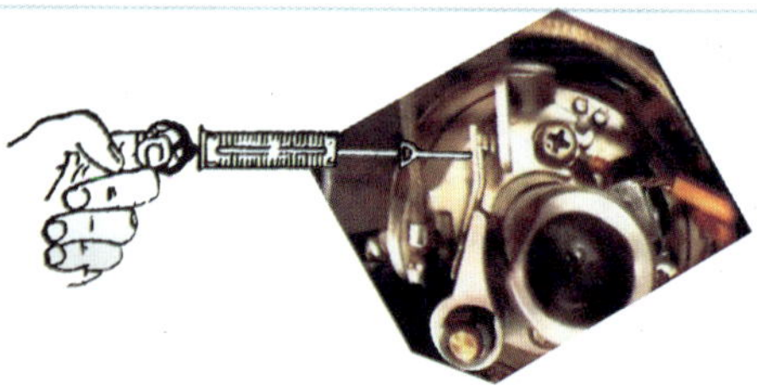

图3-19　触点臂张力的检查

3. 火花塞的检测与维修

火花塞常见的故障有：过热、积炭、电极烧蚀、漏气、绝缘体破裂和侧电极开裂等。

火花塞外观检查

火花塞外观如图3-20所示。火花塞绝缘体出现裂纹或电极烧损严重时，应更换。火花塞轻度积炭时，可用铜丝刷清洗；积炭严重时，应先将火花塞在丙酮或煤油中浸泡，待积炭软化后，再用铜丝刷清洗，不可用刮刀、砂纸清除积炭。

火花塞电极间的检查与调整

用塞尺检查火花塞间隙，正常一般为0.7~0.9mm，如果不符合要求，可用专用工具弯曲侧电极来调整间隙。如图3-21所示 。

火花塞的检测与维护

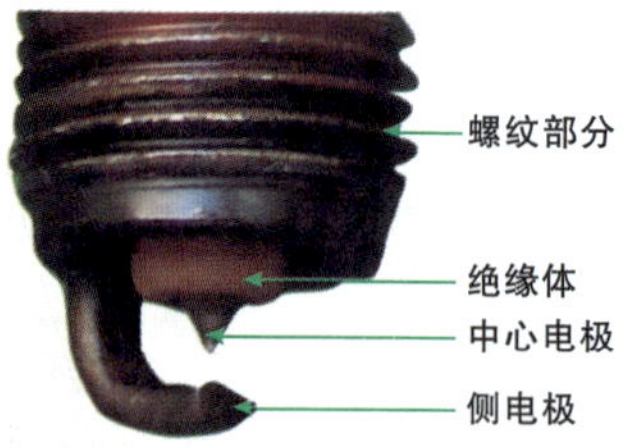

图3-20　火花塞外观

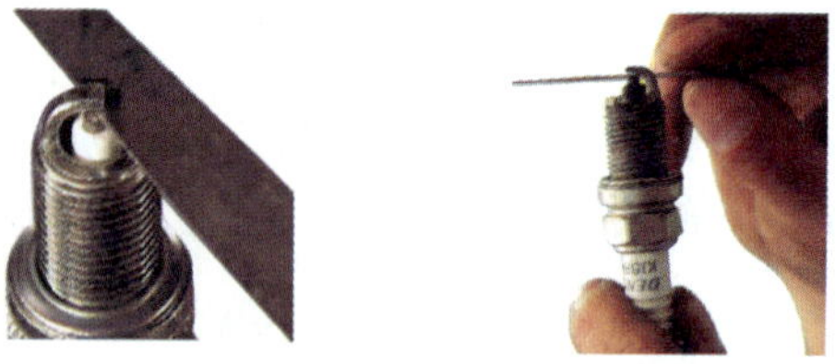

（a）火花塞电极间的检查　（b）火花塞电极间的调整

图3-21　火花塞电极间的检查与调整

四、传统点火系统常见故障维修

1. 发动机不能启动

故障原因：

①蓄电池电压过低或接线不良。
②点火系统低压电路故障。
③点火系统高压电路故障。

维修思路：

①检查蓄电池电压是否正常，一般可通过开前照灯、按喇叭等方法检查，如果灯光明亮、喇叭声音清脆，则说明蓄电池电压正常。

②观察高压火来判断故障在低压电路还是在高压电路。

判断故障是在低压电路还是高压电路的方法：接通点火开关，将中央高压线从分电器上拔下，使其端部距离发动机的机体4～6mm，然后启动发动机观察高压火的情况，如果无火花或火花很弱，说明低压电路有故障；如果火花很强，呈蓝色火花，说明低压电路工作正常。

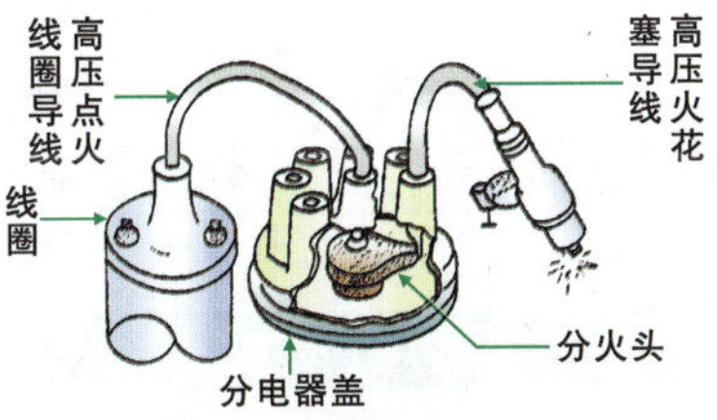

图3-22 分高压线试火

高压电路故障的检查：

a. 分火头的检查。拔下分电器上的中央高压线，打开分电器盖，使中央高压线端头距分火头2～3mm，并用手分开断电器触点。若无火花，表明分火头良好；若有火花，表明分火头绝缘损坏。

b. 若分火头良好，则逐一将各缸高压线拔下试火（图3-22）。如果各缸分高压线的火花强烈，说明分电器盖和分高压线都良好，故障出在火花塞或点火不正时；如果分高压线无火花，说明分电器盖或分高压线有故障。

c. 检查高压线是否正常可通过测电阻的方法，如图3-23所示，若电阻不符合要求，应更换高压线；若高压线正常，则应更换分电器盖。

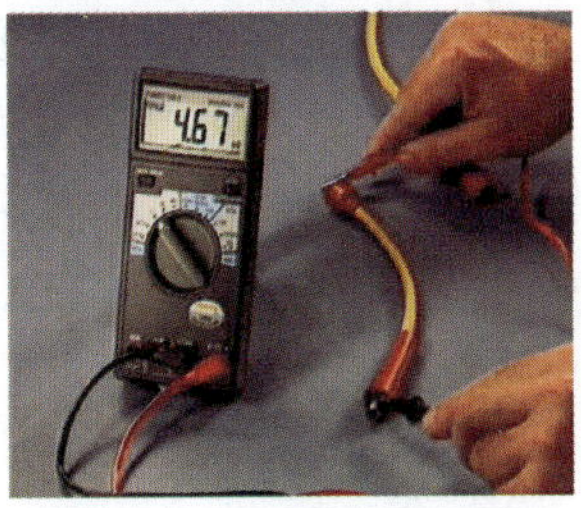
图3-23 测高压线的电阻

低压电路故障的检查：

接通点火开关，转动发动机曲轴，同时观察电流表指针：

a. 电流表指针指在“0”位不动，说明低压电路断路，即蓄电池至断电器之间有断路故障。

b. 若电流表指示放电3～5A，但不摆动，说明初级线圈到断电器触点臂之间有搭铁故障或电容器短路，或断电器触点不能打开。

c. 若电流表指示10A以上不动，说明低压电路有搭铁故障。如点火开关、点火线圈电源接柱间搭铁。

③如分高压线火花很强，则检查火花塞。

将火花塞从气缸上拆下，检查绝缘体是否损坏、电极间隙是否正常、有无严重积炭、油污等，如有需对火花塞进行清理或更换。

④最后检查点火正时，重新调整点火正时。

2. 发动机个别缸不点火

故障现象：

发动机工作时，排气管排出黑烟，发动机运转不均匀，并发出有节奏的“突突”声，甚至放炮或化油器回火。

故障原因：

①高压分线脱落或漏电。

②火花塞积炭过多或绝缘体击穿漏电。

③分电器盖漏电、分电器触点间隙调整不当或凸轮磨损不均，分电器轴松旷。

维修思路：

用逐缸断火的方法进行检查，判定是哪一个气缸不点火，即依次将发动机的各个气缸的高压线对地短路，短路时观察发动机的状况。当短路工作正常的气缸时，发动机的转速会有所下降，短路故障气缸时，发动机的工作状态将不会改变。

对于有故障的气缸，应先检查此缸高压线有无高压电。

如无高压电，则应检查高压线和分电器盖；如有电，再检查火花塞是否积炭，对于积炭的火花塞，应进行清洗或更换。若火花塞正常，则说明分缸线或配电器有故障。

3. 发动机动力不足

故障现象：

发动机加速不良、水温过高、加速时出现放炮、回火等现象。

故障原因：

①点火时间过晚。
②火花塞积炭。
③点火线圈故障等。

维修思路：

①将高压总线从分电器盖上拔出，使其端部距发动机气缸体4～6mm，启动发动机，观察火花的情况。

②如果火花很强，则检查分高压线，如果分高压线的火花也很强，则检查点火时间是否符合要求，火花塞是否积炭。

③如果高压总线的火花很弱，说明低压电路存在故障，应检查触点的接触头部和间隙是否符合要求，电容器是否良好。

④如果触点的状况不好，应按照要求调整间隙。

⑤对于电容器，可采用更换法检查，即用一个好的电容器替换原来的电容器，替换后，高压火花如果变强，说明原电容器有故障。

⑥检查点火线圈。

4. 发动机高速工作不良

故障现象：

发动机在中低速时，工作良好，而高速时，工作不平稳。

故障原因：

①如果触点的间隙过大，使高速时的初级电流过小，便会造成高速时高压火花很弱的故障。
②触点臂弹簧的弹力过弱，在高速时不能保证触点良好的接触，也会造成点火故障。
③火花塞间隙过大会提高点火电压，造成高速时点火不易成功，间隙性缺火故障。

思考与练习

一、填空题

1. 点火系统工作时，点火线圈的次级绕组中感应出________的电动势。
2. 分电器上电容器的作用是防止断电器________和消除________。
3. 配电器的作用是将________按发动机各气缸的________配送至各缸的火花塞。

二、判断题（正确的打“√”，错误的打“×”）

1. 分电器电容器引线脱落易造成分电器中断电器触点烧蚀。（　）
2. 打开点火开关，摇转曲轴，电流表指针指示3～5A，并作间歇摆回"0"位，而发动机不能发动，说明故障在低压电路。（　）

三、选择题

1. 断电器触点间隙过大会使点火时间（　）
   A. 提前　B. 不变　C. 推迟　D. 提前或推迟
2. 分火头击穿漏电，将会引起（　）
   A. 全部火花塞无火　B. 少数缸不工作　C. 点火错乱　D. 全部火花塞有火
3. 点火系统中电容器的作用是（　）
   A. 减少触点火花　B. 增大触点火花　C. 与火花无关　D. 接通触点
4. 将分电器上的电容器引线拆下后点火线圈中心线跳出高火花，但接上引线反而跳不出火，这说明电容器（　）
   A. 已烧毁　B. 已击穿　C. 已断路　D. 完好无损

一辆采用了霍尔效应式电子点火系统的捷达轿车启动时不着火，进行跳火试验，发现高压无火，初步确定是点火系统的故障。

该车的点火系统是普通电子点火系统，要维修该故障，我们需了解普通电子点火系统的组成及工作原理、检测与维修方法、常见故障诊断与排除方法。

情境二：普通电子点火系统结构与检修

电子点火实际上就是利用半导体器件作为开关，接通或断开初级电流，因而又称为半导体点火或晶体管点火。电子点火系统分为有触点电子点火系统和无触点电子点火系统，其中无触点电子点火系统大大改善了点火的性能，逐步取代了传统的蓄电池点火系统，习惯上把无触点电子点火系统称为普通电子点火系统。

一、普通电子点火系统组成与工作原理

普通电子点火系统一般由电源、分电器、点火控制器或点火模块、点火线圈、火花塞等组成，如图3-24所示。按信号发生器的原理来分类，普通电子点火系统分为电磁感应式、霍尔式和光电式三种。

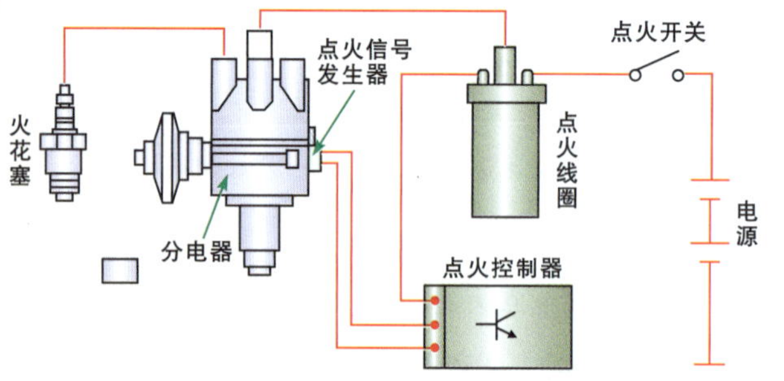

图3-24　普通电子点火系统的组成

1. 电磁感应式电子点火系统

电磁感应式电子点火系统主要由磁感应式信号发生器、点火控制器、分电器、火花塞、点火线圈等组成。

（1）磁感应式信号发生器

磁感应式点火信号发生器由信号转子、传感线圈、永久磁铁等组成，如图3-25所示。

整个信号发生器装在分电器内，永久磁铁和铁心固定在分电器内，传感线圈绕在铁心上。信号转子上有与发动机的气缸数相同凸齿，信号转子由分电器轴带动，随着分电器的旋转，信号转子转动，它的凸起与信号线圈之间的间隙不断变化，磁路的磁阻随之改变，使通过线圈的磁通量发生变化，因而在线圈内感应出交变电动势，如图3-26所示。

图3-25　磁感应式点火信号发生器的结构

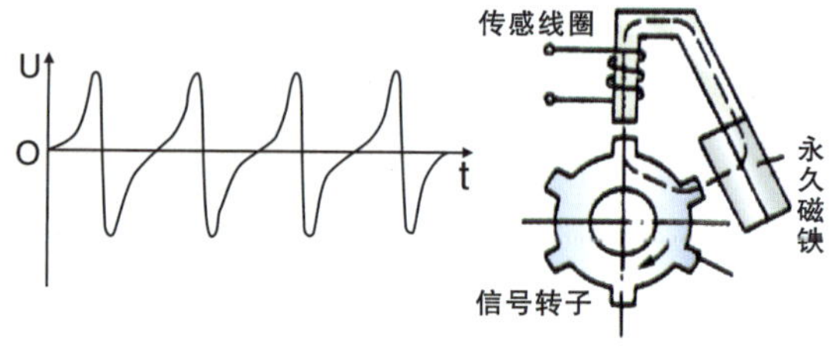

图3-26　磁感应式信号发生器工作原理

（2）电磁感应式电子点火系统工作原理

电路如图3–27所示。工作原理如下：

①接通点火开关，发动机未工作（信号发生器的转子不动）时，蓄电池（或发电机）正极→点火开关→R_4→R_1→VT_1→A点→信号线圈→B点→搭铁→蓄电池（或发电机）负极构成回路。此时电路中P点的电位高于VT_2的导通电压，VT_2导通，VT_2导通后其集电极电位降低，使VT_3截止，VT_3截止后使VT_4导通，VT_4导通后，R_7上的压降给VT_5提供正向偏置电压，使VT_5导通。

②当点火信号发生器产生正向脉冲时，VT_1的集电极加反向电压而使VT_1截止，P点的电位仍高于VT_2的导通电压，VT_2导通，VT_4导通，VT_5也导通。于是初级电流回路为：蓄电池（或发电机）正极→点火开关→电阻R_f→点火线圈初级绕组→VT_5→搭铁→蓄电池（或发电机）负极构成回路，点火线圈储能。

③当点火信号发生器产生反向脉冲时，VT_1因加正向电压而导通，P点的电位下降，使VT_2截止，VT_2截止时使VT_3导通，VT_4截止，VT_5截止。于是初级电流被切断，在次级绕组中产生高压，经配电器按点火次序分配到各缸火花塞点火，点燃可燃混合气使发动机做功。每当信号发生器的转子转动一周，各个气缸便轮流点火一次。

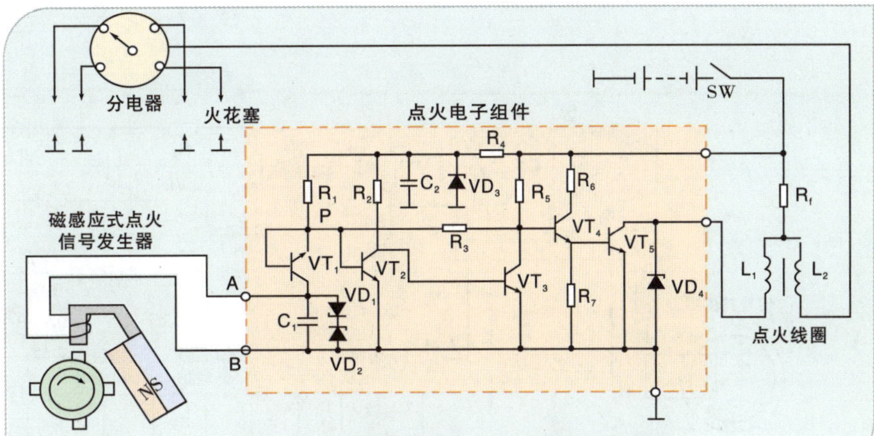

图3–27 电磁感应式电子点火系统工作原理

2. 霍尔效应式电子点火系统

在霍尔效应式电子点火系统中，分电器采用的是霍尔式点火信号发生器的分电器。

（1）霍尔信号发生器

霍尔信号发生器主要由触发叶轮和信号触发开关组成，如图3–28所示。

霍尔信号发生器位于分电器内，触发叶轮与分火头制成一体由分电器轴带动，其叶片数与气缸数相等。信号触发开关由霍尔集成电路和带导磁板的永久磁铁组成（图3–29）。霍尔集成电路的外层为霍尔元件，同一基板的其他部分制成放大电路。

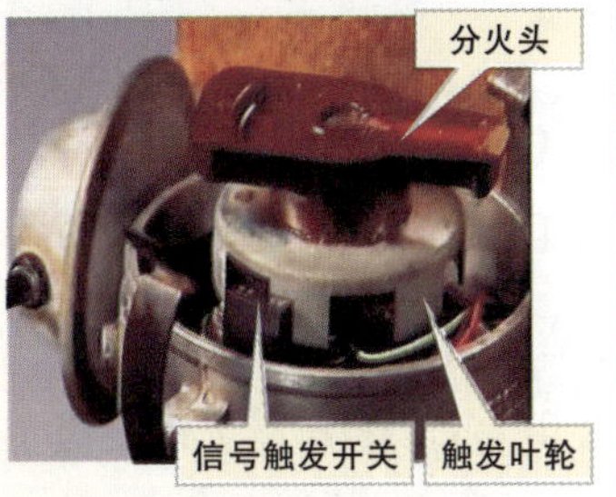

图3–28 霍尔信号发生器的结构

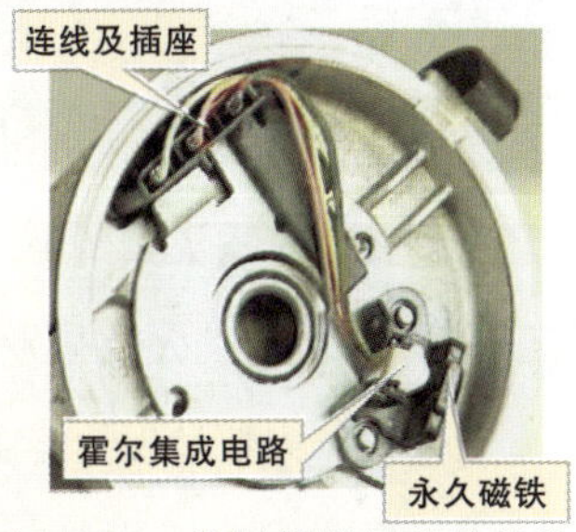

图3–29 信号触发开关的结构

触发叶轮由分电器轴带着在霍尔集成电路和永久磁铁之间转动，当转到触发叶轮的本体（没有缺口的地方）对着装有霍尔集成块的地方时（叶片在气隙内），通过霍尔集成块的磁路被触发叶轮短路，如图3–30（a）所示，此时霍尔集成块中没有磁场通过，不会产生霍尔电压。

当触发叶轮转到其缺口对着装有霍尔集成块的地方时（叶片不在气隙内），如图3–30（b）所示，永久磁铁所产生的磁场，在导板的引导下，垂直穿过通电的霍尔集成块，于是在霍尔集成块的横向侧面产生一个霍尔电压，这个霍尔电压信号经过放大、脉冲整形后，最后以整齐的矩形脉冲（方波）信号输出。

（a）叶片在气隙内　（b）叶片不在气隙内

图3–30 霍尔信号发生器工作原理

（2）霍尔效应式电子点火系统工作原理

典型的霍尔效应式电子点火系统工作电路如图3-31所示。

① 接通点火开关，发动机工作时，分电器轴带动霍尔信号发生器的触发叶轮转动，当霍尔信号发生器输出信号*Ug*为高电位，该信号通过点火器插座⑥端子和③端子进入点火器。此时，点火器通过内部电路，驱动点火器大功率晶体VT导通，接通初级电路。其电路是：蓄电池（或发电机）“＋”极→点火开关→点火线圈初级绕组N_1→点火器大功率晶体管VT→反馈电阻Rs→搭铁→蓄电池（或发电机）“－”极。

② 当霍尔信号发生器输出信号*Ug*下跳为低电位时，点火器大功率晶体VT立即截止，切断点火线圈初级电路，次级绕组产生高压电，高压电由分电器分配到各缸火花塞，点燃混合气。

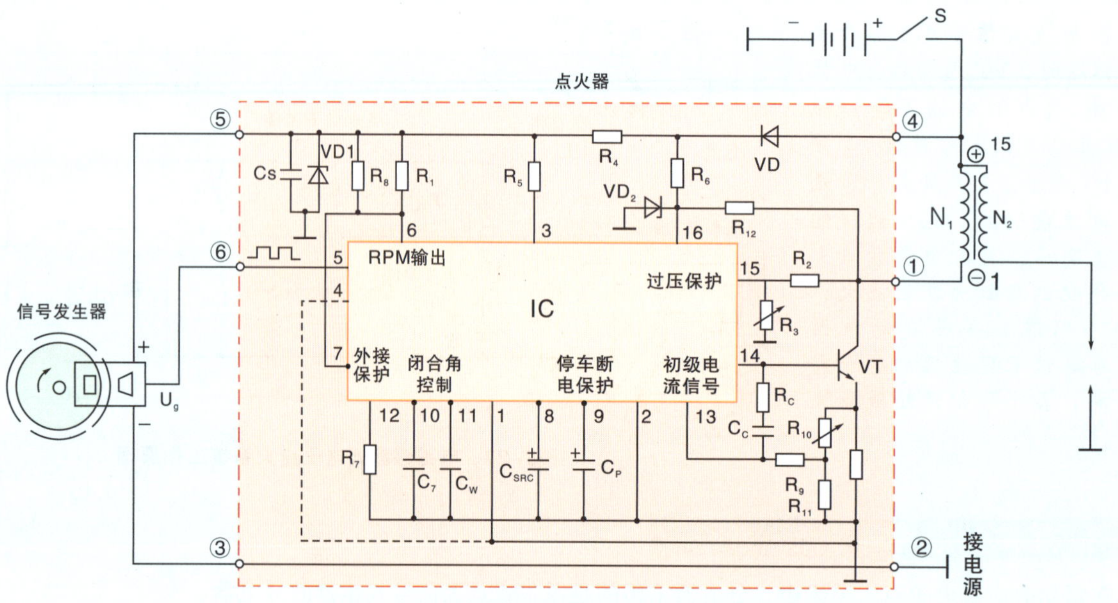

图3-31 霍尔效应式电子点火系统工作电路

3. 光电式电子点火系统

光电式电子点火系统中，分电器采用的是光电式点火信号发生器的分电器。

（1）光电式点火信号发生器

光电式点火信号发生器主要由发光二极管、光敏三极管和遮光盘三部分组成，如图3-32所示。

遮光盘　　　　发光二极管与光敏三极管

图3-32 光电式点火信号发生器的组成

发光二极管：能以接近红外线的频率发出不可见光束。

光敏三极管：它与发光二极管相对放置，并相隔一定距离，当有光线照射时，光敏三极管导通；当无光线照射时，光敏三极管截止。

遮光盘：安装在分电器轴上，位于分火头下面。遮光盘上有与气缸数相等的窗口，遮光盘随分电器轴旋转时，当遮光盘的叶片转至发光二极管与光敏三极管之间时，遮住了发光二极管发出的光线，光敏三极管因感受不到光线而截止；当遮光盘上的窗口通过发光二极管与光敏三极管之间时，发光二极管所发出的光束直接照到光敏三极管上，光敏三极管导通。分电器每转一周，信号发生器便产生四个交变信号，输送给点火控制器，控制着点火系统的正常工作。

（2）光电式电子点火系统工作原理

光电式电子点火系统电路如图3-33所示。

点火开关接通后，转子随分电器轴转动，遮光盘也跟着转动。当光敏三极管V受光导通时，三极管VT_1获得正向偏压而导通。VT_1导通后为VT_2提供正向偏压，使VT_2导通。VT_2导通后，VT_3的基极电位下降，使VT_3截止。功率三极管VT获得正向偏压而导通，使点火线圈初级绕组电路导通；当遮光盘的叶片遮住发光二极管的光束时，光敏三极管转为截止，VT_1失去基极电流由导通转为截止，VT_2也截止，VT_3因获得正偏由截止转为导通。VT失去正向偏压则由导通转为截止，点火线圈初级绕组断电，在点火线圈次级绕组产生高压，供电给火花塞使其跳火，点燃气缸中的可燃混合气。

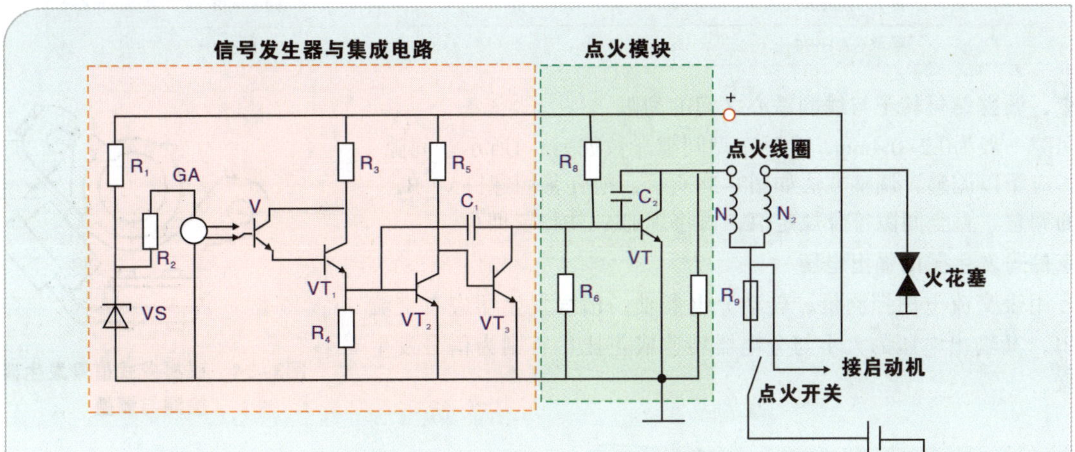

图3-33 光电式电子点火系统电路

二、普通电子点火系统检测与维修

1. 充磁感应式点火信号发生器的检修

测量感应线圈的电阻

将分电器与线束之间的插接器拔开，用万用表电阻挡测量与分电器相连接的两根导线之间的电阻值。若测量结果与标准值相差较大，说明传感器线圈已经损坏；如电阻无穷大，说明传感器断路；过大或过小都需更换信号发生器总成。

常见车型磁感应式信号发生器检测参数如表3-1所示。

表3-1　常见车型磁感应式信号发生器检测参数

汽车厂牌	气隙（mm）	感应线圈电阻（Ω）
丰田	0.2~0.4	140~180
丰田（2JZ-GE 发动机用）	0.2~0.4	125~200（冷态） 160~235（热态）
丰田（2JZ-GE 发动机用）	0.2~0.4	190~290（热态）
丰田（2TE-FE 发动机用）	0.2~0.4	125~190 155~240
日产	0.3~0.5	140~180
本田		600~800
三菱	0.3~0.5	500~700
福特		400~800
标致		900~1 200
克莱斯勒	0.2~0.25	920~1 120
伏尔加 24-10		900
切诺基	0.2~0.4	400~800
国产 JFD667		400~600
解放GA1091		600~800

检查、调整信号转子与线圈铁心之间的间隙

该间隙一般为0.2~0.4mm，常见车型间隙参数如表3-1所示。间隙不合适，应予以调整，调整方法如图3-34所示，松开紧固螺钉A、B，做适当的调整，直至间隙符合规定值，再将螺钉A、B拧紧即可。

检查信号发生器的输出电压

用万用表交流电压挡测量，转动分电器轴，信号发生器应有交流电压输出，其输出电压的大小与分电器转速成正比，否则为信号发生器有故障。

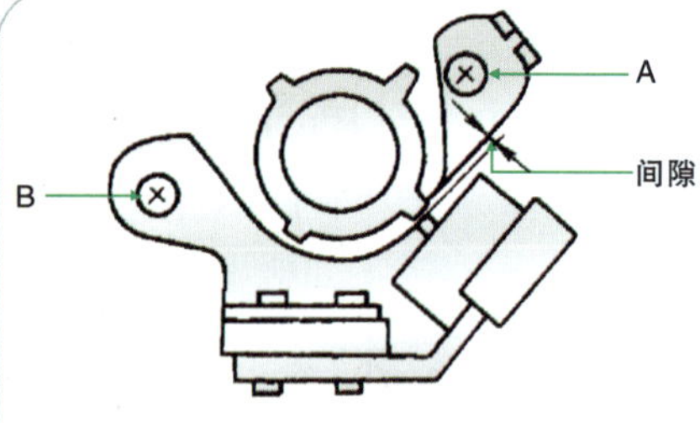

图3-34　磁感应式信号发生器气隙的检测与调整

2. 霍尔式点火信号发生器的检修

霍尔式点火信号发生器为有源器件，需输入一定的电源电压时才能工作，检测接线如图3-35所示。

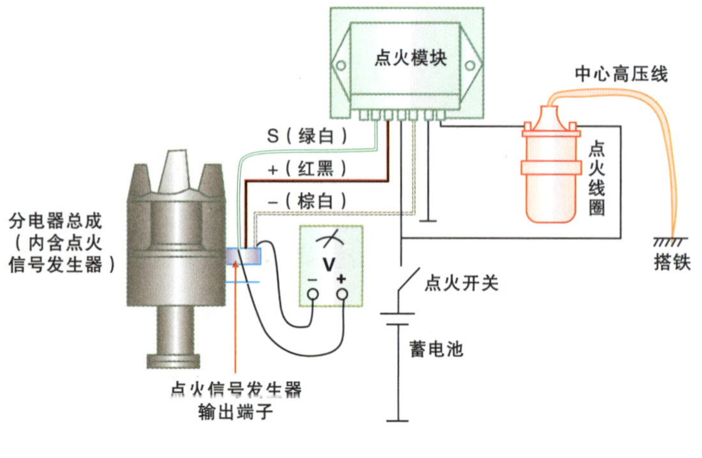

图3-35　霍尔式点火信号发生器的检测接线方式

先拆下分电器总成，断开点火开关，拔出分电器盖上的中央高压线并搭铁，将万用表调到直流电压挡，并用万用表的正表笔接在插接器信号输出线“S”端子、负表笔接在插接器的“—”端子上；然后接通点火开关，按分火头的旋转方向转动分电器轴，同时观察电压表上的读数。当触发叶轮的叶片位于霍尔传感器的空气隙中时，其电压值应11～12V；当触发叶轮的叶片不在空气隙中时，其电压值应为0.3～0.4V。如电压表读数与上述不符，则说明霍尔信号发生器出了故障，应予更换。

3. 光电式点火信号发生器的检测

从发动机上拆下分电器总成，拆下分电器线路插接器，用导线将插接器的“+”极电源端子与蓄电池的正极相连，“–”极端子与蓄电池的负极相连，将万用表调到直流电压挡，并将万用表的正表笔与插接器的信号输出端子相接、负表笔搭铁或接插接器的“–”端子，然后按分火头的旋转方向慢慢转动分电器轴，插接器信号输出端子的电压应在0~1V之间摆动（不同的车型，具体摆动幅度稍有不同），说明信号发生器良好，否则，需更换分电器。

4. 点火控制器的检测

干电检查法

这种方法适用于配用磁感应式点火信号发生器的点火控制器。

检测方法：拆开分电器上的线路插接器，接通点火开关，用一只1.5V的干电池代替信号发生器，接到点火控制器信号输入端子上，用一只12V试灯接在点火线圈“–”接线柱与搭铁之间，并观察试灯的亮灭，正接时［图3–36（a）］，试灯应灭；将电池的极性颠倒后，试灯应亮［图3–36（b）］。

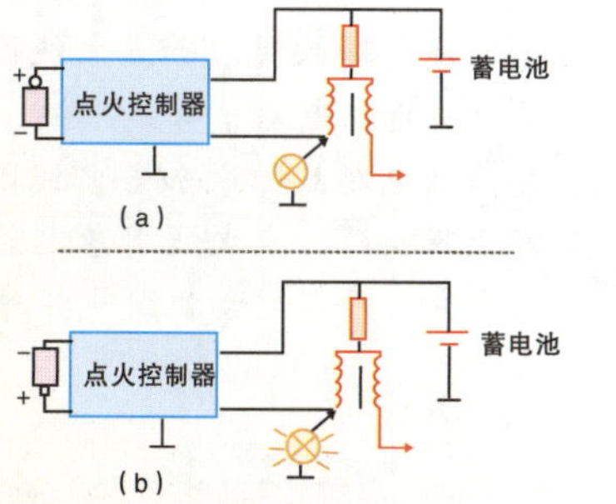

图3–36 电磁感应式电子点火系统的点火控制器的检测

跳火试验法

在确认除点火器以外的低压电路都是完好的情况下，可用跳火法来检查点火器的好坏。

磁感应式点火系统的跳火试验

将分电器盖拆下，并拔出分电器壳上的中央高压线，使其端部距缸体5~10mm的距离。接通点火开关，然后用一只螺丝刀头快速地碰刮信号发生器的定子极爪，以改变信号发生器线圈的磁通而使其产生信号脉冲，控制点火器的通断，产生点火电压，如图3–37所示。若每次碰刮都能产生高压火花，说明点火器完好，否则说明点火器有故障，应予以更换。

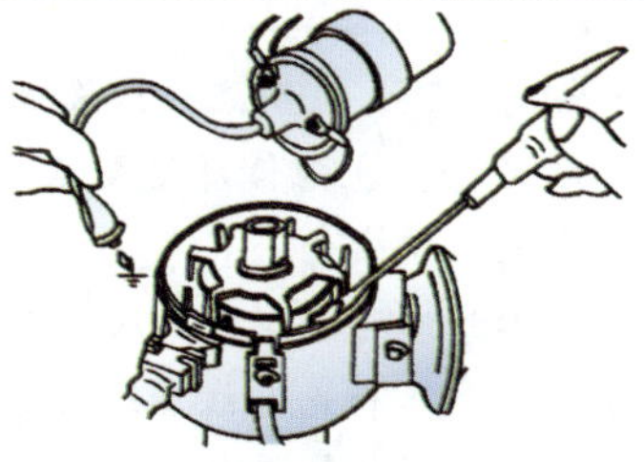

图3–37 电磁感应式电子点火系统的跳火试验

霍尔式电子点火系中的跳火试验

方法一：打开分电器盖，拆下分火头和防尘罩，转动曲轴，使触发叶轮的叶片不在点火信号发生器的气隙中，拔出分电器盖上的中央高压线，使其端部距机体5~10mm，然后接通点火开关，用小螺丝刀或钢锯条在信号发生器的气隙中插入后迅速拔出，同时在拔出时察看高压线端部是否跳火，如跳火，说明点火器良好。

方法二：断开点火开关，拔下分电器盖上的中央高压线端部并使其端部距离机体5~10mm，再拔下分电器上信号发生器的插接器，用跨接导线一端接在信号线插头上，然后接通点火开关，将跨接线的另一端反复搭铁，如图3–38所示，同时观察中央高压线端是否跳火，如跳火，说明点火器良好。

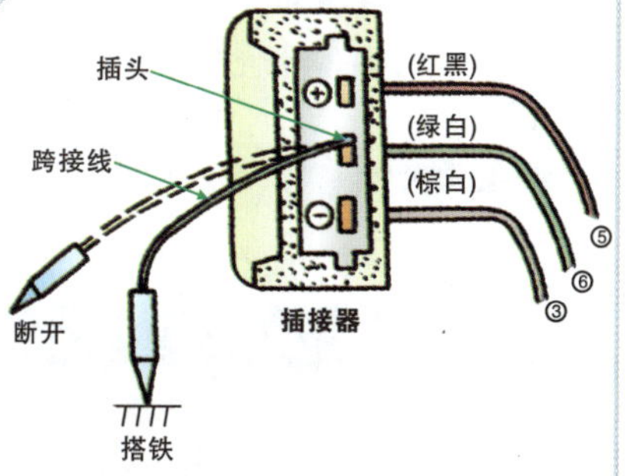

图3–38 用信号线搭铁的方法进行跳火试验

替换法

在对低压电路进行检查时，如怀疑点火器有故障，可用相同型号的点火器进行替换。若替换后，故障排除，则说明原点火器有故障。

三、普通电子点火系统常见故障诊断与排除

1. 发动机不着火

故障现象：

启动时不着火，或启动过程中着火、点火开关返回点火挡则立即熄火。

故障原因：

①低压电路故障。如点火线圈初级绕组断路、附加电阻断路、导线断路、信号发生器、点火控制器故障等造成初级电路断路；导线搭铁、点火控制器故障等造成低压电路搭铁。

②高压电路故障。如点火线圈次级绕组断路、高压线断路或脱落、火花塞间隙过大等造成次级电压不能击穿火花塞间隙；点火线圈老化、火花塞积炭、污损或间隙太小等造成火花塞火花太弱。

③点火次序与发动机配气顺序不一致或点火正时不当等。

维修思路：

①如果启动过程中着火，但点火开关退回点火挡立即熄火，原因和检查方法同传统点火系统。

②如果启动时不着火，应先通过中央高压线的跳火情况判断故障在高压电路还是在低压电路或点火线圈；方法是打开发动机罩，拔出分电器中央高压线，使其距离气缸体5~7 mm，接通点火开关，转动曲轴，查看中央高压线和缸体之间的跳火情况：

·火花很强，表示低压电路和点火线圈良好，故障在配电器、高压线和火花塞组成的高压电路中，需要进一步检查。

·火花不强，表明点火线圈老化或点火控制器有故障。可用换件比较法进一步诊断分析。

·无火花，表明低压电路有搭铁、断路故障或点火线圈、信号发生器、点火控制器、中央高压线有故障，需要进一步检查。

③高压电路的检查。高压电路的检查方法同传统点火系统。

④低压电路和点火线圈等部分的检查。确认低压电路有搭铁、断路或点火线圈、中央高压线等部分有故障后，应用万用表等进一步检查诊断。

断开点火开关，用万用表的电阻挡检查点火线圈绕组、附加电阻、中央高压线是否断路，其阻值应符合要求，或检测点火控制器和点火线圈“-”接线柱及点火信号发生器之间的连接导线（及接插件）有无断路或接触不良。

如果点火线圈和线路正常，则故障发生在信号发生器或点火控制器。既可以直接用交流电压表或示波器测量信号发生器信号进行诊断，也可以用人工的方法给点火控制器输入脉冲信号通过观察高压线跳火情况进行分析。

如果点火控制器、信号发生器等部件发生故障，一般应予以更换。

2. 发动机工作不正常

故障现象：

发动机启动困难、怠速不稳或低速运转不平稳或加速无力或排气管中排出黑烟并放炮等。

故障原因：

①分缸高压线漏电或断路或脱落、分电器盖漏电、火花塞工作不良，或不工作等造成个别缸或几个缸火花塞缺火或火花弱进而导致个别缸或几个缸不能工作或工作不良。

②分缸高压线次序插错造成点火次序和发动机配气顺序不一致使发动机多个气缸不能工作。
③初始点火提前角不当导致点火不正时，发动机不能正常工作。

维修思路：

诊断发动机工作不正常故障时，关键是根据发动机不同工况下的运行情况，确定发动机工作不正常是个别缸或几个缸不能正常工作引起的还是多个气缸不能工作或点火不正时引起的。

①如果发动机怠速稳定、低速运转平稳，但是行驶无力、发动机过热、加速发闷、急加速或大负荷时往往伴随排气管放炮等，表明发动机点火时间太晚，应将分电器壳体逆着分电器旋转方向转过一定角度，适当增大点火提前角。

②如果发动机启动（特别是摇转曲轴启动）时，经常出现曲轴反转、启动后怠速不太稳定、加速有力但是伴有清脆的金属敲击声（爆燃引起的）、加速后敲击声不消失并且大负荷时更加明显等故障，表明发动机点火时间太早，应将分电器壳体顺着分电器旋转方向转过一定角度，适当减小点火提前角。

③如果发动机怠速不稳或低速运转不平稳并且功率降低、排气管中排出黑烟并放炮等，表明发动机至少有一个缸不工作。

首先顺着分电器的旋转方向检查分缸高压线的次序是否和发动机各缸的配气顺序一致。

如果分缸高压线次序正常，可以采用单缸断火法进一步找出不工作的气缸。不工作气缸确定后，应进一步确定故障原因。取下缺火缸火花塞上的分缸高压线，使线端距离气缸体3~5 mm，进行跳火检查：无火，说明分缸高压线或分电器盖有故障；有火，再将线端距火花塞接线柱3~4 mm，在发动机工作时，该间隙中如有连续火花且发动机运转随之好转，表明火花塞积炭；如发动机运转无变化，可将该缸的火花塞与工作良好的气缸的火花塞对调，对调后，如果该缸工作恢复正常，表明该缸原来的火花塞有故障，应更换；否则，说明该缸密封不良或配气机构和供油系统有故障。

④如果发动机怠速不稳或低速运转不平稳并且功率降低，但是排气管无放炮现象，表明发动机部分气缸工作不良。采用单缸断火法确定出工作不良的气缸后，再参照上述诊断方法进一步确定故障原因即可。

⑤如果发动机低、中速时工作良好，而高速时工作不平稳，排气管放炮并有断火现象，应检查火花塞间隙是否过大等。

3. 发动机不能熄火

故障现象：

点火开关旋至断开位置后，发动机不熄火或不能立即熄火。

故障原因：

①点火开关损坏等导致点火开关无法切断点火线圈初级电路。
②火花塞热值偏小或点火提前角偏大，使火花塞中心电极温度偏高等引起部分气缸炽热点火。

维修思路：

如果点火开关旋至断开位置后，发动机虽然不熄火，但是运转状况变化了。

例如：运转不稳定，则说明故障是由于发动机部分气缸炽热点火引起的，应检查点火正时和火花塞是否符合要求，必要时换较大热值的火花塞；否则，如果运转状况没有变化，说明点火开关损坏等导致点火开关无法切断点火线圈初级电路，点火开关可用万用表进行测量或用换件对比的方法进行检查。

四、普通电子点火系统不点火故障维修实际操作

※在掌握了普通电子点火系统的维修知识后，下面我们一起来解决前面遇到的捷达轿车不着火的故障。

维修过程如下：

在进行高压跳火试验时没有高压火，说明低压电路有搭铁、断路故障，或点火线圈、信号发生器、点火控制器、中央高压线有故障。捷达轿车点火电路如图3-39所示。

①检查高压线的阻值，发现阻值正常。

②检查线圈初级电阻，即接线柱1（绿线）和接线柱15（黑线）之间的电阻，为0.6Ω，在正常（正常值为0.52~0.76Ω）范围内。

检查次级线圈电阻，即接线柱15（黑线）和高压线插孔之间的电阻，为5.0kΩ，也在正常（正常值为4.0~6.0kΩ）范围内。

③检查点火控制器

拔下点火控制器的插头，在接通点火开关时，用万用表测2和4插头间的电压（图3-40），测得数为蓄电池端电压，正常；断开点火开关，重新将插头接到点火控制器上。然后从分电器上拔下霍尔传感器插头，将万用表接到点火线圈1和15之间，接通点火开关，测量其电压为2.2V，并在1~2s后降为0；将霍尔传感器接头的中间插头用导线瞬时搭铁，显示电压上升到2.2V；将万用表接到霍尔传感器1（－）和3（＋）之间，接通点火开关，电压值为2V，检查点火控制器3和5间的电压，也为2V，说明点火控制器损坏。

④更换点火控制器后，故障排除。

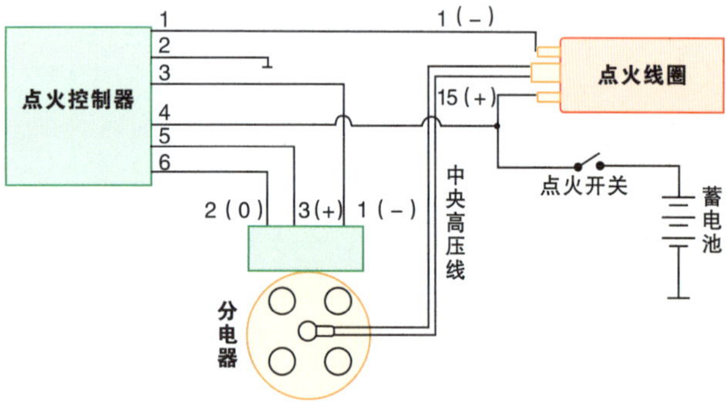

图3-39　捷达轿车点火电路

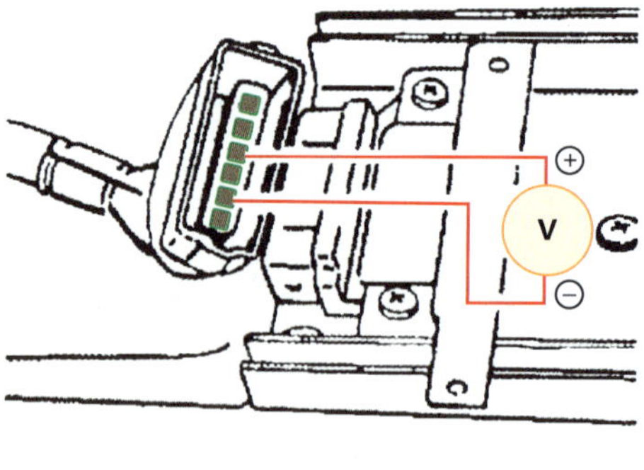

图3-40　点火控制器的检查

思考与练习

一、填空题

1. 电子点火实际上就是利用半导体器件作为开关________或________初级电流，因而又称为半导体点火或晶体管点火。

2. 普通电子点火系统一般由________、________、点火控制器或点火模块、________、________等组成。

3. 霍尔传感器由________、________和________组成。

4. 光电式点火信号发生器主要由________、________和________三部分组成。

二、判断题（正确的打“√”，错误的打“×”）

1. 磁感应式点火信号发生器中信号轮子凸齿与传感线圈铁芯之间的间隙正常值为0.2~0.4mm。（　　）

2. 晶体管点火装置不需校正点火时间。（　　）

3. 闭磁路点火线圈的磁阻较小，漏磁较少，能量转换效率高。（　　）

三、选择题

1. 霍尔信号发生器中的霍尔元件属于（　　）元件

A. 绝缘体　　B. 半导体　　C. 导体　　D. 等离子体

2. 火花塞侧电极和中心电极的距离一般为（　　）

A. 0.5~0.7mm　　B. 0.7~1.0mm　　C. 1.0~1.2mm　　D. 1.2~1.5mm

3. 能够与点火线圈电源接线柱相连接的部件有（　　）

A. 断电器　　B. 启动机　　C. 点火开关　　D. 点火线圈

一辆捷达GT轿车发动机不点火，初步检查发现是点火系统的故障，该车配置的是AHP发动机，采用计算机控制电子点火系。

要维修该故障，我们需熟悉计算机控制电子点火系统的基本组成及工作原理、计算机控制点火系统故障诊断与排除方法。

情境三：计算机控制电子点火系统结构与检修

采用计算机控制点火系统，可使发动机实际点火提前角接近理想点火提前角，在各种运转条件下，点火提前角可获得复杂而精确的控制，使发动机的性能得到进一步改善。

计算机控制点火系统分为：有分电器的计算机控制点火系统和无分电器计算机控制点火系统两种。

一、有分电器计算机控制点火系统组成与工作原理

1. 有分电器计算机控制点火系统的组成

有分电器的计算机控制点火系统由蓄电池、点火开关、各种传感器、计算机控制单元（ECU）、点火控制器、点火线圈 、分电器、火花塞等组成，如图3-41所示。

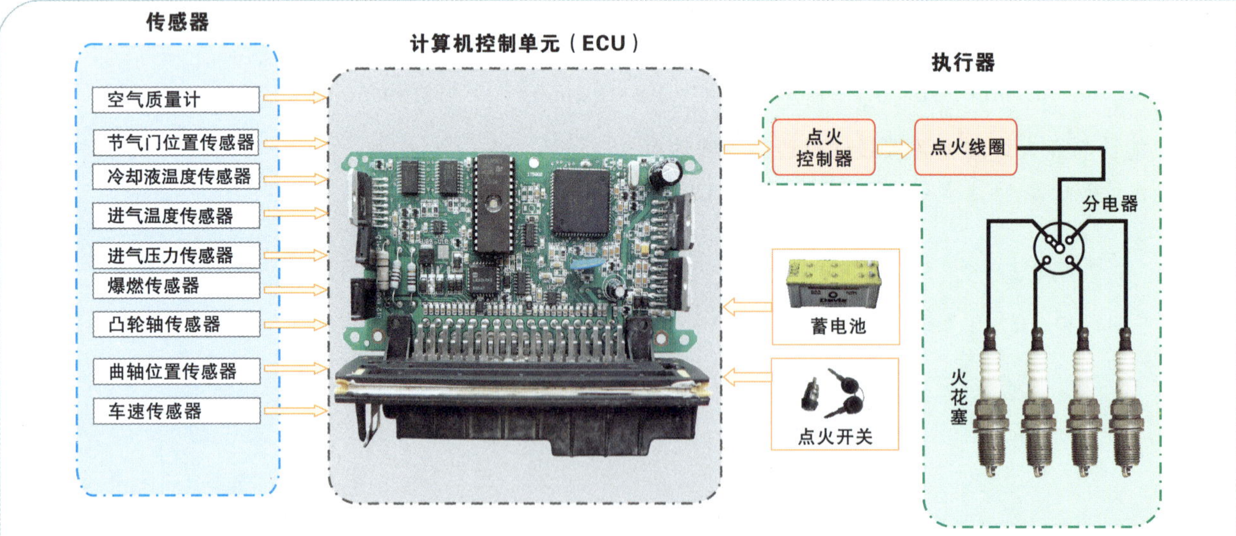

图3-41 有分电器计算机控制点火系统的组成

（1）传感器

①空气流量传感器

实物如图3-42所示。在L形电控燃油喷射系统中，位于进气管中的空气滤清器与节气门之间，用来测量进入气缸的空气量，作为发动机的负荷信号，同时也作为点火提前的基本信号。

图3-42 空气流量传感器实物

②节气门位置传感器

又称为节气门开度传感器，实物如图3-43所示。用来检测发动机节气门的开度和状态，以电信号的形式输入计算机控制单元，计算机通过这个信号来判定节气门所处的位置及发动机的工况，依此修正点火提前角。

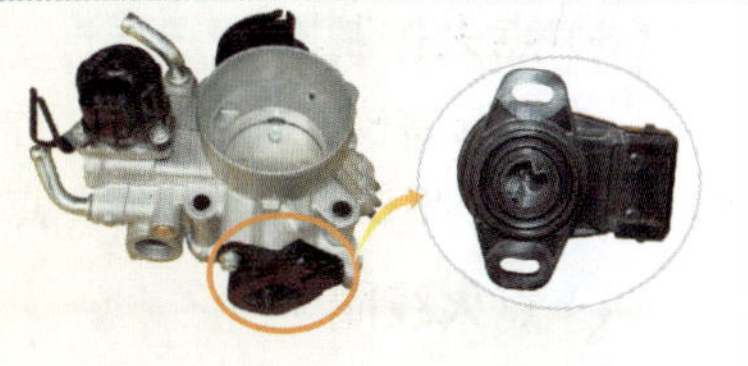
图3-43 节气门位置传感器

③冷却液温度传感器

实物及内部结构如图3-44所示。它安装在发动机水套上，用来检测发动机冷却液的温度，是修正点火正时的依据之一。

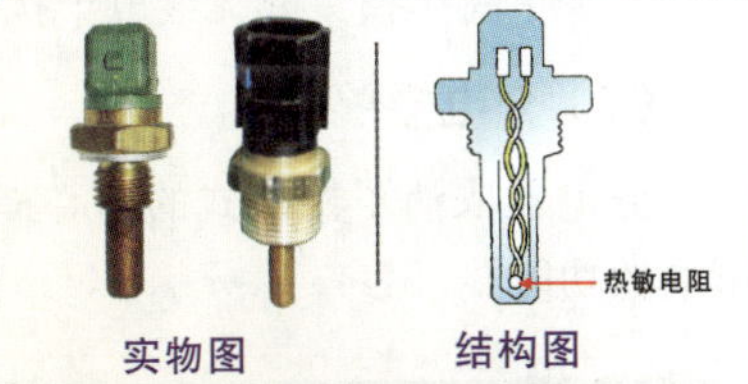

图3-44 冷却液温度传感器实物及内部结构

④进气温度传感器

实物如图3-45所示，此传感器用来测量发动机的进气温度，以便计算机准确计算空气质量，根据此信号对点火提前角进行修正。

图3-45 进气温度传感器

⑤进气压力传感器

实物如图3-46所示，在D形电控燃油喷射系统中，此传感器用来检测发动机的负荷，并将其转换为电信号输入计算机，计算机以此作为确定点火提前角的基本信号。它一般安装在进气歧管上。

图3-46 进气压力传感器

⑥爆燃传感器

实物如图3-47所示，爆燃传感器用来检测发动机是否发生爆燃，如果发动机发生爆燃，计算机将自动推迟点火时间。

⑦凸轮轴位置传感器

实物如图3-48所示，是确定点火基准的传感器。凸轮轴位置和曲轴位置信号是保证ECU控制电子点火系统正常工作最基本的信号。

⑧曲轴位置和转速传感器

实物如图3-49所示，该传感器可将发动机曲轴转过的角度变换为电信号输入计算机，计算机通过这个信号计算出曲轴转过的角度，也可以通过此信号计算出曲轴的转速。

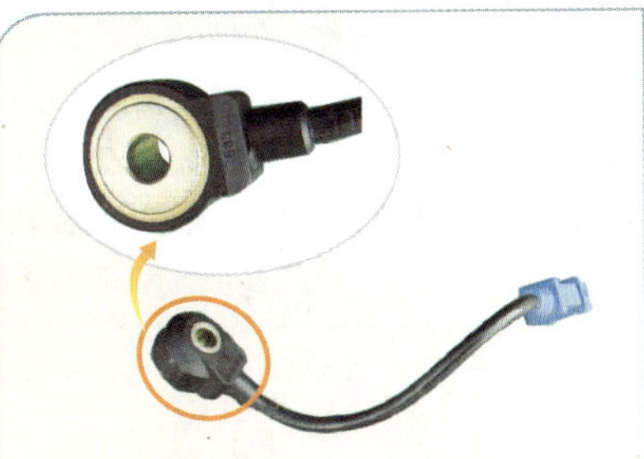
图3-47 爆燃传感器

图3-48 凸轮轴位置传感器

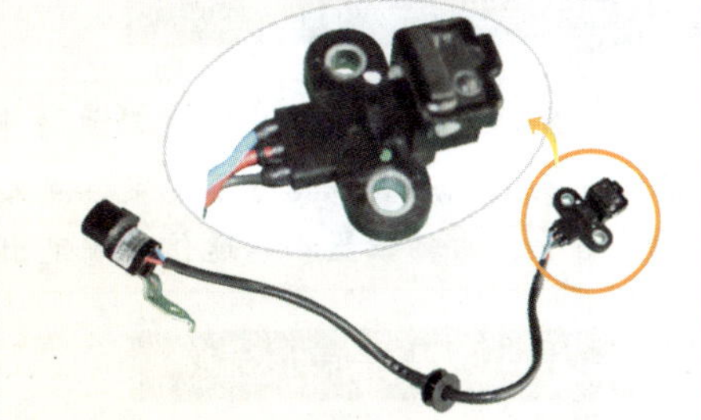
图3-49 曲轴位置和转速传感器

（2）计算机控制单元（ECU）

它是计算机点火系统的核心，在点火系统工作时，接受各种传感器送来的信号，运算、处理后，给点火器输出最佳点火提前角和点火初级电路导通时间的控制信号。内部结构如图3-50所示。

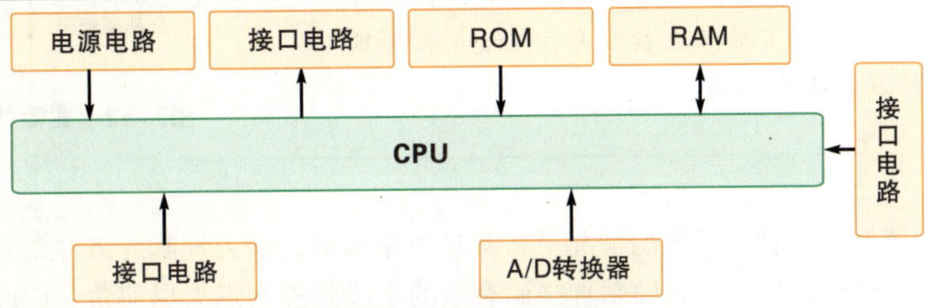

图3-50 ECU内部结构

（3）点火控制器

点火控制器按ECU的指令工作，并对点火信号进行放大，驱动点火线圈工作。同时，向ECU反馈点火确认信号，以便进一步控制燃油喷射。点火控制器有的单独安装，有的与点火线圈固定在一起，还有的装在分电器内。

（4）点火线圈

点火线圈多采用闭磁路型式（图3-51），有的与分电器合为一体，进一步减少了高压损失和无线电干扰。

图3-51　闭磁路型点火线圈

（5）分电器

分电器取消了机械式的离心提前机构和真空提前机构，主要起分配高压电的功能。

2. 有分电器计算机控制点火系统的控制内容

有分电器的计算机控制点火系统的控制内容主要包括点火提前角的控制、爆燃控制和初级电路导通角的控制等。点火提前角的控制方式有开环控制方式和闭环控制方式两种。

点火提前角的控制

计算机控制点火系统的点火提前角由初始点火提前角、基本点火提前角和修正点火提前角三部分组成。

点火提前角：点火提前角是从火花塞发出电火花，到该缸活塞运行至压缩上止点时曲轴转过的角度。

初始点火提前角：是指曲轴位置传感器在发动机上固定后，由曲轴位置传感器的信号转子和曲轴的相对位置决定的点火提前角。一旦曲轴位置传感器在发动机上固定，初始点火提前角就相应确定。

基本点火提前角：是指在初始点火提前角的基础上，计算机控制单元根据发动机转速和负荷大小自动使点火提前角进一步增大，增大的部分就是基本点火提前角。

修正点火提前角：是指计算机控制单元根据发动机冷却液温度、节气门开度、爆燃传感器信号、氧传感器信号等参数确定出的点火提前角修正量，确定实际的最佳点火提前角。

启动时点火提前角的控制：

在发动机启动过程中，发动机转速变化大，且由于转速较低（一般<500r/min），进气管绝对压力传感器信号或空气流量计信号不稳定，点火提前角一般固定在设定的初始点火提前角。此时发动机主要根据启动开关信号、曲轴位置和转速信号确定出点火提前角对应的点火时刻。

启动后点火提前角的控制：

发动机启动后怠速运转时，ECU根据发动机转速和负荷（进气流量或进气歧管绝对压力和怠速时的空调开关信号通断）信号，从存储器的标定数据中确定出相应的基本点火提前角，再根据冷却液温度传感器、爆燃传感器等输入的信号从存储器的标定数据中确定相应的修正点火提前角，最后得出实际点火提前角（图3-52）。即：实际点火提前角=初始点火提前角+基本点火提前角+修正点火提前角。

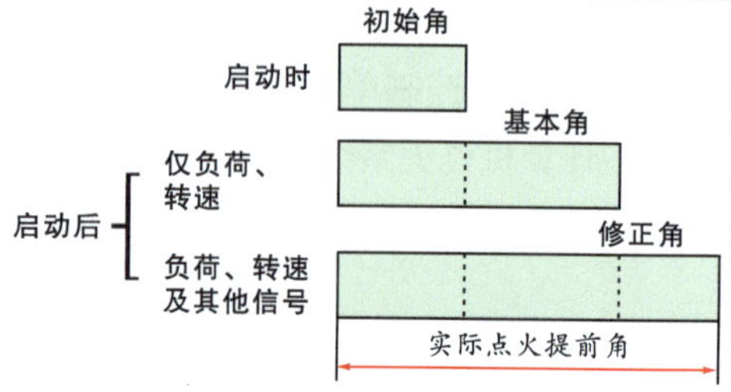

图3-52　实际的点火提前角

爆燃控制

发动机工作在临近爆燃或有轻微爆燃的情况下，其热效率最高，动力性和经济性最好。但严重的爆燃会使发动机的动力性和经济性严重恶化。控制爆燃直接而有效的手段是控制点火提前角，因此利用点火提前角的闭环控制可使发动机工作在爆燃的边缘，提高发动机的动力性和经济性。

带有爆燃控制的点火提前角闭环控制系统如图3-53所示。安装在发动机气缸体或缸盖上的爆燃传感器用来检测发动机是否爆燃。发动机工作期间，如果发生爆燃，传感器便发出电信号，电控ECU接收到发动机爆燃信号后，便推迟点火提前角，直至爆燃消失；爆燃消失后，电控ECU又将点火提前角逐渐提前，直至爆燃再次发生，如此反复调整，使发动机工作在爆燃的边缘。

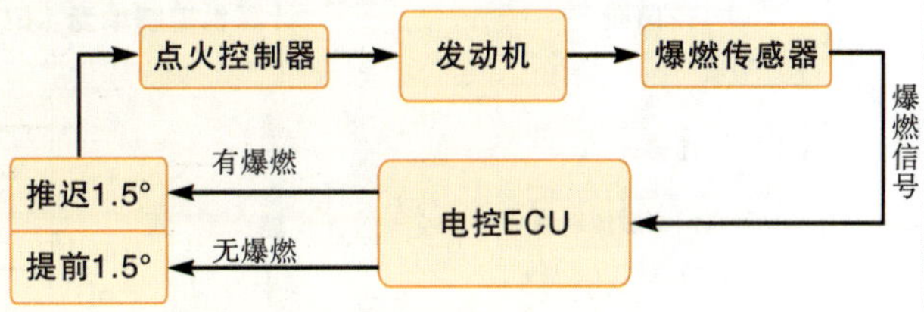

图3-53 点火提前角闭环控制系统

初级电路导通角的控制

初级电流值与接通时间的关系：

对于电感储能式电控点火系统，当点火线圈的初级电路被接通后，其初级电流是按指数规律增长的。初级电路被断开瞬间，初级电流所能达到的值（即断开电流）与初级电路接通的时间长短有关，只有通电时间达到一定值时，初级电流才可能达到饱和。由于断开电流影响次级电压最大值（成正比关系），次级电压的高低又直接影响点火系统工作的可靠性，所以在发动机工作时，必须保证点火线圈的初级电路有足够的通电时间。但如果通电时间过长，点火线圈又会发热并增大电能消耗。要兼顾上述两方面的要求，就必须对点火线圈初级电路的通电时间进行控制。

蓄电池电压变化的影响：

当蓄电池的电压变化时，也将影响初级电流。如蓄电池电压下降时，在相同的通电时间里初级电流所达到的值将会减小。因此，还必须根据蓄电池电压对通电时间进行修正。通电时间的蓄电池电压修正曲线如图3-54所示。

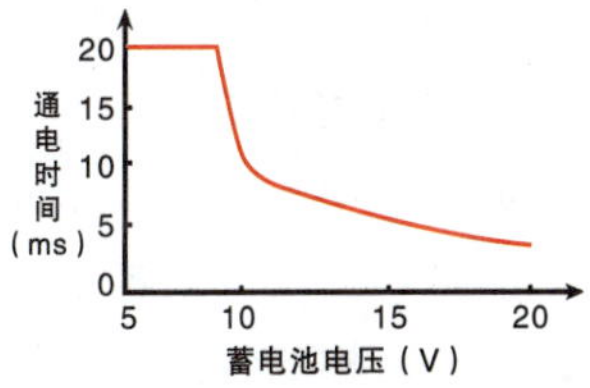

图3-54 通电时间的蓄电池电压修正曲线

通电时间的控制方法：

在现代电控点火系统中，用灵敏可靠的传感器（凸轮轴/曲轴位置传感器）和晶体管开关，取代了传统点火系统中的断电器和分电器中的凸轮，甚至无分电器，点火线圈初级电路的通电时间由ECU控制。闭合角（通电时间）控制模型存储在ECU内，发动机工作时，ECU根据发动机转速信号（Ne信号）和电源电压信号确定最佳的闭合角（通电时间），并向点火器输出指令信号（IGt信号），以控制点火器中晶体管的导通时间。随发动机转速提高和电源电压下降，闭合角（通电时间）增长。

二、无分电器计算机控制点火系统组成与工作原理

无分电器计算机控制点火系统又称直接点火系统。无分电器电控点火系统用电子控制装置取代了分电器，利用电子分火控制技术将点火线圈产生的高压电直接送给火花塞进行点火。

1. 无分电器计算机控制点火系统的组成

无分电器计算机控制点火系统的组成框图如图3-55所示 。与有分电器计算机控制点火系统相比，主要传感器、火花塞的结构基本相同，但是在计算机控制单元、点火控制器、点火线圈的结构和原理方面存在一些差异。

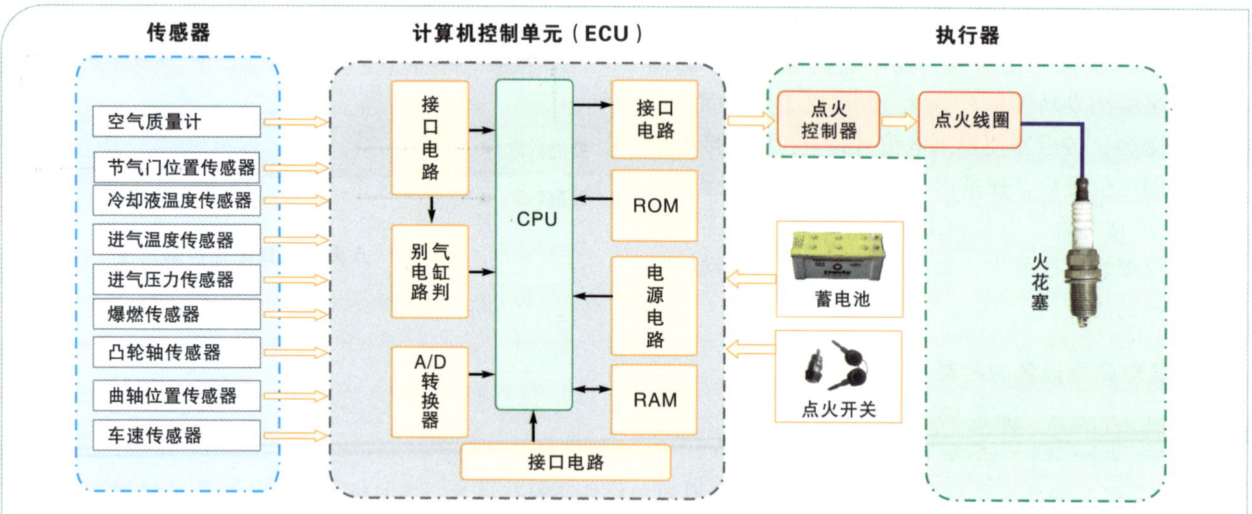

图3-55　无分电器计算机控制点火系的组成

2. 无分电器计算机控制点火系统的工作原理

无分电器计算机点火系统次级电压的产生过程和点火提前角的控制与有分电器计算机点火系统基本相同，不同点主要是高压配电部分。无分电器计算机点火系统的高压配电方式有单独点火式、双缸同时点火式两种。其中双缸同时点火又分为点火线圈配电点火和二极管配电点火。

（1）单独点火方式

单独点火是一个缸的火花塞配一个点火线圈，单独向各缸直接点火，如图3-56所示，各个单独的点火线圈直接安装在火花塞顶上，这种结构的特点是去掉了高压线，同时也就消除了分电器和高压线所带来的缺陷。各点火线圈的初级绕组分别由点火控制器中的1个大功率管控制，整个点火系统的工作是由电控制单元控制。单独点火的点火控制器需要判别点火气缸后由大功率管控制初级电路的通断。

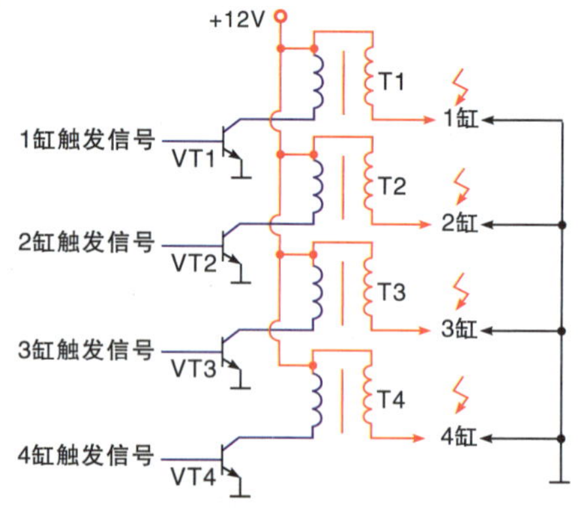

图3-56　单独点火无分电器原理

（2）双缸同时点火方式

①点火线圈配电点火

双缸同时点火是利用一个点火线圈同时对活塞接近压缩上止点和排气上止点的两个气缸进行点火，如图3-57所示。其中，活塞接近压缩上止点的气缸火花塞产生的电火花是有效火花，而活塞接近排气上止点的气缸火花塞产生的电火花是无效火花。处于排气行程的气缸由于缸内气体压力很低，并且这时混合气处于后燃末期，气体中有导电离子存在，使得这一缸内的火花塞很容易跳火，能量损失很少。而对于处在压缩行程的气缸，由于缸内压力很高，气体分子密度很大，要使该缸火花塞跳火，必须有足够的点火电压。因此，对于双缸同时点火方式，实际加在压缩行程气缸火花塞的点火电压要远高于排气行程气缸火花塞上的点火电压，从而保证了压缩行程气缸火花塞的正常跳火。

②二极管配电点火

二极管配电方式是利用二极管的单向导通特性，对点火线圈产生的高压电进行分配的同时点火方式，如图3-58所示。其点火线圈有两个初级绕组和一个次级绕组，次级绕组通过4个高压二极管与火花塞构成回路。两个初级绕组通电时的电流方向相反，在次级绕组中所产生的高压电动势方向也相反，当一个初级绕组断电、在次级绕组中产生高压电动势时，其方向可以使1、4缸的二极管导通，使火花塞跳火，而2、3缸的二极管截止，其火花塞不能跳火；当另一个初级绕组断电，在次级绕组产生高压电动势时，其方向可以使2、3缸的二极管导通，使火花塞放电，1、4缸的二极管截止，其火花塞不能点火。

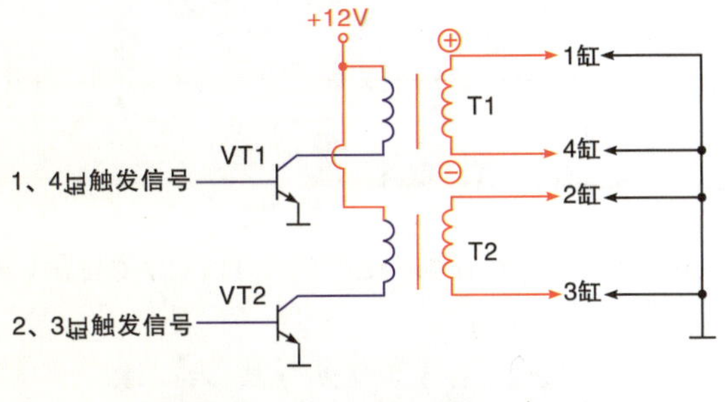

图3-57 点火线圈配电点火原理

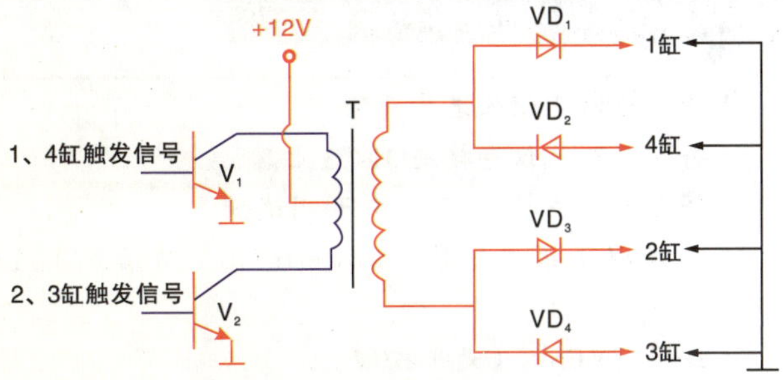

图3-58 二极管配电点火原理

三、计算机控制点火系统故障诊断与排除

计算机点火系统的故障原因除了点火控制器、点火线圈、高压线、配电器（有分电器的计算机点火系统）、火花塞发生故障外，还包括各种传感器、电控单元（ECU）及其相关电路连接等。

计算机点火系统具有故障自诊断功能，当发动机不能启动或工作异常，怀疑是点火系统故障时，应先利用发动机ECU的自诊断功能进行诊断和检查，必要时再进行人工诊断。

所谓发动机ECU的自诊断功能，是指发动机ECU利用自诊断系统，在发动机工作过程中对电控系统中的传感器、执行器的工作状态进行监视，一旦发现某些信号失常，控制单元会发出信号接通故障指示灯，并将故障信息以代码的形式存储起来。

当点火开关旋至接通位置且不启动发动机时，检查发动机警报灯便会亮起（图3-59）。若警报灯未亮，说明警报灯或其电路有故障，启动发动机后，发动机警报灯应熄灭，若发动机警报灯不熄灭，则说明诊断系统已检测出发动机系统有故障，可利用发动机ECU的自诊功能诊断和检查故障。

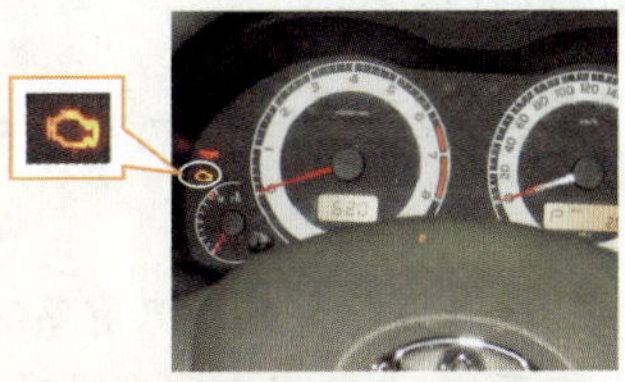

图3-59 丰田卡罗拉发动机警报灯

下面以丰田凯美瑞轿车为例，介绍其诊断步骤：

①故障码的读取

a. 将智能测试仪连接到DLC3上，如图3-60所示。

b. 将点火开关转到ON，打开测试仪。

c. 选择以下菜单项目：Powertrain（传动系）/Engine and ECT（发动机和ECT）/ DTC。

d. 检查DTC数据，并将其记录下来。

图3-60 将智能测试仪与DLC3相连

②确定故障

维修人员读出故障码后，可参看维修手册，根据故障码表确定故障部位、故障原因，并排除故障。

③故障维修完毕后，应进行路试检查

路试中，发动机检查灯应指示正常。

若启动发动机后，发动机报警指示灯不熄灭，说明电控系统仍存在故障，若出现原来的故障，则说明故障部位未能彻底修理好；

若出现新的故障码，则说明发生新的故障，需要继续修理。

④故障码的清除

故障彻底排除后，电控系统虽然恢复正常工作，发动机报警指示灯也指示正常，但故障码仍然储存在存储器中，不会自行消除，再读取故障码时，这些故障码会和新的故障码一起显示，给诊断维修增加困难，所以，在彻底排除故障后且发动机报警指示灯也指示正常时，应及时清除故障码。

凯美瑞轿车故障码的清除方法如下：

①使用智能测试仪进行清除

·将智能测试仪连接到DLC3 上。

·将点火开关转到ON，打开测试仪。

·选择以下菜单项目：Powertrain（传动系）/Engine and ECT（发动机和ECT）/ DTC / Clear（清除）。

·按下“YES”（是）按钮。

②手动清除

在不使用智能测试仪的情况下，进行以下操作之一，即可进行清除：

·从蓄电池负极（−）端子断开电缆1min或以上。

·将1号EFI 保险丝和ETCS 保险丝从发动机室R/B（位于发动机室内部）拆下，保持1min以上。

四、计算机控制电子点火系统不点火故障维修实际操作

※ 在掌握了计算机控制电子点火系统的基础知识以后，现在我们一起来解决前面遇到的捷达GT轿车不点火故障。

维修过程如下：

①连接故障诊断仪V.A.G1551对发动机电控系统进行检测，没有发现故障码。

②检查高压火花，只有第3缸有高压火花。
拆下4个火花塞看到有很多汽油，说明火花塞未点火。

③当点火线圈（图3-61）、高压线及火花塞出现故障时，发动机控制单元不能监测到，所以不会记忆相关的故障码。

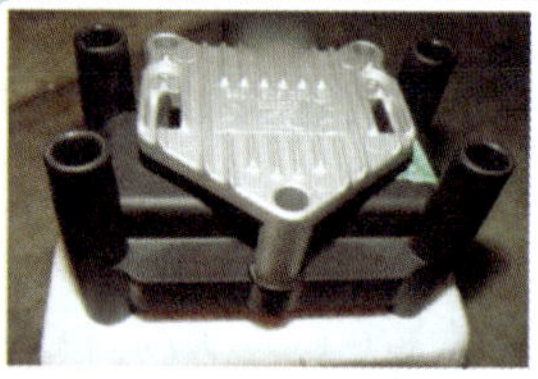

图3-61　点火线圈

④使用万用表测量点火线圈电阻，测量第1、4缸点火线圈的次级线圈A与B间电阻为无穷大；测量第2、3缸点火线圈B与C间电阻也为无穷大。

⑤点火线圈的次级电阻无穷大导致火花塞不能点火，发动机第2、3缸点火线圈可能有时导通刚好使第3缸火花塞点火。

⑥更换点火线圈后，故障排除。

思考与练习

一、填空题

1. 计算机控制电子点火系统包括______计算机控制电子点火、______计算机控制电子点火。
2. 点火提前角的控制方式有______方式和______方式两种。
3. 计算机控制点火系统的点火提前角由______、______和______三部分组成。
4. 有分电器的计算机控制点火系统由低电压电源、______、计算机控制单元（ECU）、______、点火线圈、分电器、______和各种传感器等组成。

二、判断题

1. ECU根据发动机转速信号和电源电压信号确定最佳的闭合角（通电时间）。 （ ）
2. 无分电器点火系统根据结构和点火方式的不同，可分为两缸同时点火和每缸独立点火两种方式。 （ ）
3. 如果发生爆燃，传感器便发出电信号，电控ECU接收到发动机爆燃信号后，将点火提前角逐渐提前，直至爆燃消失。 （ ）

三、选择题

1. 计算机的主机与外部设备之间是（ ）电路

A. 输入 B. 输出 C. 接口 D. 控制

2. 汽油机点火时间越早，发生爆燃的可能将 （ ）

A. 越大 B. 越小 C. 不变 D. 与点火时间无关

第四部分

照明与信号系统

本情境将介绍外部照明系统的组成、内部照明系统的组成、灯光信号系统的组成、照明系统的拆装要点。

情境一：认识汽车照明与信号系统

汽车照明与信号系统主要由照明系统与信号系统组成，照明系统又分为外部照明和内部照明。外部照明主要由前照灯、雾灯、牌照灯等组成；内部照明主要由顶灯、仪表照明灯、车厢灯、车门灯等组成。

信号系统又分为灯光信号系统和声音信号系统两部分。灯光信号系统主要包括转向灯、倒车灯、制动灯、后尾灯等组成，各种照明与信号灯位置如图4–1所示。

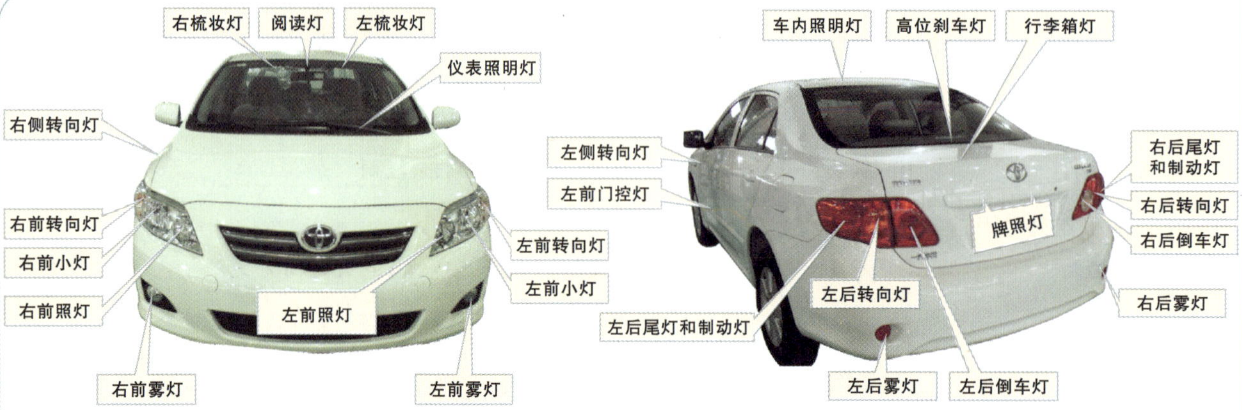

图4–1　卡罗拉轿车各种照明与信号灯位置

一、汽车外部照明系统组成

1. 前照灯

前照灯（俗称大灯）安装在汽车头部的两侧（图4–2），主要用于夜间行车道路照明，用远近光的变换，在超车时告知前方车辆避让。灯光为白色，有两灯制和四灯制两种配置方式，功率一般为40～60 W。

汽车外部照明系统组成

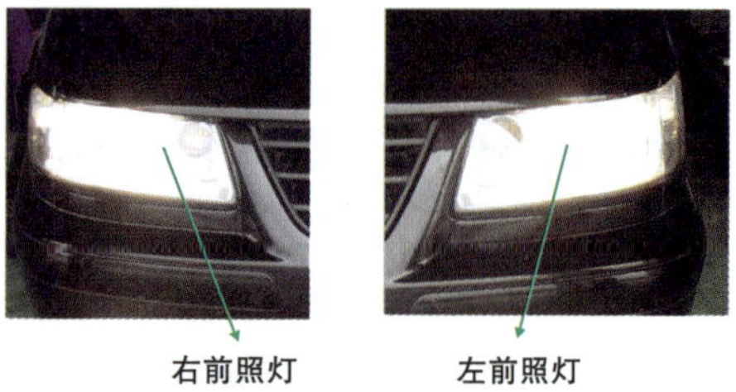

图4–2　捷达轿车前照灯

2. 雾灯

雾灯有前雾灯和后雾灯两种（图4-3）。

前雾灯位于汽车头部，在雾天、雨雪天或尘埃弥漫的情况下，用来改善车前道路的照明，灯光为黄色，功率为45W。

后雾灯位于汽车尾部，用来警示尾随车辆保持一定的安全距离，灯光为红色，功率为6或21W。

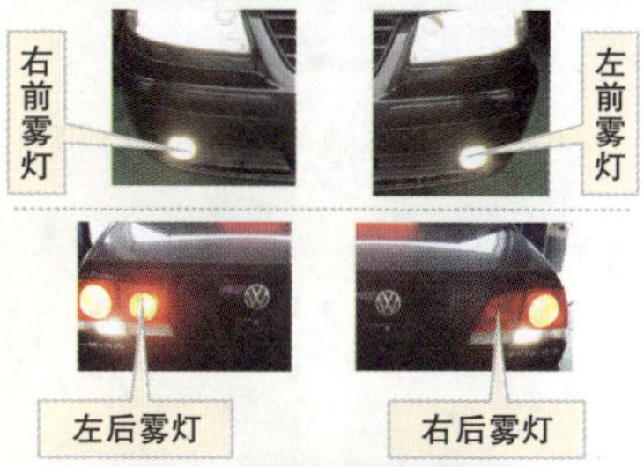

图4-3 捷达轿车雾灯

3. 牌照灯

装于汽车尾部的牌照上方（图4-4），用于夜间照亮汽车牌照，灯光为白色，功率为5～10W。

图4-4 丰田卡罗拉轿车牌照灯

二、汽车内部照明系统组成

1. 阅读灯

装于乘员席前部或顶部（图4-5），聚光时乘员看书不会给驾驶员产生眩目现象，照明范围小，有的还有光轴方向调节机构。

图4-5 阅读灯

2. 行李箱灯

装于轿车或客车行李箱内（图4-6），当开启行李箱盖时，自动发亮，照亮行李箱空间，功率为5W。

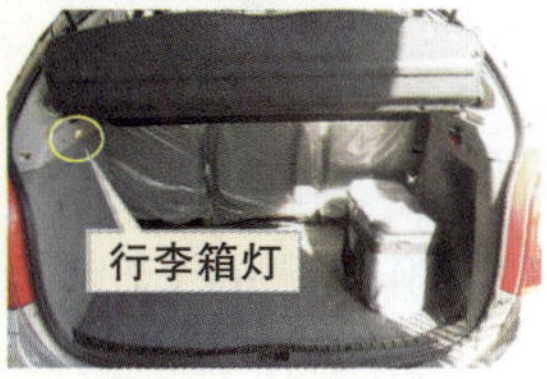

图4-6 行李箱灯

3. 顶灯

安装在驾驶室的顶部（图4-7），其作用是驾驶室内部照明及监视车门是否可靠关闭，灯光为白色，功率为5～15W。

图4-7 顶灯

4. 门控灯

装于轿车外张式车门内侧底部（图4-8），夜间开启车门时，门灯发亮，以告示后来行人、车辆注意避让。光色为红色，功率为5W。

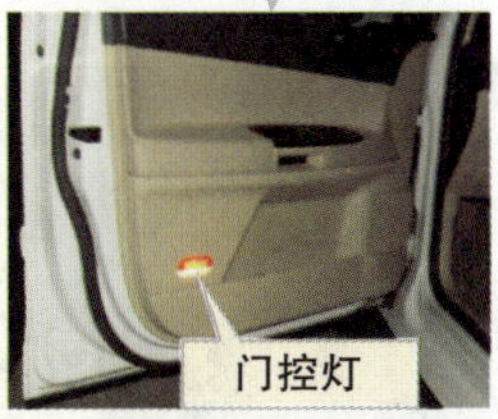

图4-8 门控灯

5. 仪表照明灯

安装在汽车仪表上（图4-9），用于夜间照亮仪表指针及刻度板，灯光为白色，功率为2～8W。

图4-9 仪表照明灯

6. 踏步灯

装在大中型客车乘员门内的台阶上（图4-10）。以方便乘客夜间上下车。

图4-10 踏步灯

7. 工作灯

便于夜间检修发动机，以插座与电源相接，常带有挂钩或夹钳，功率一般为21W。

三、汽车灯光信号系统组成

1. 示位灯

又称示宽灯、位置灯，安装在汽车前面、后面和侧面，夜间行车或停车时以标志车辆的形位，功率一般为5～10W。前示位灯俗称“小灯”，灯光为为白色或黄色；后示位灯俗称“尾灯”，灯光为红色；侧位灯光色为琥珀色。图4-11所示为捷达轿车示位灯。

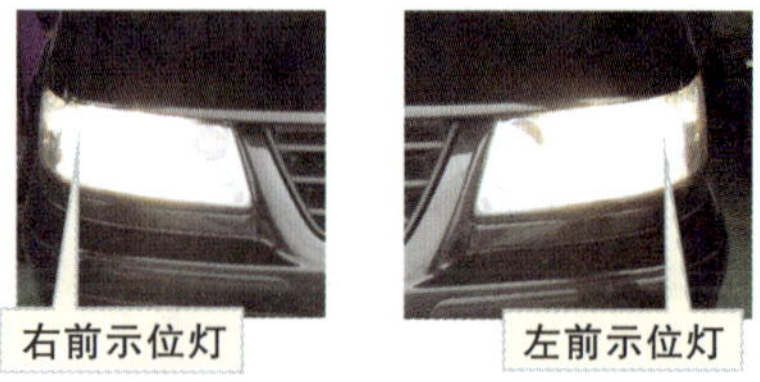

图4-11　捷达轿车示位灯

2. 倒车灯

安装在汽车尾部（图4-12），其作用是夜间倒车照亮车后路面，并警示车后的车辆和行人，表示该车正在倒车。灯光为白色，功率为20W。

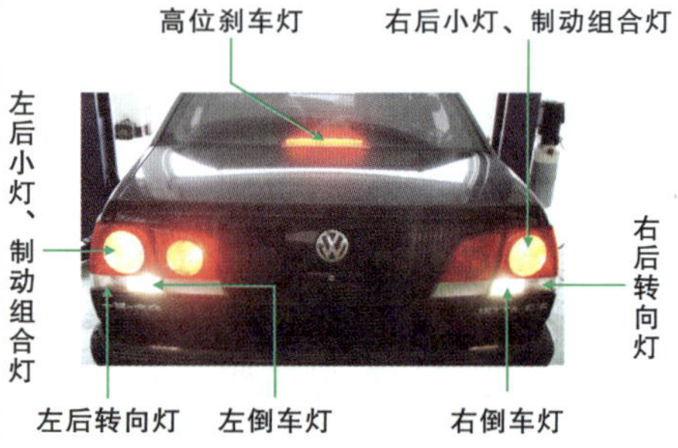

图4-12　捷达轿车后部的信号灯

3. 转向灯

装于汽车头部、尾部及左右两侧，用来指示车辆行驶趋向。在紧急危险状态时，全部转向灯可通过危险警报灯开关接通同时闪烁。灯光为黄色，功率为20W以上。捷达轿车后部转向灯如图4-12所示。

4. 制动灯

又称刹车灯，安装于汽车尾部（图4-12），其作用是在汽车制动停车或制动减速行驶时，向后方车辆及行人发出警示信号，以防止追尾碰撞，灯光为红色，功率为20W以上。

5. 驻车灯

装于车头和车尾两侧，用于标示车辆形状位置，警示车辆及行人注意避让，以防碰撞。车前驻车灯为白色，车尾处为红色，功率为3W。

6. 警示灯

一般装于车辆顶部，用来标示车辆特殊类型。消防车、警车用红色，救护车为蓝色。功率为40～45W。

目前，大多将前照灯、前雾灯、前位灯等组合起来，称为组合前灯；将后位灯、后转向灯、倒车灯、制动灯组合起来，称为组合后灯。

四、照明系统拆装（以捷达轿车为例）

1. 前照灯的拆装

①拆下前保险杠总成位于挡泥板处的紧固螺丝，如图4-13所示。

图4-13

②将汽车举到一定高度，并拆下保险杠横梁上四个紧固螺丝，如图4-14所示。

③拔下前保险杠上两雾灯的线束插头，取下前保险杠总成。

④拧下前照灯总成螺丝并拔下连接线束端口后取出前照灯（左右前照灯拆卸方法相同）。如图4-15、图4-16所示。

⑤按与拆卸相反的顺序进行安装。

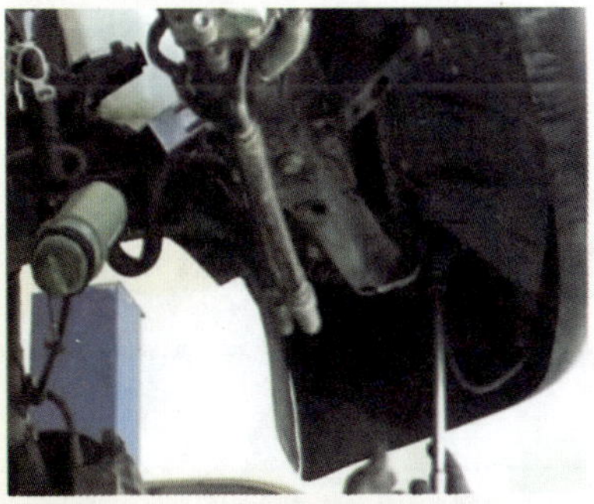
图4-14 拆下保险杠横梁上四个紧固螺丝

图4-15 拧下前照灯总成螺丝

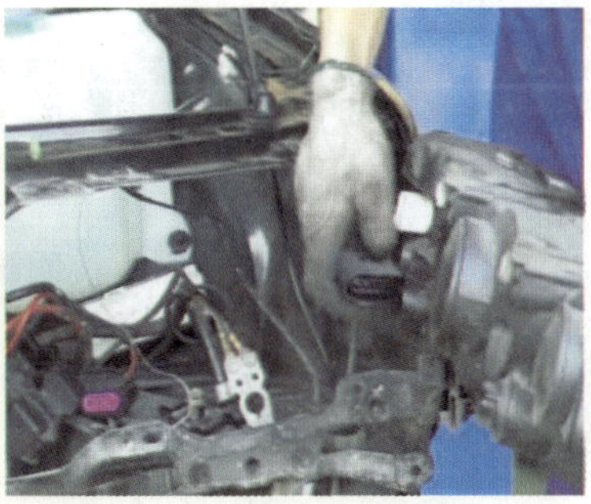
图4-16 拔下前照灯连接线束端口

2. 后雾灯的拆装

①拧下行李箱盖上左右后雾灯的紧固螺丝，拔下线束端子，如图4-17、18所示。

②取出后雾灯总成（图4-19），右边为灯饰，没有线束连接。

③按与拆卸相反的顺序进行安装。

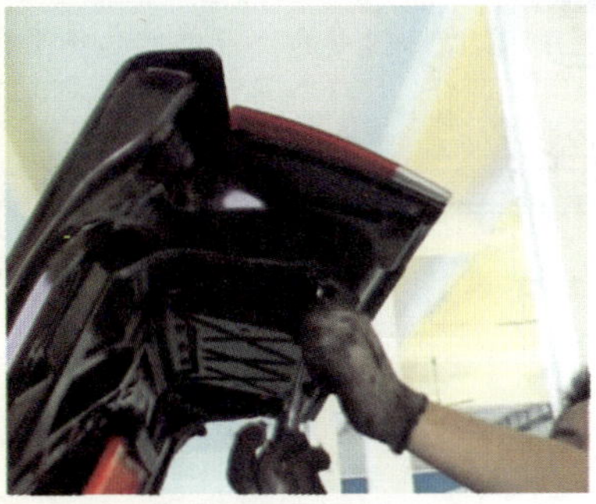
图4-17 拧后雾灯的紧固螺丝

图4-18 拔下后雾灯线束端子

图4-19 取后雾灯总成

3. 后组合灯的拆装

①揭下位于行李箱中尾灯后部的罩盖，拧下后组合灯总成紧固螺丝，如图4-20所示。

②拔下连接线束，取出后组合灯总成，如图4-21所示。

③按与拆卸相反的顺序进行安装。

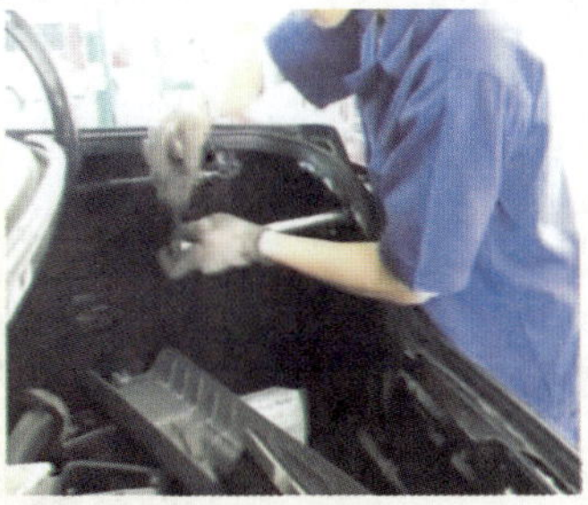
图4-20 拧下后组合灯总成紧固螺丝

图4-21 取出后组合灯

一辆捷达轿车前照灯远光自动点亮。要维修该故障，需熟悉前照灯的结构、前照灯电路的组成，掌握前照灯的调整方法并会识读前照灯电路、掌握前照灯电路的检修方法。

情境二：汽车照明系统

汽车照明系统主要用于夜间道路照明、车辆宽度标示、车厢内部照明、仪表照明及夜间检修等。

一、前照灯结构

前照灯的照明效果直接影响夜间行车的安全，它具有较特殊的光学结构，主要由灯泡、反射镜和配光镜三部分组成。

1. 灯泡

灯泡有白炽灯泡和卤钨灯泡两种，如图4-22所示。

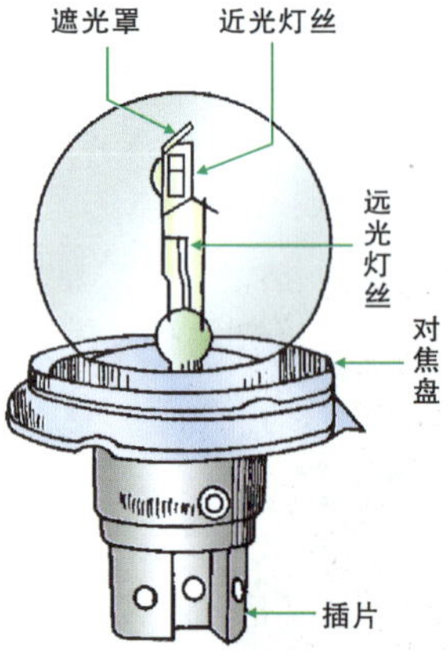

白炽灯泡：灯丝由钨丝制成，制造时，先从玻璃泡抽出空气，再充以氩和氮的混合惰性气体，以减少钨的蒸发，提高灯丝的温度，增强发光效率，从而延长灯泡的使用寿命

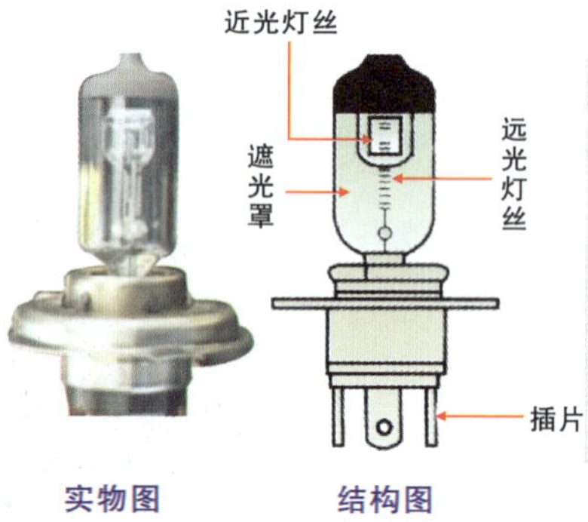

卤钨灯泡：就是在充入灯泡的气体中掺入某一卤族元素，如氟、氯、溴、碘等，利用卤钨再生循环反应的原理，从而防止了钨的蒸发和灯泡的黑化现象

图4-22 前照灯灯泡

2. 反射镜

反射镜的作用是收集灯泡发出的光线，并将这些光线聚合成很强的光束射向远方。反射镜的表面形状呈旋转抛物面（图4-23），反射镜一般用薄钢板冲压而成，其内表面镀银、镀铝或镀铬，然后抛光。

图4-23 反射镜

3. 配光镜

配光镜又称散光玻璃，其作用是将反射镜反射出的平行光束进行扩散分配，以扩大光线的照射范围，并使路面的照明更加均匀。配光镜一般用透光玻璃压制而成，是很多特殊棱镜和透镜的组合体。外形一般为圆形或矩形，如图4-24所示。

前照灯结构

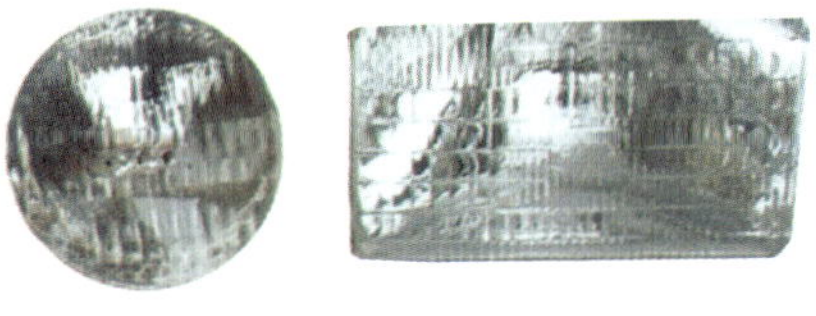

图4-24 配光镜

二、各种类型的前照灯

根据灯光组的结构不同可分为：半封闭式前照灯、全封闭式前照灯、投射式前照灯和氙气灯等。

1. 半封闭式前照灯

半封闭式前照灯的配光镜由反射镜边缘上的齿簧固定在反射镜上，二者之间由橡胶圈或密封胶密封，灯泡可从反射镜后端进行拆装，结构如图4-25所示。半封闭式前照灯的缺点是密封性能不良；优点是维修方便，因此得到广泛使用。

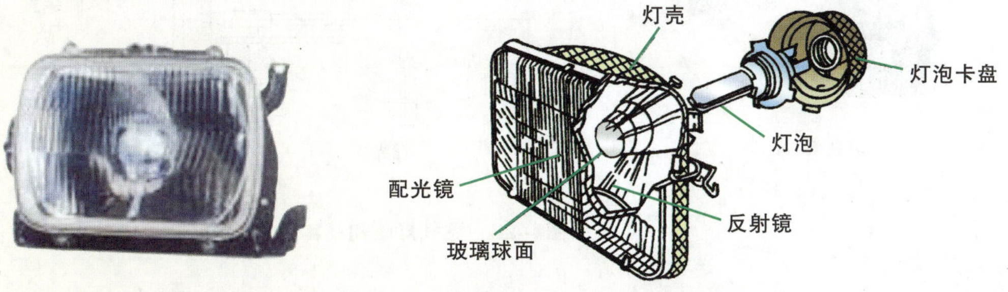

图4-25 半封闭式前照灯结构及实物

2. 全封闭式前照灯

全封闭式前照灯又称真空灯，反射镜和配光镜玻璃制成一体，形成灯泡，里面充以惰性气体。灯丝焊在反射镜底座上，如图4-26所示。全封闭式前照灯的优点是可防止反射镜被污染，反射效率高，照明效果好，使用寿命长；缺点是当灯丝烧断后，需要更换整个总成，成本高。为使前照灯更美观、照射效果更好，目前许多轿车上都采用了投射式前照灯和氙气灯。

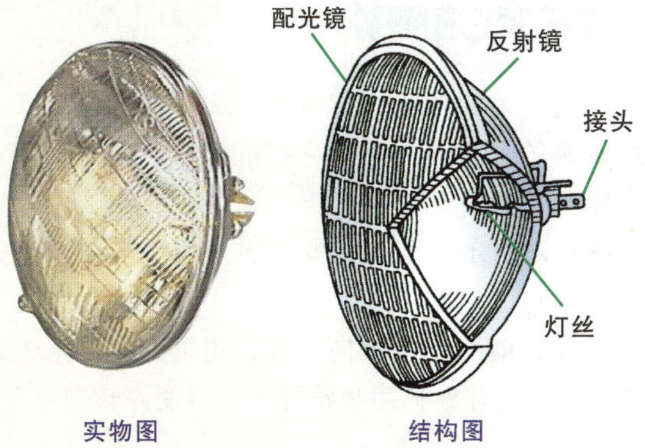

图4-26 全封闭式前照灯结构及实物

3. 投射式前照灯

投射式前照灯采用卤素灯泡，它的反射镜近似于椭圆形状，有两个焦点。在第一焦点处放置灯泡，第二焦在灯光中形成。凸形配光镜的焦点与第二焦点是一致的。来自灯泡的光利用反射镜聚成第二焦点，再通过散光镜将聚集的光投射到前方。其结构如图4-27所示。

在第二焦点附近设有遮光板，可遮挡向上的光线，形成明暗分明的配光。由于这种配光特性，因此投射式前照灯除了用作近光灯、远光灯外，还可用作雾灯。

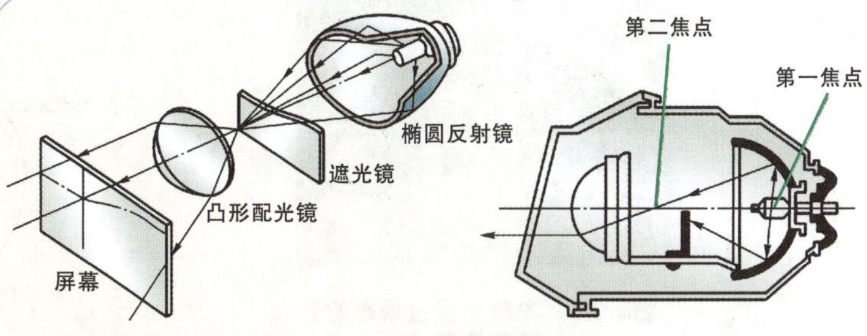

图4-27 投射式前照灯结构

4. 氙气灯

氙气灯也称高亮度弧光灯，这种灯没有传统的灯丝，取而代之的是装在石英管内的两个电极，管内充有氙气及微量金属（或金属卤化物），结构如图4-28所示。弧光灯由弧光灯组件、电子控制器和升压器三部件组成。其光色成分和日光灯相似，亮度是目前卤素灯泡的3倍左右，寿命可达卤素灯泡的5倍。

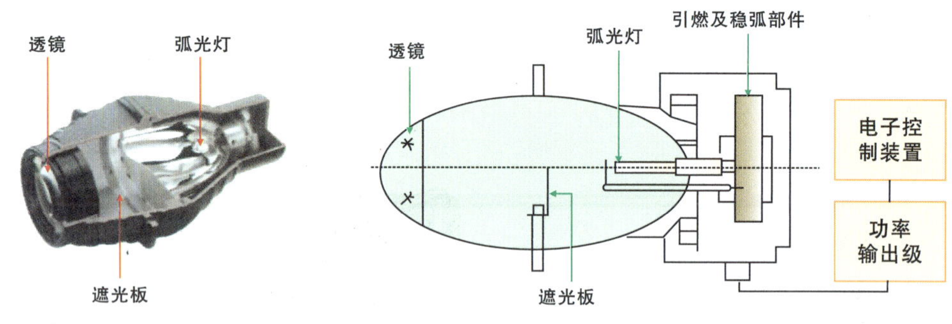

图4-28　氙气灯结构及实物

三、前照灯电路

前照灯电路主要由灯光开关、变光开关、前照灯继电器及前照灯组成。

1. 灯光开关

灯光开关的形式有拉钮式、旋转式和组合式等多种，目前汽车上使用较多的是组合开关，它将前照灯、尾灯、转向灯及变光等开关制成一体。

图4-29所示为丰田卡罗拉轿车使用的组合开关，转动开关端部，便可依次接通尾灯（包括前小灯）和前照灯，将开关向下压，由近光变为远光，此时将开关向上扳，由远光变为近光，向前扳动开关，可使右转向灯工作，向后扳动开关，可使左转向灯工作。

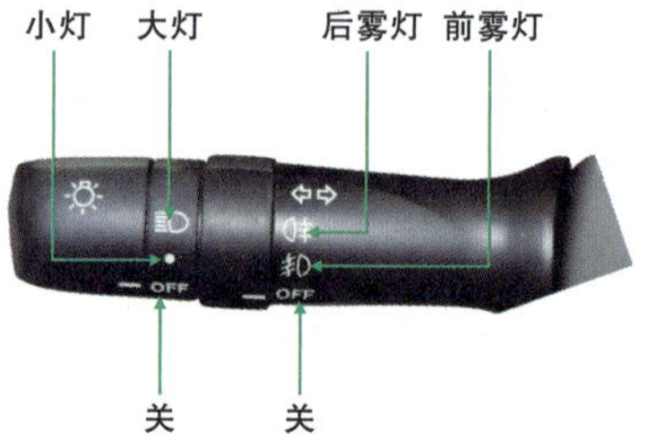

图4-29　丰田卡罗拉轿车组合开关

2. 变光开关

变光开关可以根据汽车行驶的需要切换近光和远光。变光开关有组合开关和脚踏开关两种。目前汽车采用较多的是组合开关，该开关安装在转向盘下方，以便驾驶员操作。

丰田卡罗拉轿车组合开关位置如图4-30所示。

图4-30　丰田卡罗拉轿车组合开关位置

普通脚踏变光开关结构如图4-31所示。

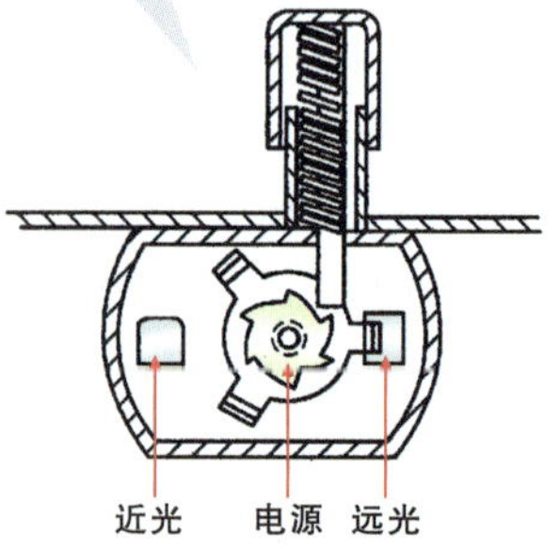

当用脚踏动按钮时，推杆推动转轮向一个方向转动60°，从而交替接通远光、近光

图4-31　脚踏变光开关结构

3. 前照灯继电器

前照灯的工作电流较大，若用车灯开关直接控制前照灯，车灯开关易烧坏，因此在前照灯电路中设有灯光继电器，图4-32所示为常开式前照灯继电器。SW端子与前照灯开关相连，E端子搭铁，B端子与电源相连，L端子与变光开关相连。当接通前照灯开关时，继电器线圈通电，电磁铁产生磁力，使衔铁带动动触点与静触点接通；当切断线圈电流时，由于电磁力消失，衔铁就在弹簧的作用下迅速回位，使动触点与静触点断开。利用触点的开、闭，从而实现对灯光电路的控制。

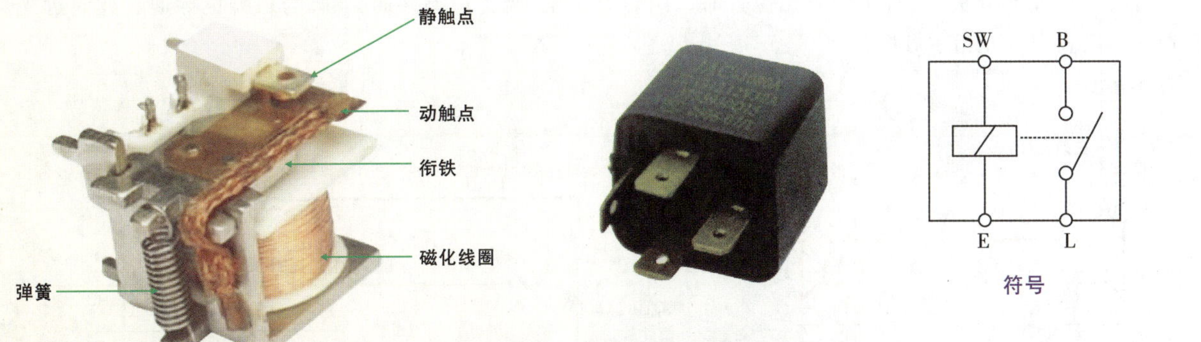

图4-32 常开式前照灯继电器

4. 前照灯电路识读

因车型的不同，前照灯电路按继电器控制方式分为继电器控制火线式和继电器控制搭铁式两种，如图4-33所示。

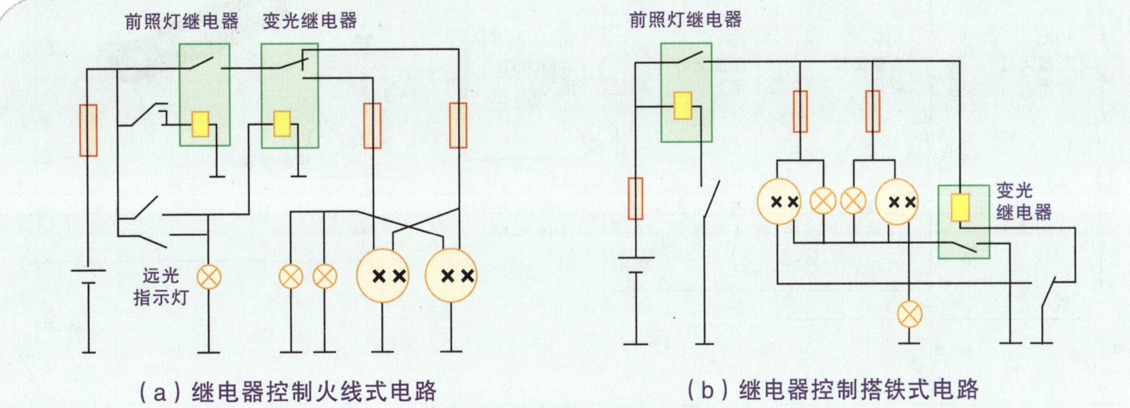

（a）继电器控制火线式电路 （b）继电器控制搭铁式电路

图4-33 前照灯控制电路

目前，汽车中运用较多的是继电器控制火线式，下面以丰田卡罗拉前照灯电路为例做分析：

卡罗拉的前大灯电路是继电器控制火线式，如图4-34所示。

远光灯电路：

当前大灯变光开关E60置于远光挡时，E60的9脚与11脚导通。

蓄电池电压→50A主前大灯熔丝→调光继电器线圈→前大灯变光开关E60的9脚→前大灯变光开关E60的11脚→E1搭铁。此时，调光继电器线圈得电，其触点闭合。

蓄电池电压→50A主前大灯熔丝→调光继电器触点后分两路：一路经10A左前大灯远光熔丝→左侧前大灯远光灯A38→A1搭铁；另一路经10A右前大灯远光熔丝后又分两路：一路到右侧前大灯远光灯A37→A3搭铁；另一路到组合仪表E46的4脚→组合仪表内远光灯指示灯→E1搭铁。此时，左、右前大灯远光灯及仪表内远光指示灯均亮。

近光灯电路：

当前大灯变光开关E60置于近光挡时，E60的8脚与11脚导通。

蓄电池电压→50A主前大灯熔丝→前照灯继电器线圈→前大灯变光开关E60的8脚→前大灯变光开关E60的11脚→E1搭铁。此时，前照灯继电器线圈得电，其触点闭合。

蓄电池电压→50A主前大灯熔丝→前照灯继电器触点后分两路：一路经10A左前大灯近光熔丝→左侧前大灯近光灯A65→A1搭铁；另一路经10A右前大灯近光熔丝→右侧前大灯近光灯A64→A3搭铁。此时，左、右前大灯近光灯均亮。

当前大灯变光开关E60置于闪烁挡位置时，组合开关的9脚与11脚导通，8脚与11脚也导通，此时远光灯、近光灯、仪表内远光指示灯均亮。

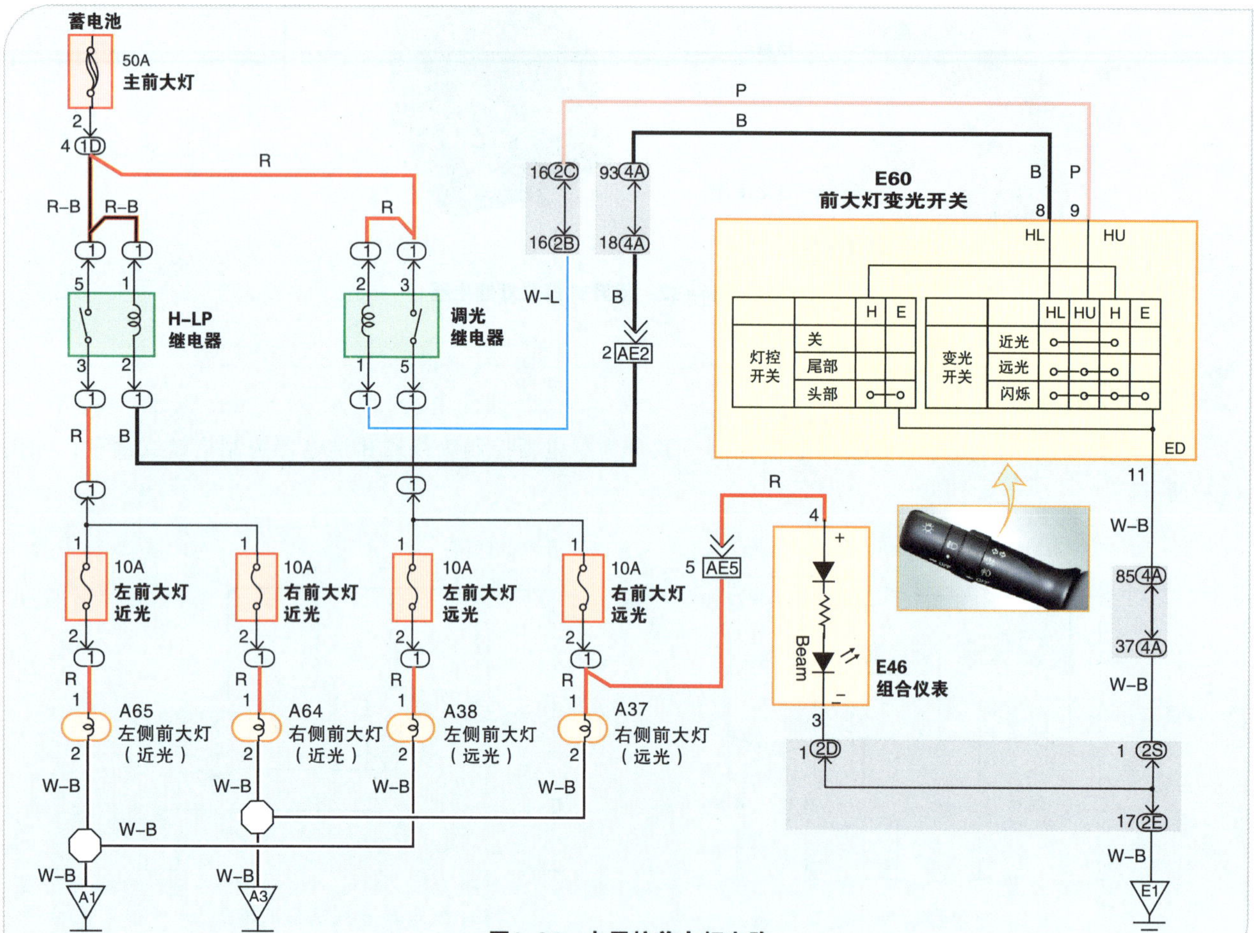

图4-34　卡罗拉前大灯电路

四、照明系统调整与检修

1. 前照灯的检测与调整

◆ 调整前的准备工作◆

①将汽车停在水平地面上，按规定充足轮胎气压，从汽车上卸下所有负荷（一名驾驶员除外）。

②在距离前照灯S（m）处挂一白幕布（或利用白墙），在屏幕上画两条垂直线（各线应通过各前照灯的中心）和一条水平线，水平线的高度与前照灯离地面的高度等高，如图4-35（a）所示。再画一条比水平线低D（mm）的水平线，如图4-35（b）所示，该D水平线与两条前照灯的垂直中心线分别相交于a、b两点。

③启动发动机，并使之以2 000r/min（约为发动机最高转速的60%）旋转，即在蓄电池不放电的情况下点亮前照灯远光（有些车则用近光调整）。

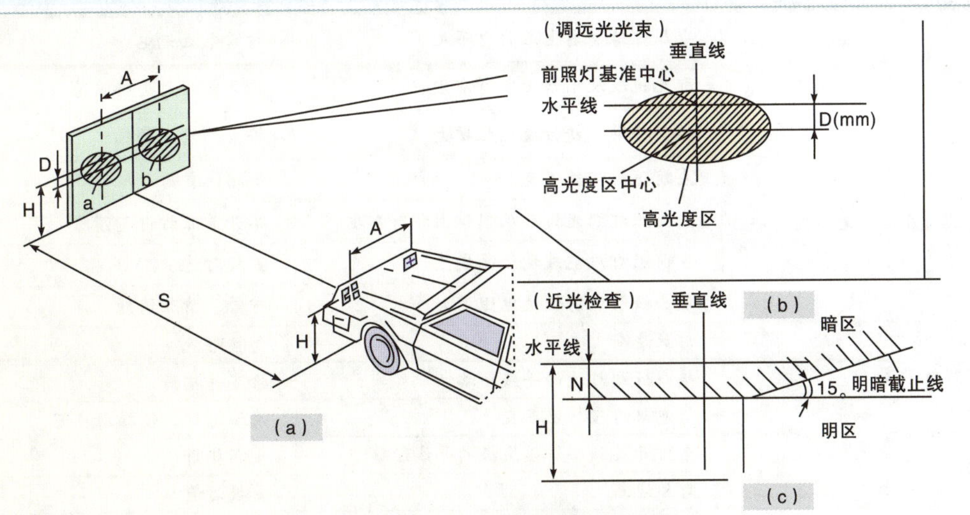

图4-35 前照灯调整前后

◆调整过程◆

①应先将一只灯遮住，然后检查另一只前照灯的光束中心是否对准a点或b点（同一侧的光照中心）。

②若不符合要求，则可拆下前照灯罩圈，用螺丝刀旋入或旋出侧面的调整螺丝钉，作水平方向上的调整；用螺丝刀旋入或旋出上面的调整螺丝钉，作高低方向上的调整，如图4-36所示。

③待一只前照灯调好后，再按同样方法调整另一只前照灯，使其光束中心对准b点或a点。

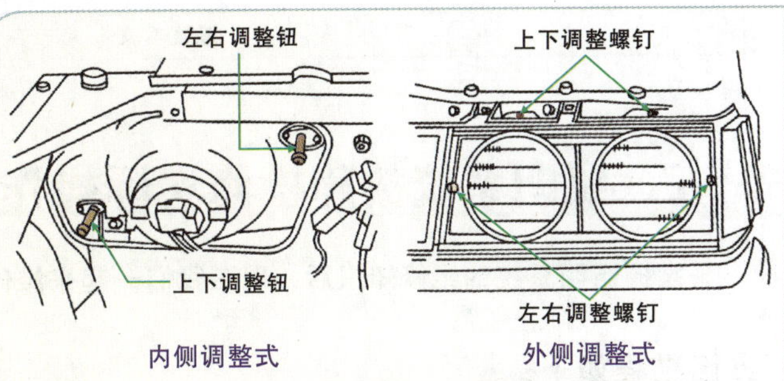

图4-36 前照灯调整过程

◆调整后的检查◆

当远光调好后，应打开近光灯，检查屏幕上是否有明显的明、暗截止线，其高度是否符合规定。一般规定是：前照灯上边缘距地面不大于1 350mm的汽车，在距灯10m远处的屏幕上的明、暗截止线水平部分应比前照灯基准中心低H/3左右，如图4-35（c）所示。

对于按近光调整的四灯式前照灯，当调好外侧两只前照灯的近光后，还应打开远光束，分别调整内侧两只前照灯（仅有远光），使其光形的最亮点落在近光切断面的上方。

2. 照明系统的检修

以捷达轿车为例，照明系统的故障可按表4-1所示进行检修。

表4-1 照明系统故障

故障现象	故障原因	排除方法
前照灯灯光暗淡	电压过低（蓄电池存电不足）	对蓄电池充电
	配光镜或反射镜上积有灰尘	拆开前照灯进行清洁
	接头松动或锈蚀使电阻增大	拧紧、清除锈蚀
接通前照灯光或近光时，右前照灯亮而左前照灯明显发暗	左前照灯搭铁不良	使搭铁良好
	左前照灯配光镜或反射镜上积有灰尘	拆开前照灯进行清除
	左前照灯灯泡玻璃表面发黑	更换灯泡
	接头松动或锈蚀使电阻增大	拧紧、清除锈蚀
变光时有一前照灯不亮	灯丝烧断	更换灯泡
	接线板到灯泡的导线断路	检查并接好
	灯泡与灯座接触不良	清除污垢，使接触良好
两只小灯均不亮	车灯开关到小灯接线板的导线断路	重新接好
	灯丝烧断	更换灯泡
一只小灯不亮	小灯接丝板到小灯的导线断路	重新接好
	灯线烧断	更换灯泡
	搭铁不良	使搭铁良好

五、照明系统故障检修实际操作

※ **掌握照明系统的维修知识后，现在我们一起来维修前面遇到的捷达轿车前照灯自动点亮故障。**

维修过程如下：

①对车辆进行检查，发现车内有焦糊味，判定车内有短路处，而且短路点可能就在向外冒烟处。

↓

②拆下转向盘，把变光开关和雨刷开关整体拆下，发现两者已烧坏且难以分辨。

↓

③同时更换这两只开关后，前照灯亮灭恢复正常，故障排除。

故障分析：

捷达轿车组合开关的功能：

① 在不开前照灯开关时，无论点火开关是否打开，向上抬起变光开关，远光灯亮，松手后远光熄灭，此时作为超车灯开关用，超车灯由30号电线供电。

②打开点火开关，开启前照灯开关1挡，前小灯亮；开启前照灯开关2挡后，向上抬起变光开关，远光灯亮，再抬一次近光灯亮，作为变光开关用。

③作为转向灯开关。

④作为遇险报警灯开关，接通时前后左右四个转向灯同时闪亮。

⑤作为驻车灯开关，当关闭点火后，再转向时，转向灯不工作，而是前照灯内的驻车小灯点亮。

由以上分析的第一项功能可知，虽然关闭了点火和前照灯开关，但仍有超车灯电源（30号电线）接通变光开关。当超车灯开关内部短路时，前照灯远光就会常亮不熄，长时间点亮加之开关内部接触不实就会产生大量的热，烧损变光开关，从而导致了上述故障。

思考与练习

一、填空题

1. 前照灯电路主要由________、________、________及________组成。
2. 前照灯电路按继电器控制方式分为________和________两种。

二、判断题（正确的打“√”，错误的打“×”）

1. 白炽灯泡和卤钨灯泡的灯丝都是用钨制成的。（　　）
2. 转向灯装于汽车尾部及左右两侧，用来指示车辆行驶趋向。（　　）

三、选择题

1. 汽车前照灯的远光灯功率一般为（　　）
   A. 20～55W　B. 40～60W　C. 60～80W　D. 80～100W
2. 汽车的前照灯暗淡的故障原因是（　　）
   A. 前照灯开关短路　B. 变光开关短路　C. 电路中的灯泡烧毁　D. 地线接线柱腐蚀
3. 制动灯灯泡的功率应在（　　）
   A. 10W以上　B. 20W以上　C. 30W以上　D. 40W以上
4. 造成两个前照灯均不工作的原因可能是（　　）故障
   A. 灯泡烧坏　B. 前照灯开关　C. A和B均正确　D. A和B均不正确
5. 牌照灯的灯泡功率一般为（　　）
   A. 8～10W　B. 20～40W　C. 40～60W　D. 60～80W

一辆捷达轿车，转向灯不工作，车内转向指示灯常亮但不闪烁。这是一例转向灯电路的故障，要维修该故障，需要熟悉汽车各类灯光信号的工作原理、掌握汽车信号系统的检修方法。

情境三：汽车信号系统

一、汽车灯光信号系统

汽车灯光信号系统主要由转向信号灯与危险警告灯装置、倒车灯装置、制动灯装置等构成。

1. 转向信号灯与危险报警灯装置

汽车需要转弯时，灯光信号采用闪烁的方式，用来指示车辆将向左转或向右转，以引起行人及车辆的注意。当遇危险情况时，可使前后左右4个转向灯同时闪烁，作为危险报警信号，请求其他车辆避让。

转向信号灯电路主要由转向信号灯、闪光器、转向灯开关等组成。闪光器的作用是在汽车转向时，使转向灯与危险报警灯、转向指示灯发出明暗交替的闪烁信号，闪光器按结构和工作原理可分电容式、翼片式、电子式和集成电路式等，如图4-37所示。

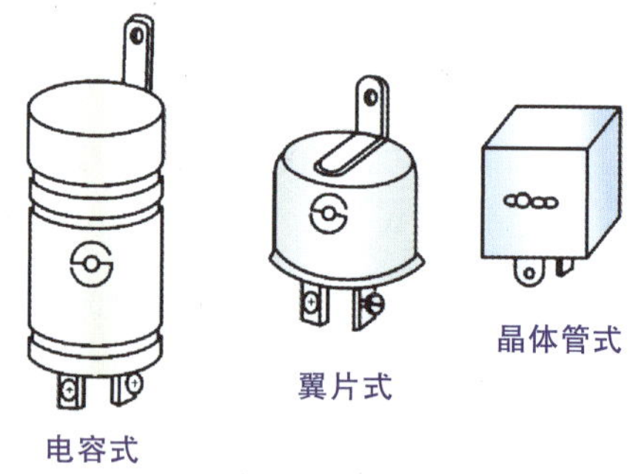

图4-37 常见闪光器类型

（1）电容式闪光器

电容式闪光器的结构与工作原理如图4-38所示。

当汽车向左转弯时，接通转向灯开关，左转向信号灯就被串入电路中。此时并联线圈、电容器及电阻被触点短路，而电流通过串联线圈产生的电磁吸力大于弹簧片的作用力，触点迅速被打开，转向信号灯处于暗的状态（转向信号灯和指示灯尚未来得及亮）。触点打开后，蓄电池经串联线圈、并联线圈向电容器充电，由于并联线圈电阻较大，充电电流很小，不足以使转向信号灯亮。则转向信号灯仍处于暗的状态。同时充电电流通过串联线圈和并联线圈产生的电磁吸力方向相同，使触点继续打开，随着电容器的充电，电容器两端的电压逐渐升高，其充电电流逐渐减小，串联线圈和并联线圈的电磁吸力减小使触点重新闭合。触点闭合后，转向信号灯和指示灯处于亮的状态。与此同时，电容器通过并联线圈和触点放电，其放电电流通过并联线圈时产生的磁场方向与串联线圈相反，所产生的电磁吸力减小，故触点仍保持闭合，左转向信号灯和指示灯继续发亮。随着电容器的放电，电容器两端电压逐渐下降，其放电电流减小，则并联线圈的退磁作用减弱，串联线圈的电磁吸力增强，触点重新打开，灯变暗。如此反复，继电器的触点不断开闭，使转向信号灯和指示灯发出闪光。

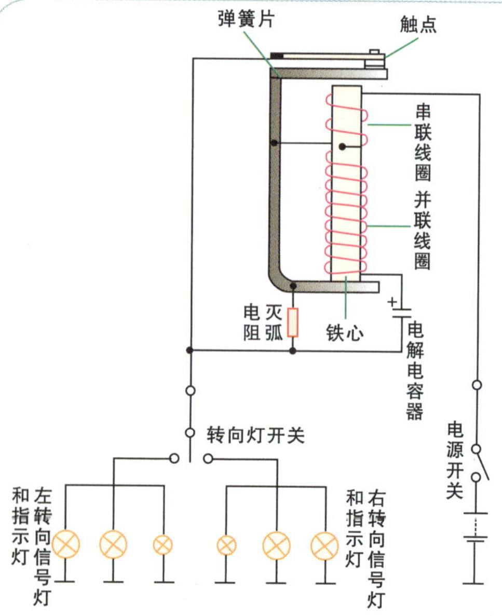

图4-38 电容式闪光器的结构与工作原理

（2）翼片式闪光器

图4-39所示为直热翼片式闪光器的结构原理。接通转向灯开关时，转向信号灯通电，电流回路为：蓄电池正极→闪光器接线柱B→翼片→热胀条→活动触点→固定触点→闪光器接线柱L→转向灯开关→转向指示灯和转向信号灯→搭铁→蓄电池负极，此时，转向信号灯和转向指示灯都变亮。

由于电路的导通，热胀条因通电受热而伸长，当热胀条伸长到一定长度时，翼片突然绷直，使活动触点与固定触点分开，转向信号灯电流被切断，转向信号灯熄灭；触点断开后，热胀条将逐渐冷却收缩，当翼片收缩成弓形后，触点又闭合，接通转向信号灯电路，转向信号灯又变亮。如此交替变化，使转向信号灯闪烁。

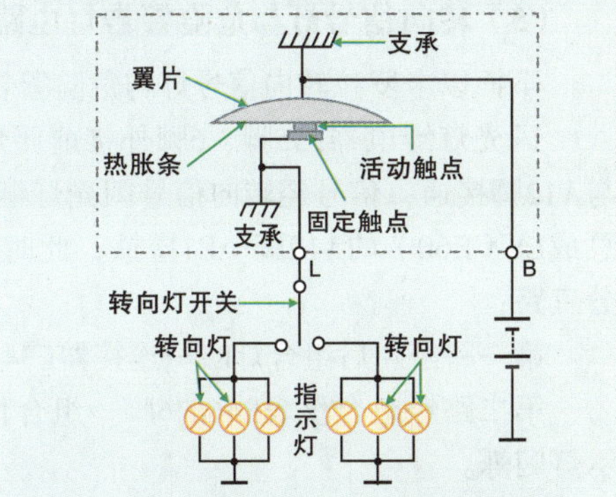

图4-39 直热翼片式闪光器的结构原理

（3）电子式闪光器

图4-40所示为无触点电子式闪光器，其工作原理如下：

接通转向开关，T_3通过R_2得到正向偏置电压而饱和导通，T_2、T_1截止。由于T_3的发射极电流很小，此时转向灯较暗。同时，电源通过R_3对C充电（上+下-），使得T_3的基极电位下降，当低于其导通所需正向偏置电压时，T_3截止。T_3截止后，T_2通过R_1得到正向电流而饱和导通，转向灯中有较大电流通过而变亮。同时，C经R_3、R_2放电，使T_3仍保持截止，转向信号灯继续发亮。随着C放电电流减小，T_3基极电位又逐渐升高，当高于其正向导通电压时，T_3又导通，T_2、T_1又截止，转向信号灯由亮变暗。如此循环，使转向灯闪烁。转向灯闪烁的频率由电容C的充放电时间决定。

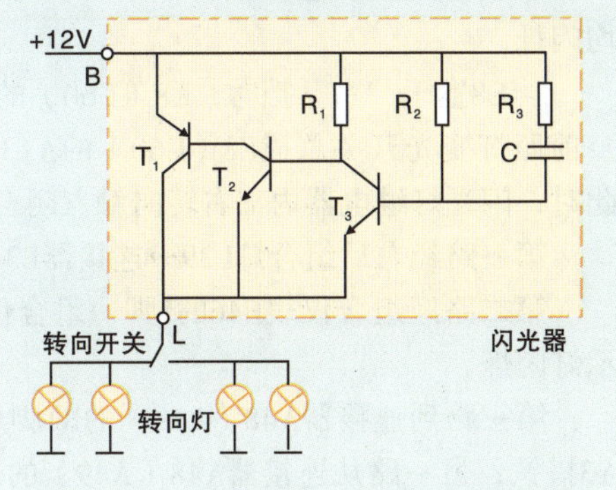

图4-40 无触点电子式闪光器结构原理

（4）集成电路式闪光器

图4-41所示为桑塔纳轿车装用的集成电路闪光器的工作原理图。其中U243B是一块低功耗、高精度的汽车电子闪光器专用集成块。其内部电路主要由输入检测器、电压检测器、振荡器及功率输出级四个部分组成。

输入检测器用来检测转向信号灯开关是否接通；振荡器由一个电压比较器和外接电阻R_4和电容器C_1构成；电压检测器用来识别取样电阻R_S上的压降，该压降经电压检测器识别后，控制振荡器中电压比较器的参考电压，从而改变振荡频率。

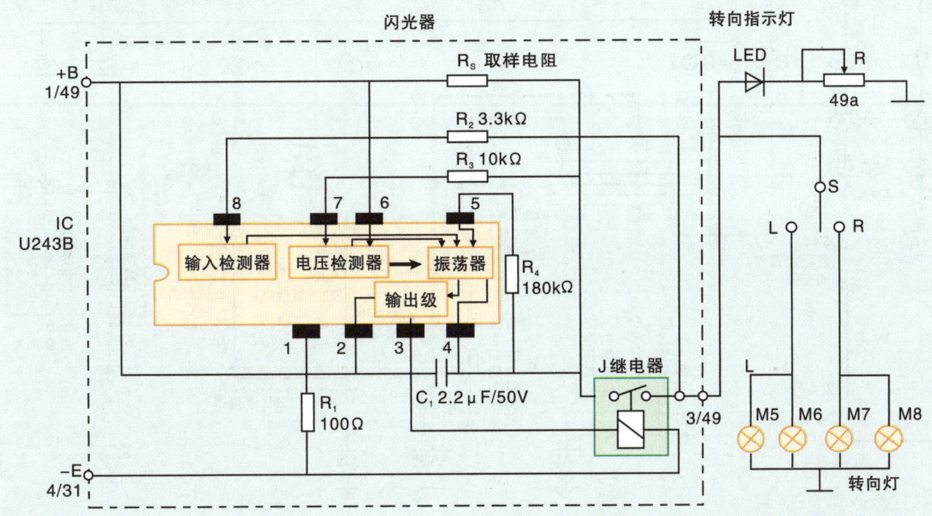

当转向灯开关闭合时，电路工作，转向信号灯和转向指示灯闪烁，频率为80次/分。如果某只转向灯损坏，则转向指示灯的闪光频率会加快1倍，以示报警。当打开危险报警开关时，汽车的前、后、左、右转向信号灯将同时闪烁

图4-41 桑塔纳轿车集成电路闪光器工作原理

（5）转向信号灯与危险警告灯电路举例

下面以卡罗拉转向信号灯与危险警告灯电路为例做分析，电路如图4-42所示。

闪光灯继电器的5脚、6脚外接前照灯变光开关总成E8（E60）。当E8置于“左”挡时，E8（E60）的A15脚与A12脚接通，信号经转向信号闪光灯继电器的5脚→前照灯变光开关总成E8（E60）的A15脚→前照灯变光开关总成E8（E60）的A12脚→E1搭铁，此时，闪光灯继电器内部左转向触点闭合，电压经闪光灯继电器的3脚输出分三路：

第一路经左后组合灯L7→连接器L34的4脚→连接器L34的1脚→L3搭铁，左后组合灯L7中的转向灯闪烁。

第二路经组合仪表E46的6脚→组合仪表内部的左转向指示灯→组合仪表内部搭铁，组合仪表上的左转向指示灯闪烁。

第三路到连接器A48（A49）的A1脚后又分两路：一路从连接器A48（A49）的B5脚→左前转向信号灯A7→A1搭铁；另一路从连接器A48（A49）的B6脚→左侧转向信号灯A6→A1搭铁。此时左前转向信号灯和左侧转向灯均闪烁。

当E8置于“右”挡时，E8（E60）的A13（B6）脚与A12（B7）脚接通，信号经转向信号闪光灯继电器的6脚→前照灯变光开关总成E8（E60）的A13（B6）脚→前照灯变光开关总成E8（E60）的A12（B7）脚→E1搭铁，此时，闪光灯继电器内部右转向触点闭合，电压经闪光灯继电器的2脚输出分三路：

第一路经右后组合灯L29→连接器L34的11脚→连接器L34的1脚→L3搭铁，右后组合灯L29中的转向灯闪烁。

第二路经组合仪表E46的5脚→组合仪表内部的右转向指示灯→组合仪表内部搭铁，组合仪表上的右转向指示灯闪烁。

第三路到连接器A48（A49）的B1脚后又分两路：一路从连接器A48（A49）的A5脚→右前转向信号灯A18→A3搭铁；另一路从连接器A48（A49）的A6脚→右侧转向信号灯A26→A3搭铁。此时右前转向信号灯和右侧转向灯均闪烁。

闪光灯继电器的8脚外接危险信号告警信号开关，当按下危险信号告警灯开关，闪光灯继电器的8脚搭铁，闪光灯继电器收到危险告警信号，此时，前、后、左、右及侧向转向灯将同时闪烁。

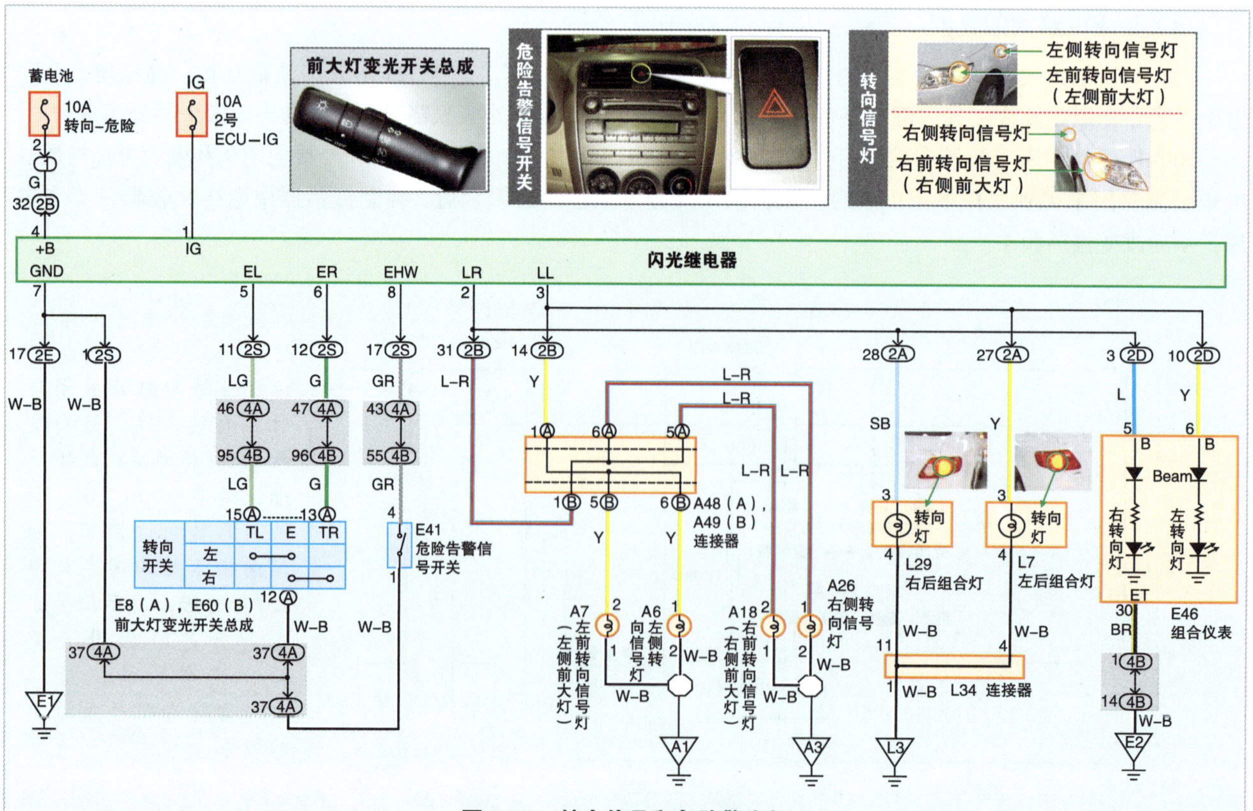

图4-42 转向信号和危险警告灯

2. 倒车信号装置

（1）倒车开关及倒车灯电路

倒车灯及倒车报警器的作用主要是在汽车倒车时提醒行人及其他车辆注意，它们均由安装在变速器上的倒车开关

倒车灯开关结构如图4-43所示。

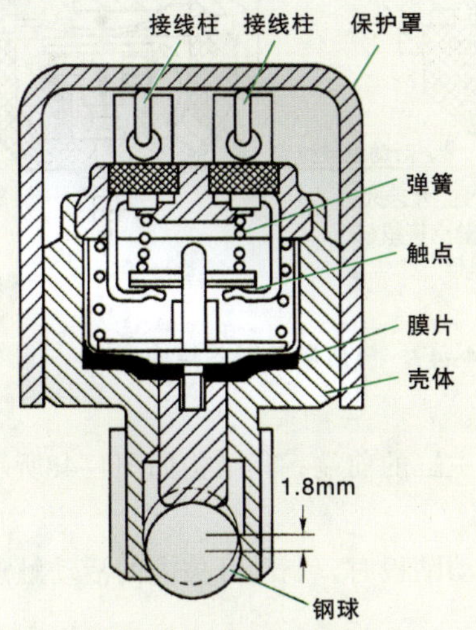

图4-43 倒车灯开关结构

未挂倒挡时，倒车灯开关钢球被顶起，开关处于断开状态；而当变速杆拨至倒挡时，钢球被松开，在弹簧的作用下，触点闭合，将倒车灯信号电路接通，使倒车灯点亮

倒车信号灯电路如图4-44所示。

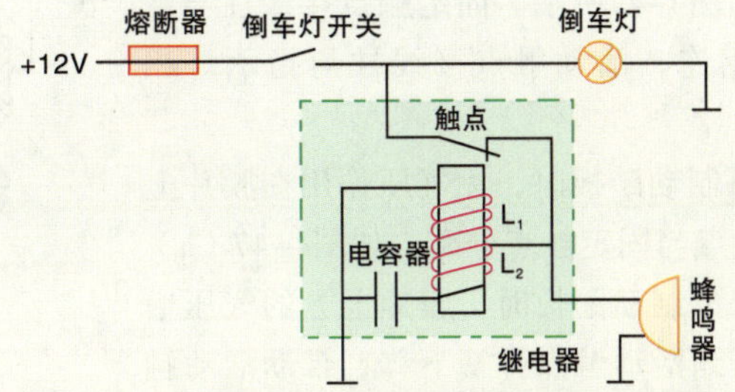

图4-44 倒车信号灯电路

倒车时，倒车灯开关闭合，倒车灯亮，此时倒车蜂鸣器也得电，蜂鸣器发出声响。同时蓄电池还通过线圈L_2对电容进行充电，由于流入线圈L_1和L_2的电流大小相等，方向相反，产生的电磁吸力互相抵消，因此继电器触点继续闭合。随着电容器两端的电压逐渐上升，使流入线圈L_2中的电流变小，当L_1与L_2产生的吸力差大于触点的弹簧拉力时，触点打开，蜂鸣器停止发声。

继电器触点打开后，电容器通过线圈L_2和L_1放电，触点继续打开。当电容器两端电压下降到一定值时，线圈磁力减弱，继电器触点又重新闭合，蜂鸣器通电发出声响，电容器又开始充电，如此反复，继电器触点不断打开、闭合，蜂鸣器发出断续的声响，以示倒车

（2）倒车灯电路举例

下面以卡罗拉倒车电路为例做分析，电路如图4-45所示。

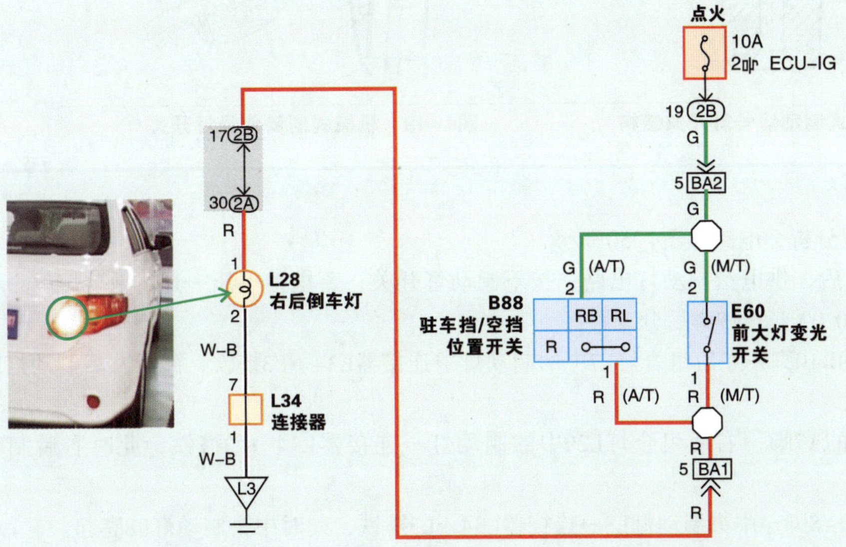

当按下前大灯变光开关中的倒车灯开关（或变速器的当驻车/空挡位置开关打在R挡）时，来自于点火开关的电压经10A 2号ECU-IG熔丝→前大灯变光开关E60（或驻车/空挡位置开关后B88）→右后灯L28→连接器L34→到L3搭铁。此时右后灯亮。如图4-45所示

图4-45 卡罗拉倒车灯电路

3. 制动信号装置

（1）制动开关及制动灯电路

制动信号灯电路一般不受点火开关的控制，直接由电源、熔丝到制动信号开关，如图4-46所示。制动开关通常有机械式、液压式和气压式三种。

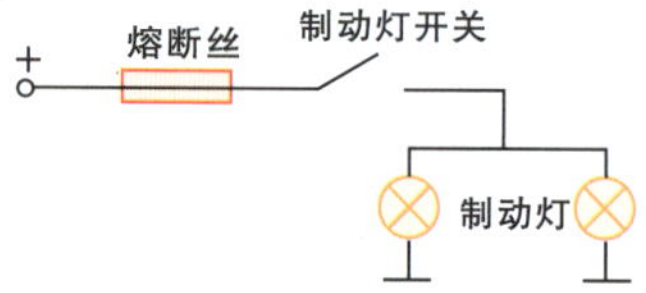

图4-46 制动信号灯电路

气压式制动开关： 用于采用气压制动系统的汽车，通常被安装在制动系统的气压管路上，结构如图4-47所示。固定触点接线柱与蓄电池正极相连，活动触点接线柱与指示灯相连。

未踩下制动踏板时，无气压作用在膜片上方，活动触点与固定触点分离，如图4-47（a）所示；当踩下制动踏板时，膜片上方的气压增大，膜片压缩活动触点弹簧下移，带动活动触点下移与固定触点接触［图4-47（b）］，接通制动灯电路。

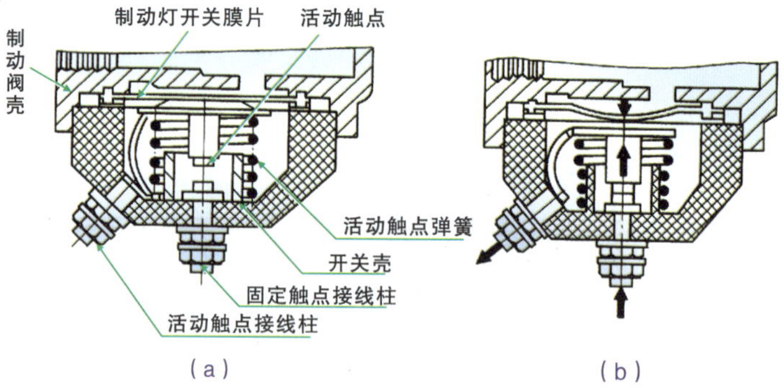

图4-47 气压制动开关结构

液压式制动开关： 用于采用液压制动系统的汽车上，装在液压制动主缸的前端，其结构如图4-48所示。其工作原理与气压式基本相同。

机械式制动开关： 一般装于制动踏板下方，如图4-49所示。踩下制动踏板时，制动开关内的活动触点将两接线柱接通，接通制动灯电路；松开踏板后，断开制动灯电路。

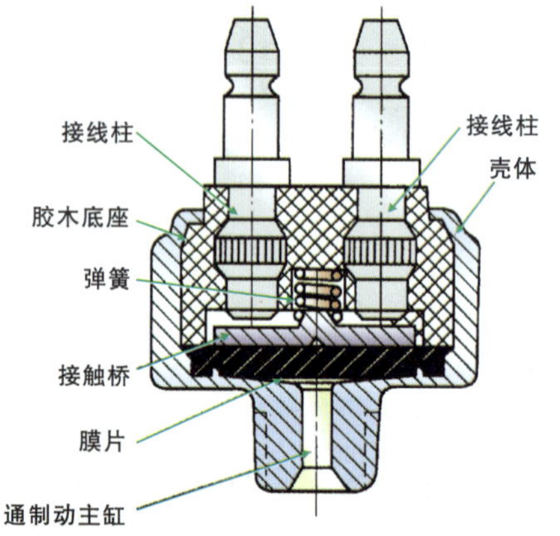

图4-48 液压式制动信号灯开关结构

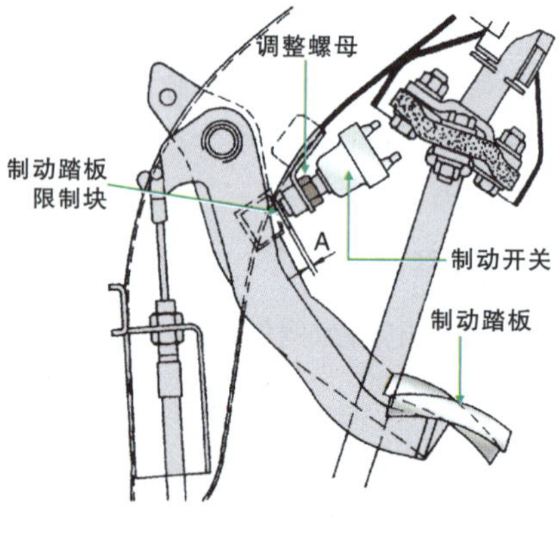

图4-49 机械式制动信号灯开关

（2）制动灯电路举例

以卡罗拉制动灯电路为例做分析，电路如图4-50所示。

蓄电池电压经10A制动熔丝后，供电给制动灯电路，按下制动灯开关，蓄电池电压→10A 制动熔丝→制动灯开关→连接器A45→连接器L30（A）的A9脚后分五路：

第一路从连接器L30（A）的B10脚→左后组合灯L7中的制动灯→连接器L34→L3搭铁，此时左后制动灯L7亮起。

第二路从连接器L30（A）的A7脚→右后组合灯L29中的制动灯→连接器L34→L3搭铁，此时右后制动灯L29亮起。

第三路从连接器L30（A）的A8脚→中央制动灯L8→连接器L34→L3搭铁，此时中央制动灯L8亮起。

第四路从连接器L30（A）的B12脚→中央制动灯L44→连接器L34→L3搭铁，此时中央制动灯L44亮起。

第五路从连接器L30（A）的B11脚→制动灯静噪滤波器L20。

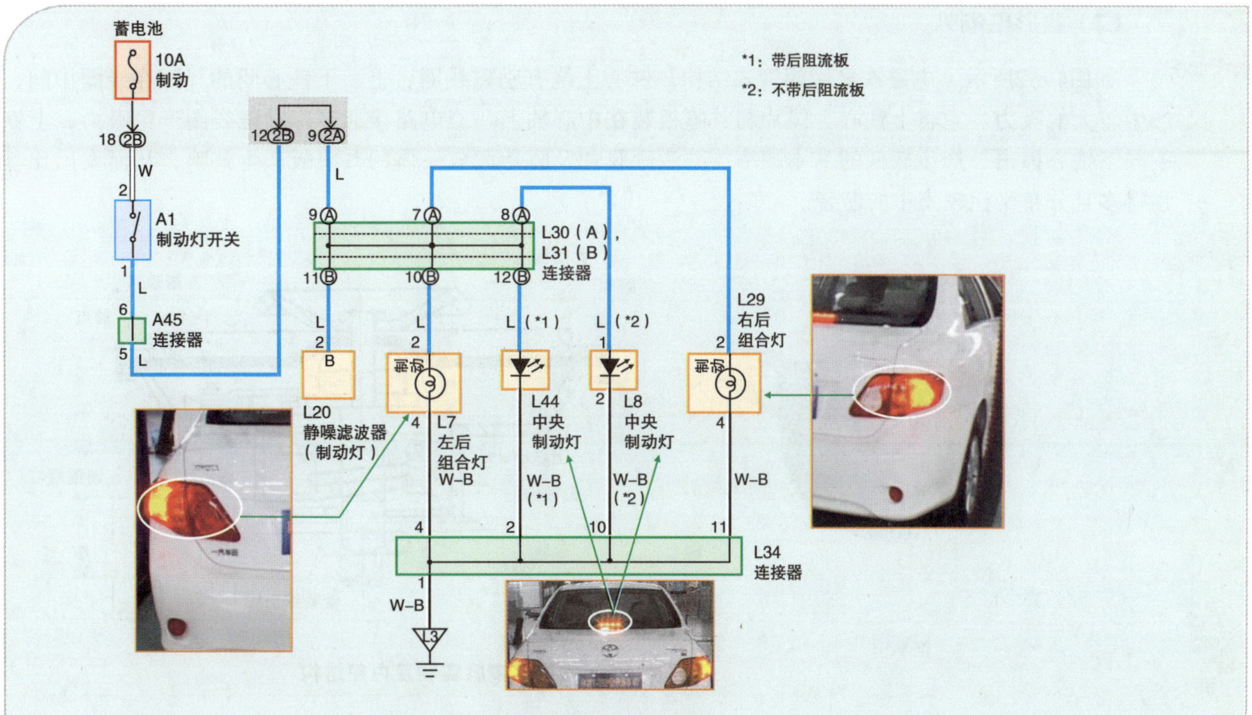

图4-50　卡罗拉轿车制动灯电路

二、汽车喇叭电路

1. 汽车喇叭结构与工作原理

现代轿车使用的喇叭多为电喇叭，电喇叭又可分为螺旋形电喇叭和盆形电喇叭。

（1）螺旋形电喇叭

螺旋形电喇叭实物及内部结构如图4-51所示，工作原理如下：当按下按钮时，励磁线圈通电，电流回路为：蓄电池正极（+）→按钮→励磁线圈→触点→搭铁→蓄电池负极（-）。电流通过线圈时，产生电磁吸力，吸下衔铁，通过中心螺杆使膜片拱曲，中心螺杆上的调整螺母压下活动触点臂，触点分开，切断电路。此时，励磁线圈电流中断，电磁吸力消失，在弹片和膜片的作用下，衔铁又返回原位，膜片也复位，触点又闭合，电路又接通。此后，上述过程反复不断地进行，膜片不断振动，从而发出一定频率的音波，由传声筒传出。

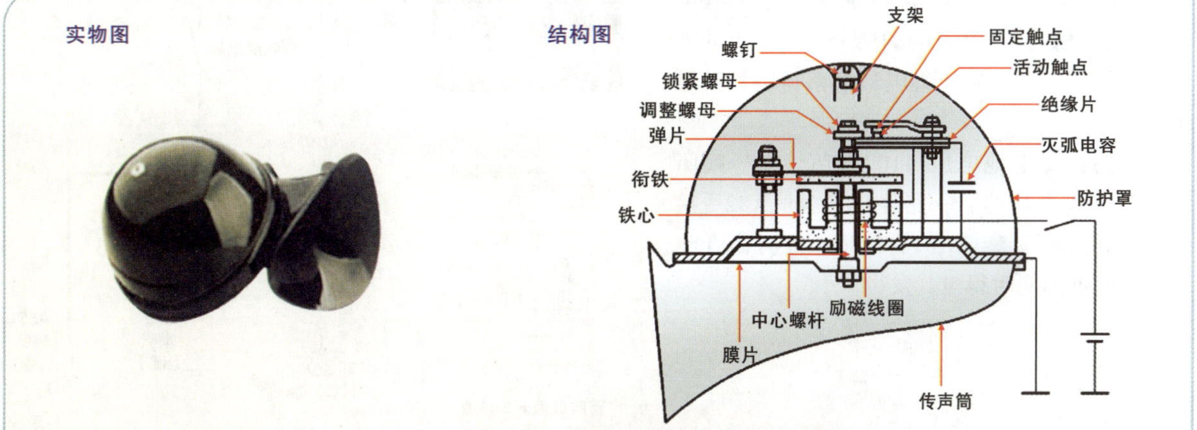

图4-51　螺旋形电喇叭实物及内部结构

（2）盆形电喇叭

如图4-52所示，电磁铁采用螺管式结构，铁心上绕有励磁线圈，上、下铁心间的气隙在线圈中间，所以能产生较大的吸力。它将上铁心、膜片和共鸣板装在中心轴上。当电路接通时，励磁线圈产生吸力，上铁心被吸下与下铁心撞击，产生较低的基本频率，并激励膜片及膜片联成一体的共鸣板产生共鸣，从而发出比基本频率强得多且分布又比较集中的谐音。

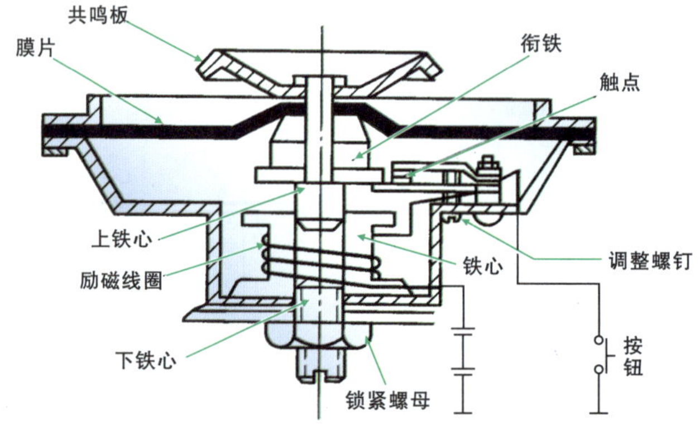

图4-52　盆形电喇叭实物及内部结构

2. 电喇叭控制电路

电喇叭应用电路如图4-53所示。

按下喇叭按钮时，线圈通电，使继电器铁心产生电磁吸力，将继电器触点闭合，接通了双音电喇叭，喇叭发音。

电流回路为：蓄电池正极→熔丝→接线柱B→触点臂→触点→接线柱H→电喇叭→搭铁→蓄电池负极。

松开喇叭按钮时，继电器线圈断电，铁心电磁吸力消失，触点在自身弹力作用下断开，切断了喇叭电路，电喇叭停止发音。

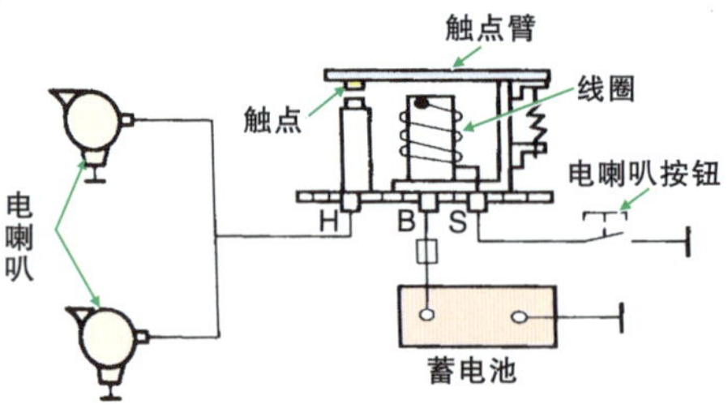

图4-53　电喇叭应用电路

3. 汽车喇叭应用电路举例

图4-54所示为卡罗拉喇叭电路。

控制电路：当按下喇叭开关时，蓄电池电压→10A喇叭熔丝→喇叭继电器线圈→螺旋电缆E16的A8脚→螺旋电缆E16的B1脚→转向盘上的喇叭开关→搭铁。此时喇叭继电器线圈得电，其触点闭合。

主电路：蓄电池电压→10A喇叭熔丝→喇叭继电器触点后分两路：一路经低音喇叭A82后接地；另一路经高音喇叭A83后接地。此时高音喇叭和低音喇叭都同时得电，发声。

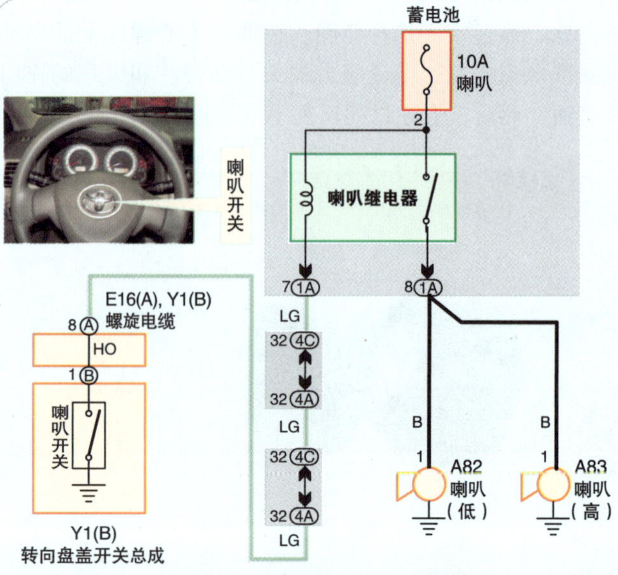

图4-54　卡罗拉轿车喇叭电路

三、汽车信号系统检修

1. 转向信号灯与危险警告灯电路的检修

转向信号灯与危险警告灯电路故障可参照下表4-2进行检修。

表4-2 转向信号灯与危险警告灯电路故障

故障现象	故障原因	排除方法
转向灯不闪光	电源–闪光继电器–转向开关的电源线路中断路 闪光继电器损坏 转向开关损坏	重新接好
左转向时闪光正常而右转向时闪光变快	右转向灯功率变小 右转向灯中有一只灯泡烧坏或线路中有接触不良处	按规定安装灯泡、更换灯泡、使搭铁良好
右转向时，转向灯闪烁正常，但左转向时前面两个小灯均微弱发光	左小灯搭铁不良（采用双丝灯泡时）	使搭铁良好
接通转向开关，闪光继电器立即烧坏	转向开关至某一转向灯之间曲线路中有短路搭铁处	找出搭铁处重新绝缘
闪烁次数少	使用了比规定容量大的灯泡 电漏电压过低 闪光灯装置不良	更换成标准灯泡 给蓄电池充电 更换闪光器
闪烁次数多	使用了比规定容量小的灯泡 信号灯接地不良 闪光灯装置不良 信号灯丝断	更换成标准灯泡 修理灯座接地处 更换 换灯泡
左右转向信号灯闪烁次数不一样，或其中有一个不工作（非闪光器故障）	指示灯或信号灯断线，其中一个灯使用了非标准瓦数的灯泡 灯接地不良 转向信号灯开关和转向信号灯之间有断线接触不良	更换灯泡 更换标准瓦数灯泡 接牢地线 修理接触部位

2. 倒车灯电路的检修

倒车灯电路故障可参照下表4-3进行检修。

表4-3 倒车灯电路故障

故障现象	故障原因	排除方法
倒车灯不亮	一般是倒车灯的灯泡损坏、倒车灯开关损坏、线路有断路所致	检修时先查看倒车灯保险是否烧断；若完好，可将倒车灯开关短接，短接后灯变亮，说明倒车灯开关失效；短接后灯仍不亮，可查倒车灯灯丝是否烧断，灯座是否接触不良；最后用试灯查线路是否断路
倒挡挂不进	倒车灯开关或变速器有故障	遇此故障，可旋出倒车灯开关再重挂，挂进了说明倒车灯开关钢球卡死、漏装垫圈或垫圈太薄；重挂挂不进，说明变速器有故障
仅倒挡不亮，其余挡位倒车灯全亮	常开式与常闭式倒车灯开关装反了	重装倒车灯开关

3. 制动灯电路的检修

制动灯电路故障可参照下表4-4进行检修。

表4-4 制动灯电路故障

故障现象	故障原因	排除方法
全部制动灯不亮	制动灯保险烧坏、制动灯损坏、制动灯开关损坏、线路有断路所致	可先查制动灯保险，再查灯丝是否烧断、灯座是否接触不良 若上述情况正常，可短接制动灯开关；若灯变亮，说明制动灯开关坏，若仍不亮，应用试灯查线路是否断路
单边制动灯不亮	制动灯损坏或接触不良、线路有断路所致	应查该制动灯是否烧断、灯座是否接触不良、该侧灯线是否折断
制动灯常亮	一般多为制动灯开关有故障	松开制动踏板，制动灯常亮，这种故障一般出在踏板控制式制动灯开关上。应检查踏板能否回位，开关中心顶柱是否磨损或开关内部是否短路

4. 汽车喇叭电路的调整与检修

喇叭的调整

电喇叭的调整包括音调和音量的调整。音调的调整是靠调整衔铁与铁心间的气隙来实现的，音量的调整靠调整喇叭内触点顶压力（即控制喇叭线圈的电流大小）来实现。

① 喇叭音调的调整

喇叭音调的高低与铁心气隙有关，铁心气隙小时，膜片的振动频率高（即音调高）；气隙大时，膜片的振动频率低（即音调低）。铁心气隙值一般为0.7～1.5mm。

螺旋形电喇叭调整方法是：对照图4-55（a）所示的电喇叭，应先松开锁紧螺母，然后转动衔铁，即可改变衔铁与铁心气隙δ；对照图4-55（b）所示的电喇叭，应松开上、下调节螺母，即可使铁心上升或下降，从而改变铁心气隙δ；对照图4-55（c）所示的电喇叭，应先松开锁紧螺母，转动衔铁加以调整，然后松开调节螺母，使弹簧片与衔铁平行后紧固。

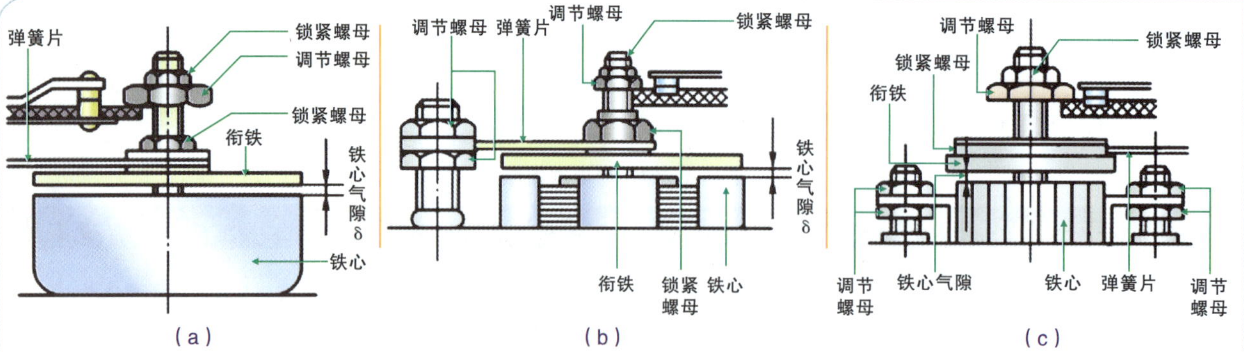

图4-55 螺旋形电喇叭的调整

盆形电喇叭调整方法是：松开锁紧螺母，旋转音调调整铁心，使上、下铁心间的间隙调至合适量，拧紧锁紧螺母即可（图4-56）。

② 喇叭音量的调整

电喇叭音量的大小与通过喇叭线圈的电流有关，当触点的接触压力增大时，喇叭的音量则变大，反之音量变小。

螺旋形电喇叭的调整方法是：先松开锁紧螺母，然后转动调节螺母，逆时针方向转动时，触点压力增大，音量增大；顺时针方向转动时，触点压力减小，音量减小。如图4-55所示。

盆形电喇叭的调整方法是：旋转音量调节螺钉，逆时针方向转动时，音量增大；顺时针方向转动时，音量减小。如图4-56所示。

电喇叭音量和音质调整并不是完全独立的，它们两者实际上是相互关联的，因此两者需反复调试才会获得最佳效果。

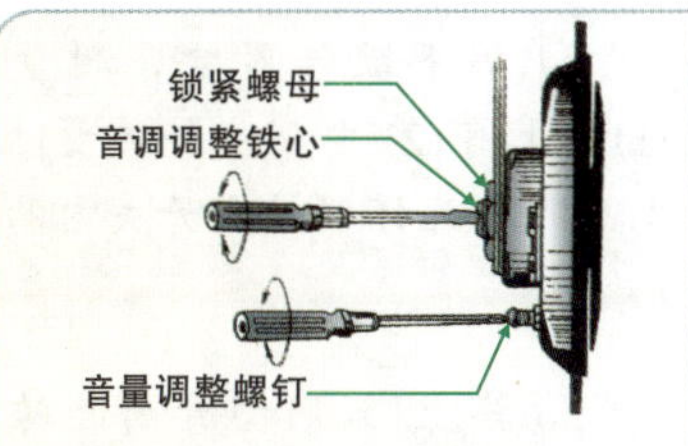

图4-56 盆形电喇叭的调整

喇叭电路故障检修

喇叭电路故障可参照下表4-5进行检修。

表4-5 喇叭电路故障

故障现象	故障原因	排除方法
按下喇叭按钮，喇叭不响	喇叭电路线路断路	找出断路处，重新接好
	过载或电路短路，使熔丝熔断	找出短路处，排除后更换熔丝
	喇叭线圈烧坏或有脱焊之处	更换
	喇叭触点烧蚀或触点不闭合	打磨触点，重新调整
	喇叭导线端头与转向机间的接线管脱开	插紧
	导线在转向机轴管内扭断	更换导线
	喇叭线圈按钮上的焊头脱落或接触不良	重新焊好
	喇叭继电器线圈断路、触点间隙过大，使触点不能闭合	调整
	按钮接触不良或搭铁不良	更换或修理
喇叭声音沙哑	蓄电池电压不足	充电
	喇叭触点烧蚀接触不良	清洁打磨触点
	膜片破裂	更换
	回位弹簧钢片折断	更换
	动铁和铁心间的间隙不均，因歪斜发生硬撞	重新调整
	喇叭固定螺钉松动	紧固
	喇叭筒破裂	更换
电喇叭常响	按钮卡死 继电器触点烧结 继电器按钮线搭铁	遇喇叭常响故障时，应及时拔下喇叭保险制止长鸣现象，然后按上述原因所在部位逐点检查

四、汽车信号系统故障维修实际操作

※ 在掌握了汽车信号系统维修知识后，现在就一起来解决前面遇到的捷达轿车转向灯不工作故障。

维修过程如下：

①打开转向开关时，仪表板上的转向指示灯能随之点亮，但不闪光，初步认为转向开关内电路已接通，故障可能出在闪光继电器上。但更换1只完好的闪光继电器后，故障却依然存在。

↓

②该轿车使用的闪光继电器有3个插脚，即供电端、接地端和信号输出端。从继电器盒上拔下闪光继电器，用万用表测量其插座的供电端，发现电压为0，说明其供电电路有断路之处。

↓

③捷达轿车转向灯控制电路如图4-57所示。打开点火开关后，15号电线上的电流经S17号熔丝从H1/5插座流出继电器盒，经转向开关E2内的常闭触点和继电器盒J/8插座进入继电器盒，给闪光继电器供电。

④拆下继电器盒，测量其H1插座的5号接线柱H1/5上有12V电压，但测量J插座的8号接线柱J/8上无电压。由此怀疑转向开关内的常闭触点接触不良。

⑤换上1只同型号新的转向灯开关E3后，转向灯工作恢复正常，故障排除。

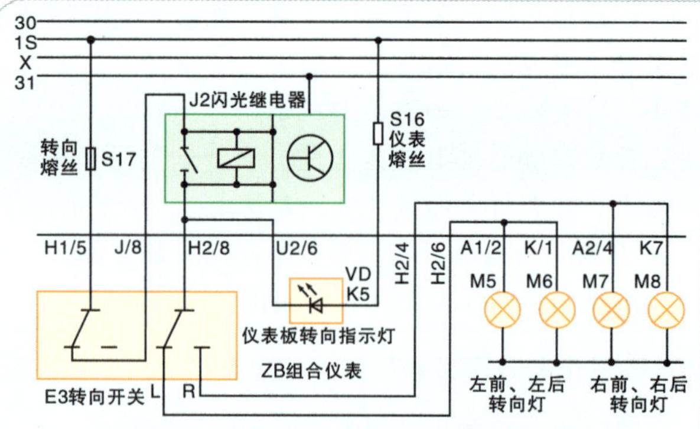

图4-57 捷达轿车转向灯控制电路示意图

& 维修提示 &

经过大量的维修发现，转向开关故障的发生率较高。另外，熔丝S17损坏或闪光继电器损坏后，也会出现打开转向开关后车外转向灯不工作故障，而仪表板上的转向指示灯也会出现常亮不熄也不闪光故障。

思考与练习

一、填空题

1. 闪光器的作用是在汽车转向时，使______灯和转向指示灯发出明暗交替的闪烁信号，还可作故障显示和______信号。

2. 无论哪种汽车都必须备有前照灯、______灯、______灯和示位灯。

3. 喇叭继电器的用途主要是在使用两个电喇叭时，保护______不因______而被烧坏。

二、判断题（正确的打“√”，错误的打“×”）

1. 喇叭音调的高低与铁心气隙有关，减小铁心气隙，音调降低；增大铁心气隙，音调升高。（　）

2. 倒车灯的作用是夜间倒车照亮车后路面，并警示车后的车辆和行人，表示该车正在倒车。（　）

三、选择题

1. 汽车倒车灯不起作用的故障原因可能是（　）所致

A. 前照灯开关有关故障　B. 变速器中空挡安全开关失调　C. 两个均正确　D. 两个均不正确

2. 喇叭发声微弱，其主要故障原因是（　）

A. 喇叭继电器故障　B. 喇叭继电器的电路短路

C. 喇叭按钮故障　D. 喇叭按钮的电路短路

3. 制动灯灯光颜色应为（　）

A. 红色　B. 黄色　C. 白色　D. 绿色

第五部分

仪表与报警灯信号系统

一辆捷达轿车，冷车刚启动后，冷却液温度表指针指向高温区，冷却液温度报警灯闪亮，而此时发动机并不过热。

这是一例汽车冷却液温度表故障，要维修该故障，需熟悉汽车仪表的构造与工作原理、了解汽车仪表的拆装要点、掌握汽车仪表常见故障的检修方法。

情境一：汽车仪表

一、认识汽车仪表

为使驾驶员随时了解各系统的工作情况，汽车上都设有表示汽车工作状况的仪表，常见的仪表有：车速里程表、转速表、冷却液温度表、燃油表、机油压力表等，如图5-1所示。

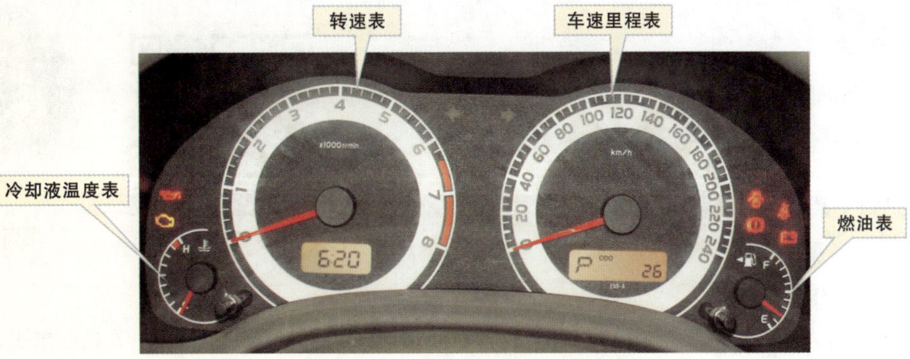

图5-1 丰田卡罗拉轿车仪表板

二、汽车仪表构造与工作原理

1. 冷却液温度表

冷却液温度表用来显示发动机冷却液的工作温度（图5-2）。冷却液温度表的工作电路由装在仪表板上的冷却液温度表和装在发动机冷却水套中的冷却液温度传感器两部分组成。常用的冷却液温度表有电热式和电磁式两种。

图5-2 冷却液温度表

（1）电热式冷却液温度表

电热式冷却液温度表如图5-3所示。工作原理如下：

当发动机冷却液温度较低时，传感器负温度系数热敏电阻阻值较大，冷却液温度表电路电流较小，冷却液温度表加热线圈温度较低，双金属片受热弯曲变形量较小，拉动指针指示低温区；当发动机冷却液温度上升后，负温度系数热敏电阻阻值减小，冷却液温度表电流增大，冷却液温度表加热线圈温度上升，双金属片受热弯曲变形量增大，指针被推动指示高温区。

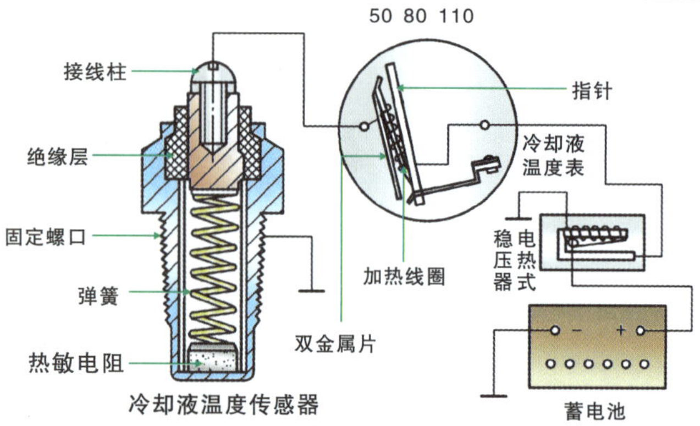

图5-3 电热式冷却液温度表

（2）电磁式冷却液温度表

电磁式冷却液温度表如图5-4所示。

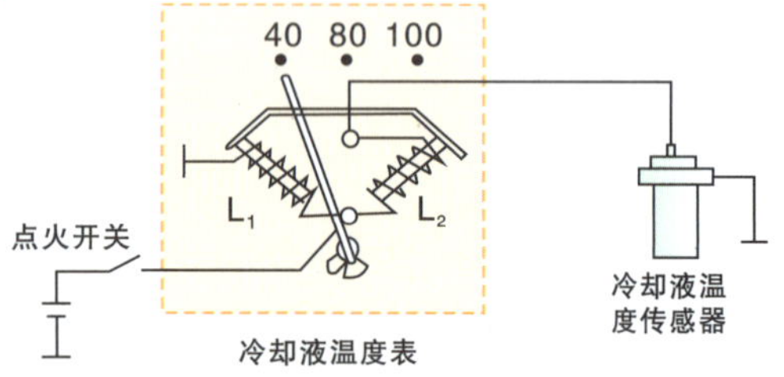

图5-4 电磁式冷却液温度表

冷却液温度表内有两个互成一定角度的铁心，铁心上分别绕有磁化线圈L_1、L_2。其中L_2与冷却液温度传感器串联，两个铁心的下端对着带指铁的偏转衔铁

当冷却液温度高时，由于热敏电阻传感器的阻值小，流经L_2中的电流大，磁场强，吸引衔铁向高温方向偏转，指针指向高温；当冷却液温度低时，由于热敏电阻传感器的阻值大，因此L_2中的电流小，而L_1中的电流大，磁场强，吸引衔铁向低温方向偏转，指针指向低温

2. 燃油表

燃油表用来指示燃油箱内燃油的储存量（图5-5）。它与装在油箱内的燃油传感器配套工作。燃油表也分电磁式和电热式两种。

燃油表

图5-5 燃油表

电磁式燃油表如图5-6所示。燃油表由两个绕在铁心上的线圈、转子、指针、分流电阻等组成。

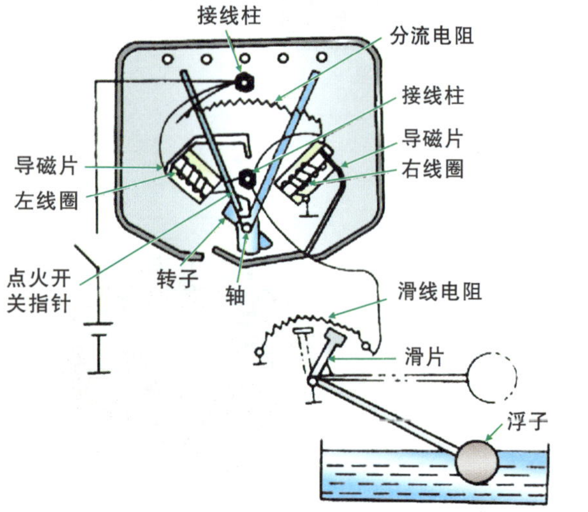

图5-6 电磁式燃油表

当油箱无油时，浮子下沉，滑线电阻上的滑片移至最右端，将右线圈短路，无电流通过。此时，左线圈中的电流达到最大，左线圈产生的磁力最强，使转子带动指针左偏，使指针在“E”位上

当油量增加时，浮子上升，滑线电阻部分接入，使右线圈中的电流增加，而左线圈中的电流减小，在左线圈和右线圈的合成磁场作用下，转子带动指针向右偏转，指针指向高刻度位置

当油箱中装满油时，浮子带着滑片移到电阻的最左端，电阻全部接入电路中。此时左线圈中电流更小，磁场更弱，而右线圈中电流增大，磁场加强，转子使带着指针向右移，使指针在“F”（满）位上

3. 机油压力表

机油压力表（图5-7）用来指示发动机润滑系统机油压力的大小，机油压力表的电路由机油压力表和机油压力传感器两部分组成。

机油压力表有电热式、电磁式和动磁式三种。其中应用最为广泛的是电热式机油压力表，结构和工作原理如图5-8所示。

图5-7 机油压力表

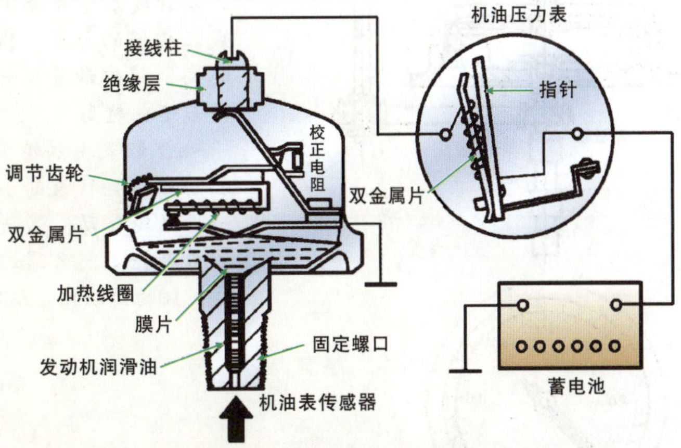

图5-8 电热式机油压力表结构及工作原理

（1）机油压力表

机油压力表内装有双金属片，其上绕有加热线圈，线圈一端经接线柱后接机油压力传感器，另一端接蓄电池正极。

（2）机油压力传感器

机油压力传感器内部装有膜片，膜片下腔与发动机的润滑主油道相通，发动机的机油压力直接作用在膜片上，膜片的上方压着弹簧片，弹簧片的一端与外壳固定并搭铁，另一端焊有触点。双金属片上绕有加热线圈，线圈的一端焊在双金属片的触点上，另一端焊在接触片上。

（3）机油压力表的工作原理

当机油压力很低时，机油压力传感器内的膜片变形很小，这时作用在触点上的压力很小。电流通过时，温度略有上升，机油压力传感器内双金属片稍有变形时，就会使触点分开，切断电路，经过较短的时间后，机油压力传感器内双金属片冷却伸直，触点又闭合，线圈再次通电发热，机油压力传感器内双金属片变形，很快触点又分开。如此循环，触点在不断的开闭状态下工作。由于机油压力低，触点压力小，极易分开，因而触点打开时间长，闭合时间短，使电路中的平均电流值很小，所以机油压力表内双金属片受热变形小，指针的偏转角度小，指示低油压。

当机油压力升高时，传感器内触点打开时间短，闭合时间长，使电路中的平均电流值大，所以机油压力表内双金属片受热变形量增大，指针的偏转角度大，指示高油压。

4. 车速里程表

车速里程表（图5-9）用来指示汽车行驶速度和累计行驶里程数的仪表，由车速表和里程表两部分组成。车速里程表有磁感应式和电子式两种。

图5-9 车速里程表

（1）磁感应式车速里程表

磁感应式车速里程表结构如图5-10所示。感应式车速里程表由变速器输出轴上的一套涡轮、涡杆以及软轴来驱动。车速表由永久磁铁、带有轴及指针的铝碗、罩壳和紧固在车速里程表外壳上的刻度盘等组成。

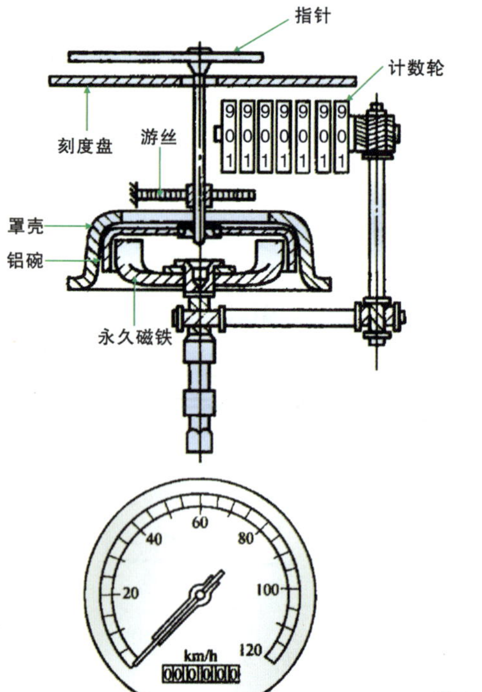

汽车不工作时，铝罩在游丝的作用下，指针位于刻度盘的零位置。当汽车行驶时，变速器输出轴上的涡轮、涡杆以及软轴等带动永久磁铁转动，永久磁铁的磁力线在铝碗上引起涡流，产生转矩，使铝碗克服游丝的弹力向永久磁铁转动方向旋转。于是铝碗带动指针转过一个与汽车行驶速度大小成正比例的角度，指针便在刻度盘上指示相应的车速。车速越高，铝碗带着指针偏转的角度越大，指针在刻度盘上指示的车速也越高

里程表由涡轮、涡杆和计数轮组成。汽车行驶时，软轴驱动车速里程表的小轴，经三对涡轮、涡杆带动里程表的第一计数轮转动。第一计数轮上的数字为1/10km，每两个相邻的计数轮之间又通过本身的内齿和进位数字轮传动齿轮，形成1/10的传动比。这样汽车行驶时，就可累计出行驶里程数

图5-10　磁感应式车速里程表结构

（2）电子式车速里程表

电子式车速里程表主要由车速传感器、电子电路、车速表和里程表四部分组成，如图5-11示。

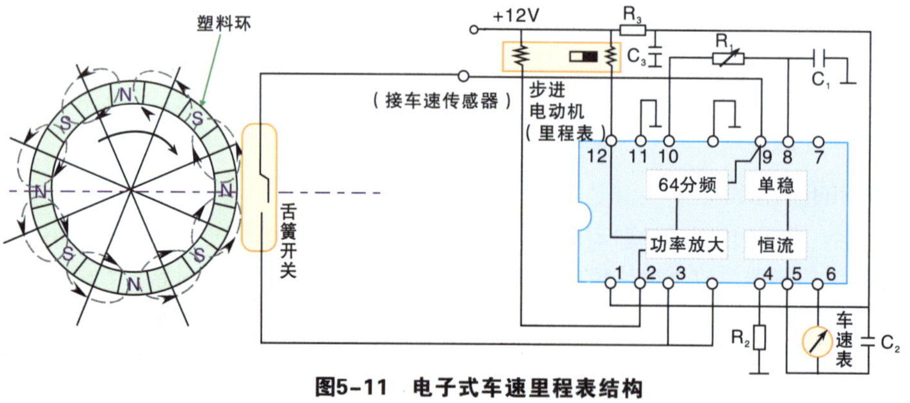

图5-11　电子式车速里程表结构

电速传感器由变速器驱动，能够产生正比于汽车行驶速度的电信号。电子电路的作用是将车速传感器送来的具有一定频率的电信号，以整形、触发、输出一个与车速成正比的电流信号。

车速表实际上是一个电磁式电流表，当汽车以不同车速行驶时，从电子电路端子输出与车速成正比的电流信号，驱动车速表的指针偏转，从而指示相应的车速。

里程表由一个步进电动机及六位数字的十进制齿轮计数器组成。车速传感器输出的信号经64分频后，再经功率放大器放大到具有足够的功率，驱动步进电动机，带动六位数字的十进制齿轮计数器工作从而累计行驶的里程数。

5. 发动机转速表

发动机转速表用于指示发动机的运转速度，如图5-12所示。转速表按其结构的不同可分为机械式和电子式两种，其中电子式转速表应用较广泛。

电子式转速表按获取转速信号的方式来分有从点火系统获取信号的转速表、测取飞轮（或正时齿轮）转速的转速表、从发电机上获取转速信号的转速表。汽油机用的电子式转速表一般从点火系统中获取发动机的转速信号。

图5-13所示为利用电容充放电的脉冲式电子转速表的原理，转速信号取自点火系统初级电路。

图5-12 发动机转速表

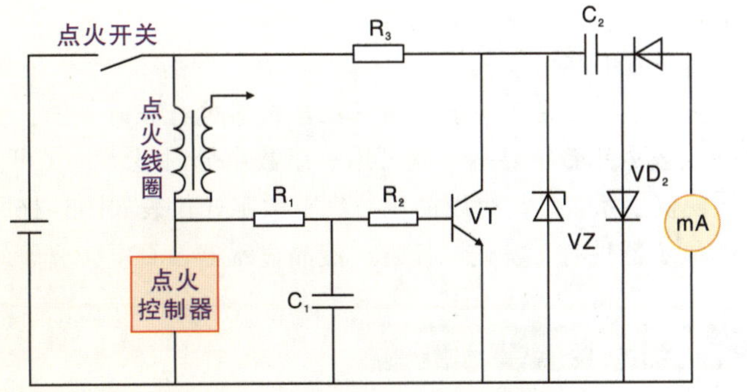

图5-13 脉冲式电子转速表原理

发动机工作时，点火控制器控制点火线圈初级电路的导通和截止，其导通与截止的次数与发动机转速成正比。

当点火线圈初级电路导通时，三极管VT处于截止状态，电容器C_2被充电。电流流向为：蓄电池正极→R_3→C_2→VD_2→蓄电池负极。

当点火线圈初级电路截止时，三极管VT的基极电位接近电源正极而导通，此时电容器C_2便通过导通的三极管VT、转速表测量机构（实际上为毫安表）、VD_1构成放电回路，从而驱动转速表测量机构。

点火线圈初级电路不断地导通和截止，C_2不断地进行充放电，其放电电流的平均值与发动机转速成正比，通过转速表便可指示出发动机的转速。

6. 电流表

电流表用来显示电源系的工作状态，如图5-14所示；当蓄电池充电时，表针指向“+”的一侧；当蓄电池放电时，表针指向“-”的一侧。目前很多汽车不装电流表，而用充电指示灯表示电源系的工作状态，在车辆正常行驶时，当指示灯点亮时，表示电源系工作不正常。

电流表按结构可分为电磁式和动磁式两种，汽车上一般使用电磁式电流表，其结构和工作原理如图5-15所示。

图5-14 电流表

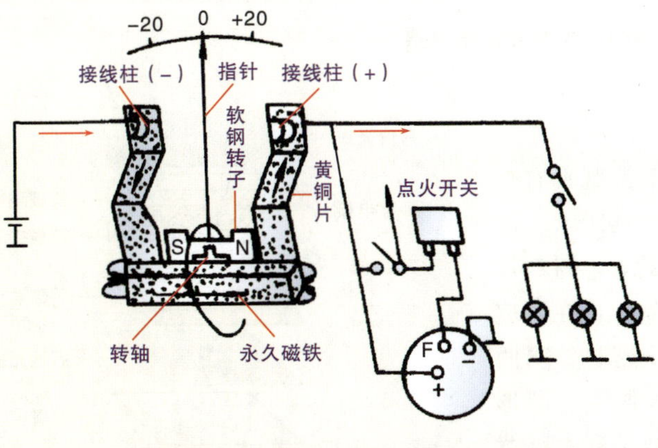

图5-15 电磁式电流表结构和工作原理

电流表内的黄铜片固定在绝缘底板上，两端与接线柱相连，下面夹有永久磁铁，磁铁内侧的转轴上安有带指针的软钢转子，指针安装在软钢转子中间

当电流表中无电流通过时，软钢转子被永久磁铁磁化，由于磁性与永久磁铁的极性相反，相互吸引，使指针停在中间“0”标度上

当发电机向蓄电池充电时，其电流通过黄铜片产生的磁场与永久磁铁形成顺时针偏转的合成磁场，使软钢转子顺时针偏转，示值为“+”。充电电流越大，合成磁场越强，偏转角度越大，指针指示读数越大

当蓄电池放电时，其电流通过黄铜片产生的磁场与永久磁铁形成逆时针偏转的合成磁场，使软钢转子逆时针偏转，示值为“—”

三、汽车电子显示装置

随着现代电子技术的发展，汽车电气系统变得越来越复杂。汽车数字式仪表正逐步取代常规的指针式仪表。其优点有：

①能提供大量、复杂的信息，显示直观。

②可满足小型、轻量化的要求。

③具有高精度和高可靠性。

④具有一“表”多用的功能。用一组显示器进行分时显示，并可同时显示几个信息，实用方便。

数字式仪表采用数字显示，既可用一组数字分时显示，又可同时显示几个信息，不必为每个信息设置一个指示表，故使仪表系统结构得以简化。汽车数字式仪表如图5-16所示。

常用的显示器件有：发光二极管、液晶显示器、真空荧光管。

1. 发光二极管（LED）

发光二极管如图5-17所示。正、负极加上合适正向电压后，其内半导体晶片发光，通过带颜色透明的塑料外壳显示出来。发光的颜色有红、绿、黄、橙等，可单独使用，也可用来组成数字、字母、发光条图。汽车一般用于指示灯、数字符号段等的显示。如图5-18所示。

图5-16 汽车数字式仪表

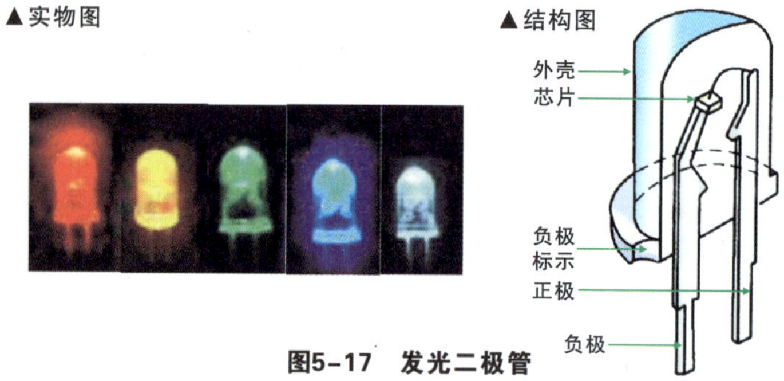

图5-17 发光二极管

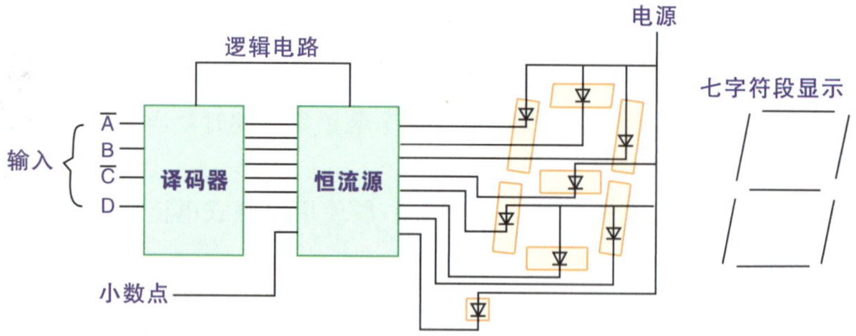

图5-18 发光二极管组成的七字符段显示电路

2. 液晶显示器（LCD）

液晶是一种有机化合物，在一定温度范围和条件下，既具有普通液体的流动性，也具有晶体的某些光学特性。如图5-19所示。液晶显示器有两块厚约1mm的玻璃基板，基板上涂有透明的导电材料作为电极，一面电极为图形。两基板间注入10μm厚的液晶，再在两玻璃基板的外表面分别贴有偏光板，并将整个显示板完全密封。当两电极通一定电压时，位于通电电极范围内（要显示的数字、图形等）的液晶分子重新排列，这样，通电部分电极就形成了在发亮背景下的字符或图形。

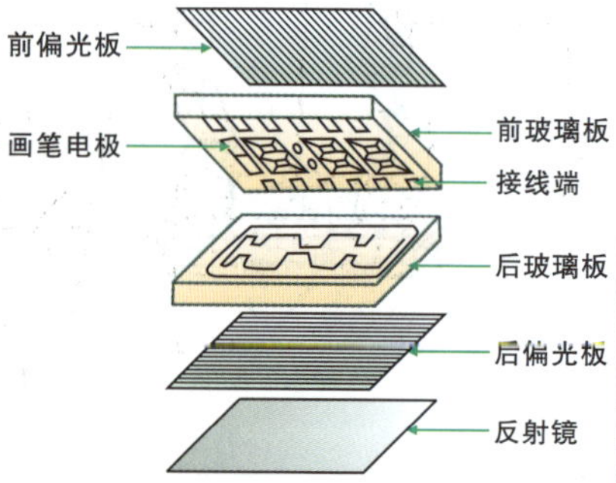

图5-19 液晶显示器结构图

3. 真空荧光管（VFD）

真空荧光管实际上是一种真空低压管，它由玻璃、金属材料构成。其发光原理与电视机中的显像管相似。如图5-20所示。当阳极（字形）接电源正极，灯丝接电源负极时，便获得正向电压。当灯丝有电流通过时，会产生热量，释放电子。由栅极控制电子流加速，射向阳极（字形），当电子高速碰撞数字板荧光材料时，数字板发光，通过前面平板玻璃的滤色镜显示出数字。

真空荧光管（VFD）具有色彩鲜艳、可见度高、立体感强等优点。目前是汽车上采用最多的一种显示装置。

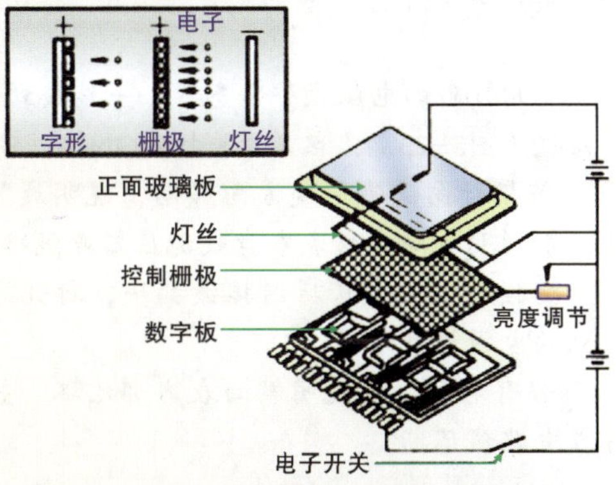

图5-20 真空荧光管结构及显示屏

四、仪表拆装要点

①拆装组合仪表时，应先拆下蓄电池负极电缆线，以免手触摸仪表板后面线束时造成线路短路。

②拆组合仪表装饰面板时，由于固定螺钉是隐蔽的，因此，要仔细查找固定螺钉，否则强行拆卸将会损坏装饰面板，捷达轿车仪表板的4颗固定螺钉位置如图5-21所示。

③拆装组合仪表时，应注意仪表板后面的线束插接器及车速里程表软轴接头，一般都带有锁止机构，切忌强拆，如图5-22所示。

④从电路板上拆下仪表表芯、电源稳压器、照明灯及指示灯时，不要损坏印制电路。

- 单独更换表芯或仪表传感器时，仪表与传感器必须配套使用。
- 拆装仪表及传感器时，动作要轻，不要敲打。
- 电热式机油压力传感器安装时有方向要求。
- 仪表与传感器的接线必须可靠。
- 电磁式仪表的接线柱有极性之分，不得接错。

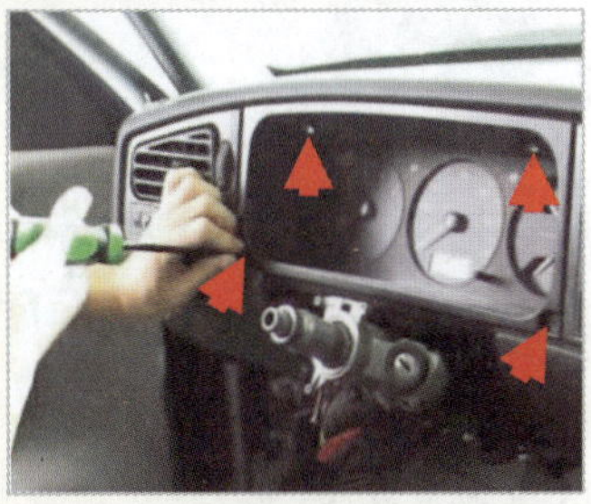
图5-21 仪表板固定螺钉的位置（捷达轿车）

图5-22 拆仪表线束插接器(捷达轿车)

五、仪表常见故障检修

仪表的拆装

1. 燃油表的检修

故障现象：

油箱内无论多少燃油，指针总显示无油。

故障原因：

①燃油表本身故障。
②电路有断路处。
③表传感器故障。
④稳压器工作异常等。

检修思路：

①用10Ω的电阻代替传感器，一端接到传感器的线束上，另一端直接搭铁（图5-23），点火开关打到ON挡，观察燃油表。

若指针向满油刻度方向移动，说明故障在燃油表传感器；若无反应，则说明故障在仪表本身或稳压器或线路已断路。

②接好燃油表传感器接线插头，打开点火开关，用万用表测量仪表上的电源进线电压。

若有电压，则说明燃油表内部已坏。若无电压，则说明稳压器已坏或电路线已断。

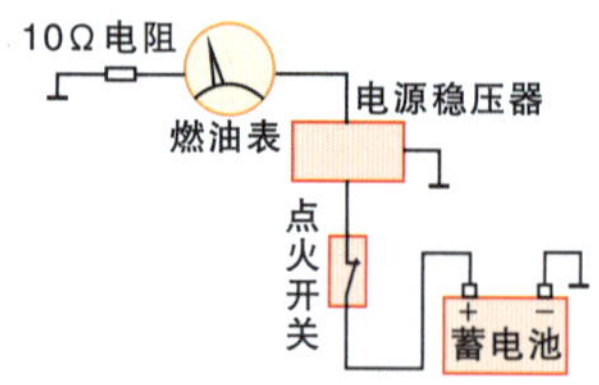

图5-23 燃油表的故障检查接线

2. 机油压力表的检修

故障现象：

机油压力表指针移动不正常。

故障原因：

①机油压力传感器。
②机油压力表。
③电源电路等。

检修思路：

①在油压传感器接线柱端串联一个与油压传感器相当阻值的电阻后搭铁（图5-24），观察机油压力表指针的偏转情况，若机油压力表指示正确，说明故障在机油压力传感器。

②拆下机油压力传感器，用一根平头小铁棍，插进传感器孔内顶压膜片，并打开启动开关。若机油压力表指针移动正常，说明是润滑油路堵塞引起传感器处无油压。

③用万用表电压挡检查机油压力表电源接线柱的电压，若为0，说明电源线路断路；若为12V，说明机油压力表已损坏。

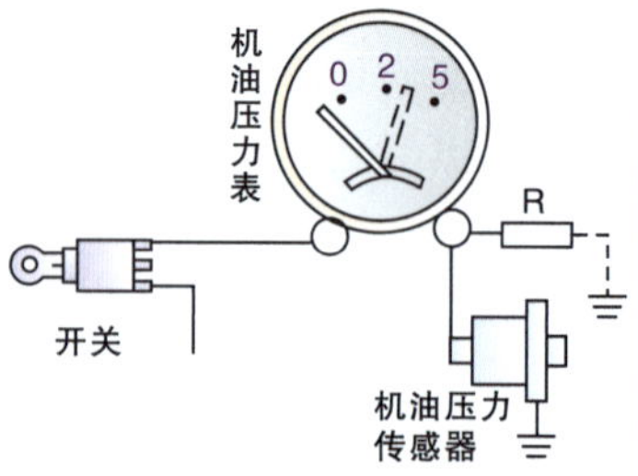

图5-24 机油压力表的检查

3. 冷却液温度表的检修

故障现象：

冷却液温度表无显示。

故障原因：

①冷却液温度传感器存在故障。
②冷却液温度表本身故障。
③电路有断路处。
④稳压器工作异常等。

检修思路：

①拆下冷却液温度传感器接线柱上的导线，串接一个试灯（2~5W）后搭铁，将点火开关置ON挡，观察冷却液温度表指针摆动情况；若指针摆动，则故障在传感器；若冷却液温度表指针不动，进行下一步诊断。

②将试灯一端搭铁，另一端接冷却液温度表上“电源”接线柱，点火开关置ON挡，观察试灯是否亮，若不亮，则故障原因为稳压器到蓄电池间导线断路或仪表熔断器烧断；若试灯亮，进行下步诊断。

③将试灯一端搭铁，另一端接冷却液温度表上“传感器”接线柱，点火开关置ON挡，观察冷却液温度表指针摆动情况，若冷却液温度表不动，说明冷却液温度表损坏；若冷却液温度表动，说明冷却液温度表到传感器导线断路。

六、汽车仪表故障维修实际操作

※ 在掌握了汽车仪表的维修知识后，现在我们一起来维修前面遇到的冷却液温度表故障。

维修过程如下：

①从故障现象上看，发动机不热但冷却液温度报警灯却闪亮，显然这是一种误报警，要检测电路中有故障元件存在，冷却液温度传感器是重点怀疑对象，可由此入手进行检查。

②拔下冷却液温度传感器接线插头，报警灯熄灭，由此说明该传感器已损坏。

该传感器是一个负温度系数的可变电阻（图5-25），随着温度的升高电阻变小。测量拆下来的故障冷却液温度传感器的电阻值仅40Ω，查其特性曲线图可知此时的冷却液温度约120℃。因此，控制单元接到此错误信号后，误认为冷却液温度超过118℃而控制发光二极管闪亮报警，同时冷却液温度表的指针也指向高温区，从而导致了上述现象。

图5-25 捷达轿车冷却液温度传感器

③更换一只新的同规格的冷却液温度传感器后，冷却液温度传感器不再误报警，故障排除。

思考与练习

一、填空题

1. 冷却液温度表的工作电路由装在仪表板上的________和装在发动机冷却水套中的________两部分组成。

2. 机油压力表有________式、________式和________式三种。

二、判断题（正确的打“√”，错误的打“×”）

1. 冷却液温度表和燃油表都有电热式和电磁式两种。 （ ）

2. 车速里程表用来指示汽车行驶速度和累计行驶里程数的仪表，由车速表和里程表两部分组成。车速里程表有磁感应式、电热式和电子式三种。 （ ）

3. 电子式转速表按获取转速信号的方式来分有从点火系统获取信号的转速表、测取飞轮（或正时齿轮）转速的转速表、从发电机上获取转速信号的转速表。 （ ）

三、选择题

1. 当出现机油表读数不正确时，最可能的故障原因是 （ ）

A. 发送装置电路中有断路故障　　B. 仪表电路中存在断路故障

C. 发送装置电路中有电阻　　D. 仪表电路中有短路故障

2. 燃油传感器的电阻会随着燃油油面高度的增加而 （ ）

A. 减小　　B. 不变　　C. 增加　　D. 增加或减小

一辆捷达轿车，当发动机转速高于2 050r/min，机油压力报警灯闪亮，蜂鸣器也发声。

这是一例汽车报警装置的故障，要维修该故障，需熟悉汽车各种报警灯图形符号、了解报警装置的构造及工作原理、掌握汽车报警装置常见故障的检修方法。

情境二：汽车报警装置

一、认识汽车报警灯

为了保证行驶安全和提高车辆的可靠性，现代汽车安装了许多报警装置。报警装置由报警灯、指示灯组成。报警灯与指示灯通常安装在仪表上，一般采用1～4W小功率灯泡，也有的采用发光二极管。

常见的报警灯图形符号如表5-1所示。

表5-1　常见报警灯图形符号表

图形符号	名称	符号说明	图形符号	名称	符号说明
	机油压力过低报警灯	发动机机油压力在30kPa以下时，灯亮		防抱死制动失效报警灯	ABS电子控制系统有故障时，灯亮
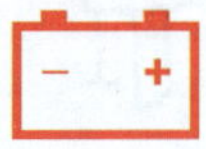	充电报警灯	硅整流发电机不发电时，灯亮		驻车制动报警灯	驻车制动起作用时，灯亮
	冷却液温度报警灯	发动机过热时，灯亮		制动系统报警灯	制动器失效时，灯亮
	燃油滤清器积水报警灯	燃油滤清器内积水时，灯亮		燃油量过少报警灯	燃油余量不足时，灯亮
	远光指示灯	使用前照灯远光时，灯亮		安全带报警灯	安全带未扣时灯亮。
	转向指示灯	开转向灯时，灯亮		安全气囊报警灯	安全气囊系统有故障时，灯亮
	车门未关报警灯	车门打开或半开时，灯亮		发动机故障报警灯	发动机电控系统有故障时，灯亮

二、报警装置构造与工作原理

1. 机油压力报警灯

机油压力报警灯是当润滑系统机油压力降低一定值时，报警灯亮起，以引起驾驶员的注意。机油压力报警装置有膜片式和弹簧管式两种，其中最常见的是弹簧管式机油压力报警装置（图5-26）。它由装在发动机主油道的弹簧管式传感器和装在仪表板上的报警灯两部分组成。

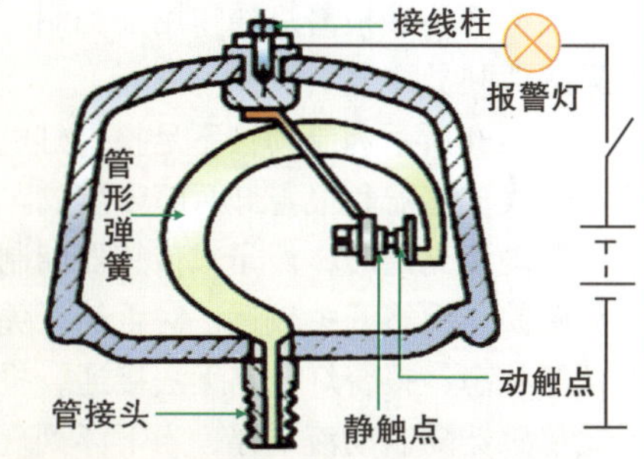

图5-26　弹簧管式机油压力报警装置

传感器内的管形弹簧一端与发动机主油道连接，另一端与动触点连接，静触点经导电片与接线柱连接。当润滑系统机油压力低于允许值时，管形弹簧几乎无变形，动静触点闭合，报警灯中有电流通过，灯亮以示警告。当润滑系统机油压力达到允许值时，管形弹簧变形程度增大，使动静触点分开，报警灯中无电流通过，灯灭以示机油压力正常。

2. 冷却液温度报警灯

冷却液温度报警灯的作用是当冷却系统水温升高到一定限度（95℃）时，警告灯自动亮起，以示警告。

图5-27所示为常见的冷却液温度报警装置。它由双金属片式温度传感器、仪表板上的冷却液温度报警灯两部分组成。

当发动机冷却液的温度达到或超过极限温度时，传感器内双金属片受热温度高，变形程度大，使其内动静触点闭合，报警灯中有电流通过，灯亮以示报警。当发动机冷却液的温度正常时，传感器内双金属片受热温度较低，变形程度小，其内动静触点断开，报警灯不亮。

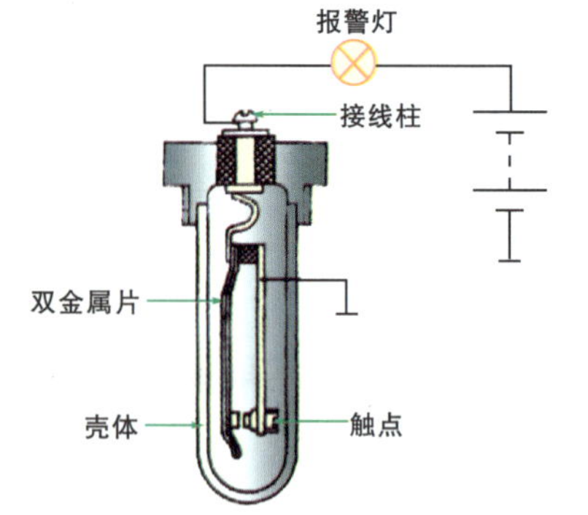

图5-27 冷却液温度报警装置

3. 燃油量报警灯

当燃油箱内燃油减少到某一规定值以下时，燃油油量警告装置会点亮燃油油量报警灯，以引起驾驶员的注意。热敏电阻式燃油报警灯电路如图5-28所示。它由负温度系数热敏电阻传感器、仪表板上的燃油量报警灯两部分组成。

当油箱燃油量较多时，热敏电阻完全浸泡在燃油中，由于其散热快，温度低，阻值大，报警灯电路中相当于串联了一个很大的电阻，流过报警灯的电流很小，报警灯处于熄灭状态。当燃油减少到规定值以下时，热敏元件露出油面，此时，热敏电阻温度升高，散热慢，电阻值减小，流过报警灯的电流增大，灯亮以示报警。

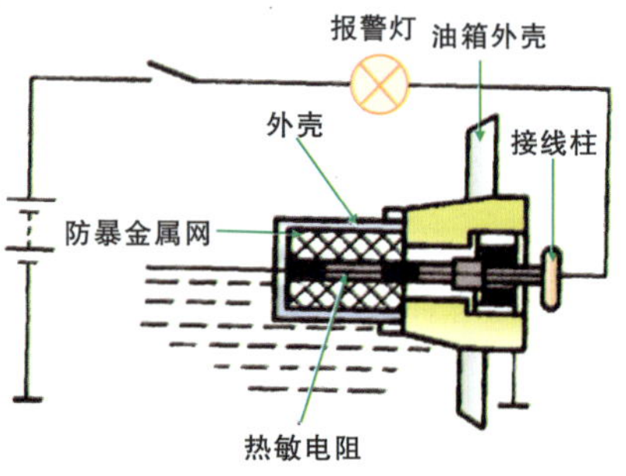

图5-28 热敏电阻式燃油报警灯电路

4. 制动灯线路断路报警灯

制动灯线路断路报警灯电路中接有两个电磁线圈和一个舌簧开关，报警灯与舌簧开关串联，如图5-29所示。

正常情况下踩下制动踏板，制动灯开关闭合，电流分别经点火开关、制动灯开关流经两个并联的线圈，左右制动信号灯点亮。由于此时两个线圈所产生的磁场吸力方向相反而相互抵消，舌簧开关维持常开状态，报警灯不亮；当某一侧制动信号灯线路出现断路时，则两个线圈中只有1个线圈有电流通过，通电的线圈产生电磁吸力使舌簧开关闭合，报警灯亮。

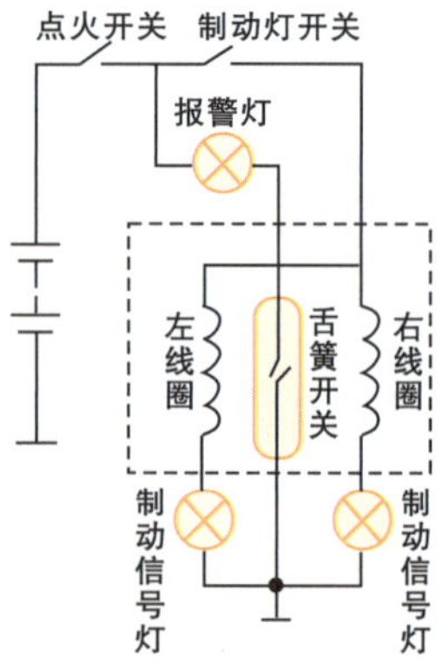

图5-29 制动灯线路断路报警灯电路

5. 制动液不足报警灯

制动液不足报警灯的作用是当制动液液面过低时，发出报警信号，以提醒驾驶员注意。

图5-30所示为制动液不足报警灯电路。它由安装在制动液储液罐内的浮子式传感器和报警灯两部分组成。

制动液充足时，浮子式传感器随制动液上浮，处于较高位置，其内永久磁铁与舌簧开关较远，对舌簧开关的吸引力较弱，故舌簧开关仍处于常开状态，报警灯电路无法接通，报警灯不亮。当制动液不足时，浮子式传感器随制动液下浮，当下浮到规定值以下时，永久磁铁便接近舌簧开关，使舌簧开关触点闭合，报警灯电路被接通，报警灯亮。

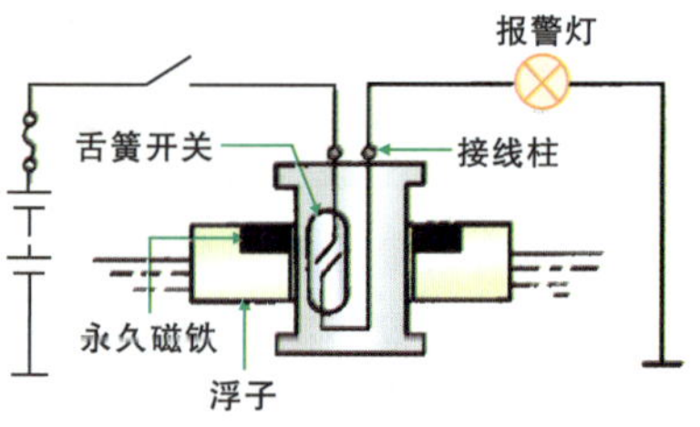

图5-30 制动液不足报警灯电路

三、汽车报警装置常见故障检修

1. 机油警报灯常亮

故障现象：

汽车在行驶过程中，发动机机油压力警报灯常亮。

故障原因：

①低压传感器故障。
②高压传感器故障。
③润滑油路压力达不到规定要求。

维修思路：

首先要区分是润滑系统故障还是警报系统自身故障。通常采用测量油压的方法进行诊断。

① 用二极管测试灯连接到蓄电池正极及低压传感器之间时，二极管测试灯被点亮。启动发动机，慢慢提高转速，压力达到15~45kPa时，二极管测试灯应熄灭。如果不熄灭，说明低压传感器有故障；使发动机怠速运转，机油压力应大于45kPa，发光二极管应熄灭。如果压力低于15kPa，说明润滑系统有故障。

②将二极管测试灯连接到高压传感器上，慢慢提高发动机转速，当机油压力达到160~200kPa时，发光二极管应被点亮。如果不亮，说明高压传感器有故障；进一步提高发动机转速，转速达到2 000r/min时，油压至少应达到200 kPa。如果达不到，说明润滑系统有故障。

通过上面的检查，如果润滑系统和机油压力传感器都正常，但警报灯常亮的故障仍存在，应按电路图检查线路故障。

检查时要注意：低压警报传感器线路是在搭铁短路时警报灯亮，应重点检查有无搭铁；而高压警报传感器线路是在断路且发动机转速超过2 000r/min时警报灯亮，应重点检查有无断路。

2. 冷却液警报灯常亮

故障现象：

汽车在行驶过程中，无论是冷态还是热态，冷却液警报灯常亮。

故障原因：

①储液罐中冷却液液面过低。
②冷却液液位开关故障。
③冷却液温度警报开关故障。
④警报灯线路有搭铁处。

维修思路：

①检查发动机冷却液温度是否真的过高以及储液罐液面是否过低。

②上述检查都正常，拔下储液罐液位开关插头。如果警报灯熄灭，说明液位开关有故障。

③如果警报灯仍然亮，接好液位开关插头，拔下冷却液温度报警开关插头。如果警报灯熄灭，说明冷却液温度报警开关有故障；如果警报灯仍然亮，说明线路有搭铁处。

3. 制动警报灯常亮

故障现象：

在正常行车中，制动警报灯亮。

故障原因：

①制动液液面过低。
②制动液液位开关有故障。
③驻车制动开关有故障。
④警报灯线路有故障。

维修思路：

①检查制动液液面是否过低。
②如果液面正常，拔下制动液液位开关插头。如果警报灯熄灭，说明制动液液位开关有故障。
③如果警报灯仍然亮，拔下驻车制动开关插头。如果警报灯熄灭，说明驻车制动开关有故障；如果警报灯仍然亮，说明线路有搭铁处。

四、汽车报警装置故障实际操作

※ 掌握了汽车报警装置故障维修知识后，现在我们一起来解决前面遇到的机油压力报警灯闪亮故障。

维修过程如下：

①查看电路图

图5-31所示是捷达轿车油压报警控制电路，图中SAF1为30kPa低压开关，触点常闭。接通点火开关后，只要SAF1触点闭合，机油压力报警灯就闪亮。SAF2是180kPa高压开关，其触点常开，当发动机转速超过2 050r/min时，只要SAF2触点断开，报警灯就闪亮，3s后蜂鸣器开始报警。

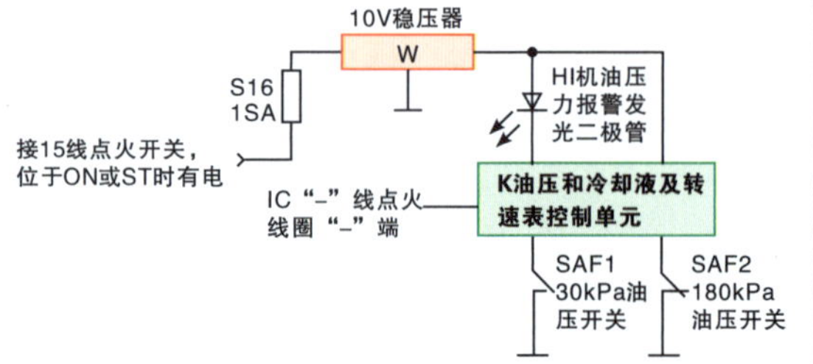

图5-31　捷达轿车油压报警控制电路

②发动机正常运转时，怠速油压应大于30kPa，SAF1触点断开，不报警；发动机转速超过2 050r/min时，油压应高于180kPa，SAF2触点闭合，不报警，表示机油压力正常。

③若发动机启动后，机油压力报警灯仍不熄灭或行驶时该灯闪亮，并且在发动机转速超过2 050r/min时，蜂鸣器发出报警声，说明机油油压油路有故障，必须停车关机检修。

④首先启动发动机运转，当其转速高于2 050r/min时，用万用表R×1Ω挡，检查180kPa油压开关SAF2的状态。

- 如果此时180kPa油压开关触点间的电阻值为无穷大（即触点处于断开状态），说明180kPa油压开关损坏。
- 如果测得180kPa油压开关触点间导通正常，则说明报警电路有故障。

⑤本例经查为SAF2开关损坏，更换新件后，故障排除。

思考与练习

一、填空题

1. 报警装置由________、________组成。

2. 机油压力报警装置由装在发动机主油道的________和装在仪表板上的________两部分组成。

二、判断题（正确的打“√”，错误的打“×”）

1. 热敏电阻式燃油报警灯电路由正温度系数热敏电阻传感器、仪表板上的燃油量报警灯两部分组成。（　　）

2. 在制动液不足报警灯电路中，当制动液不足时，浮子式传感器中的永久磁铁便远离舌簧开关，使舌簧开关触点打开，报警灯电路被接通，报警灯亮。（　　）

三、选择题

1. 每当汽车经过一个颠簸时，机油报警灯就发光，这现象最可能的故障原因是（　　）

A. 机油压力低　　B. 发送装置短路接地

C. 灯电路断路　　D. 发送装置导线松动或有短路故障

2. 汽车水温过高报警装置在发动机冷却水高于（　　）℃时报警

A. 65　　B. 75　　C. 85　　D. 95

第六部分

辅助电气设备

一辆捷达轿车风窗刮水器不动作，要求给予维修。
要维修该故障，我们需熟悉电动刮水器的组成及工作原理、掌握电动刮水器故障的检修方法。

情境一：电动刮水器与风窗洗涤器

刮水器的功用是确保驾驶员在雨天、雪天和雾天有良好的视线。一般汽车的前风窗玻璃上都装有两个刮水片，部分汽车在后风窗玻璃上还装有一个刮水片，许多汽车还安装有风窗清洗装置和除霜装置。

一、电动刮水器组成与工作原理

1. 电动刮水器的组成

电动刮水器主要由直流电动机、涡轮减速机构、拉杆、摆杆、刮臂、雨刮片等组成，如图6-1所示。

直流电动机旋转，带动涡轮减速机构，使与蜗轮轴相连的摇臂带着两侧拉杆做往复运动，拉杆则通过摆杆带着左、右刮臂作往复摆动，安装在刮臂上的雨刮片便刮去玻璃上的雨水、雪水和灰尘。

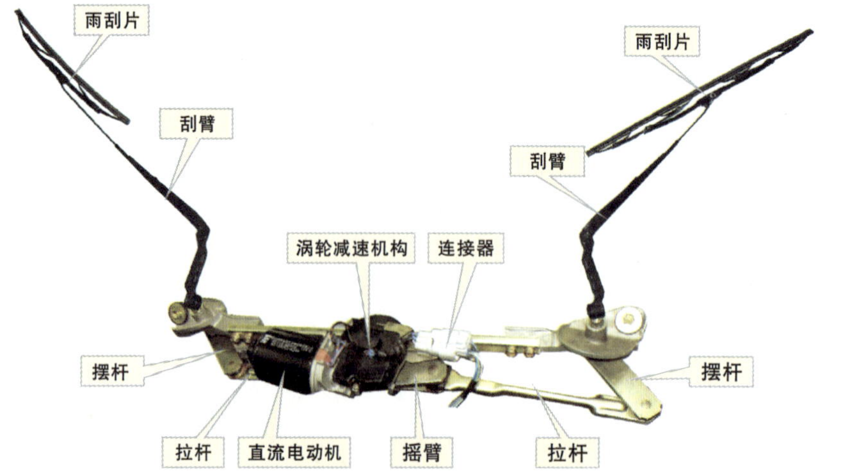

图6-1　电动刮水器的组成

2. 刮水器的变速原理

刮水电动机按其磁场结构不同分为绕线式和永磁式。目前永磁式刮水电动机应用广泛，下面就以永磁式刮水电动机为例讲解其变速原理。

永磁式刮水电动机是通过改变电刷间的导体数目来进行变速的。如图6-2所示，它采用三电刷式结构，B_1为低速运转电刷，B_2为高速运转电刷，B_3为公共电刷。

当电动机工作时，在电枢线圈内同时产生与电枢电流方向相反的反电动势，其大小与转速成比例。只有当外加电压等于反电动势时，电枢的转速才趋于稳定。

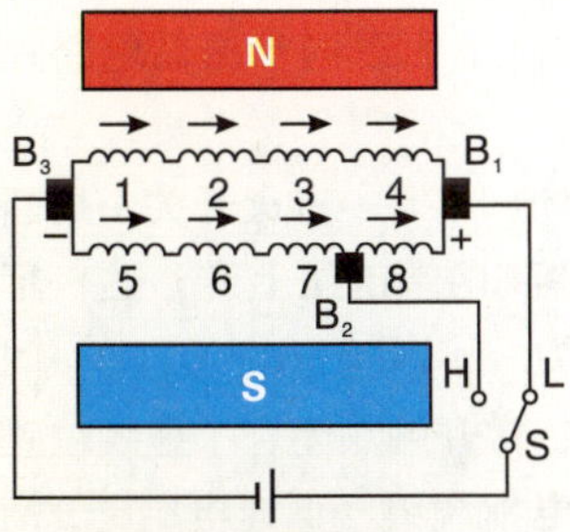

（a）低速旋转

低速运转：当开关拨向L（低速挡）时，如图6-2（a）所示。电源电压加在B_1与B_3电刷之间。在电刷B_1和B_3之间有两条并联的电枢绕组支路，一条是由绕组1、2、3、4串联的支路；另一条是由绕组5、6、7、8串联的支路。每条回路中串联的有效线圈各四个，串联线圈（导体）数相对较多，故反电动势较大，电动机以较低转速运转

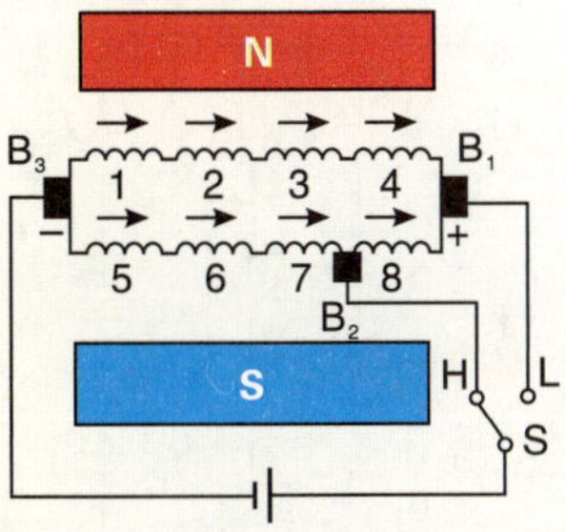

（b）高速旋转

高速运转：当开关拨向H（高速挡）时，如图6-2（b）所示。电源电压加在B_2和B_3电刷之间，其间同样有两条并联的电枢绕组支路，一条是由绕组1、2、3、4、8串联的支路；另一条是由绕组5、6、7串联的支路。由于绕组8和绕组4的绕线方向相反，而流经其中的电流方向相同，故绕组8产生的反电动势与4的反电动势互相抵消，只有三个绕组的反电动势与电源电压平衡，故反电动势较小，电动机以较高转速运转

图6-2 永磁式刮水电动机的变速原理

3. 刮水器的自动复位

刮水器的自动复位是指在任何时刻切断刮水电动机电路时，刮水片都能自动停止在风窗玻璃的下部而不影响驾驶员的视线。如图6-3所示，在直流电动机减速机构的涡轮上嵌有铜环，此铜环分两个部分，其中面积较大的一片与电机外壳相连接（搭铁）。

当把刮水器开关退回到R位时，如果刮水片没有停止到规定位置，由于触点B与铜环相接触，如图6-3（b）所示，则电流继续流入电枢，其电路为蓄电池正极→电源开关→熔断器→电刷B_3→电枢绕组→电刷B_1→接线柱Ⅱ→接触片→接线柱I→触点臂→触点B→铜环→搭铁→蓄电池负极，电动机仍以低速运转直至涡轮旋转到图6-3（a）所示的特定位置时，电路中断。由于电枢的运动惯性，电动机不能立即停止转动，此时电动机以发电机方式运行，其电路为：电刷B_3→触点臂→触点A→铜环→触点B→触点臂→接线柱I→接触片→接线柱Ⅱ→电刷B_1→电枢绕组，形成回路。电枢绕组所产生的反电动势的方向与外加电压的方向相反，产生制动扭矩，电机迅速停止转动，使刮水片复位到风窗玻璃的下部。

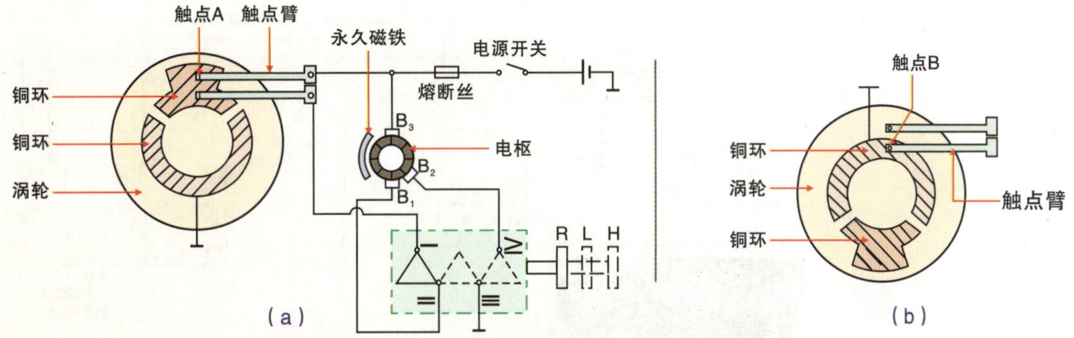

图6-3 刮水器自动复位装置结构

4. 刮水器间歇控制

当汽车在毛毛细雨或浓雾天气行驶时，由于风窗玻璃表面形成的是不连续水滴，如果刮水片仍按一定的速度连续刮拭，微量的水分和灰尘就会形成发黏的表面，使玻璃模糊不清，影响驾驶员的视线。为此，现代汽车刮水器都装有间歇控制系统，使刮水器能按一定的周期停止和刮水，以使驾驶员获得更好的视线。

电动刮水器的电子间歇控制按其间歇时间能否调节可分为可调式和不可调式。下面以同步振荡电路控制的间歇刮水器为例介绍其工作过程：

电路如图6-4所示。当刮水器开关置“0”挡，且间歇开关闭合时，电流由蓄电池“+”→点火开关→熔断丝→复位开关常闭触点→电阻R_6→电容C→搭铁→蓄电池“-”形成充电回路，使电容C两端电压上升，达一定值时，T_1导通，T_2随之导通。继电器J中有电流通过，回路为：蓄电池“+”→点火开关→熔断丝→R_4→T_2→J→间歇开关→搭铁→蓄电池“-”；继电器磁化线圈通电使其常闭触点断开（实线位置），常开触点闭合（虚线位置）刮水电机电路被接通，回路为：蓄电池“+”→点火开关→熔断丝→公共电刷B_3→电枢绕组→低速电刷B_1→刮水开关“0”位→继电器常开触点→搭铁→蓄电池“-”形成供电回路，使刮水电机低速工作。当复位开关常闭触点被复位装置顶开至常开位置时，电容C→二极管D→复位开关常开位置→搭铁，电容快速放电。一段时间后，T_1截止，T_2截止，继电器断电，其触点复位，但这时电机仍运转，回路为：蓄电池“+”→点火开关→熔断丝→公共电刷B_3→电枢→低速电刷B_1→刮水开关“0”位→继电器常闭触点→复位开关常开触点→搭铁→蓄电池“-”，只有当复位开关常开触点被复位装置顶回至常闭位置时电机才停止。电容C再次充电，如此周而复始。

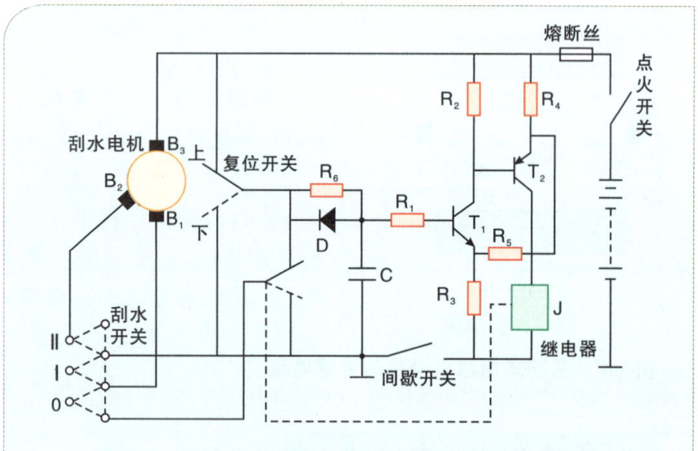

图6-4 同步振荡电路控制的间歇刮水器控制电路

5. 电动刮水器电路分析

以丰田卡罗拉电动刮水器电路为例做分析，如图6-5所示。当点火开关处于IG1时，电源通过挡风玻璃刮水器开关，控制前雨刮器电机及洗涤电机的动作。组合开关HI为高速挡，LO为低速挡，INT为间歇挡，OFF关闭，MIST为喷洗挡。

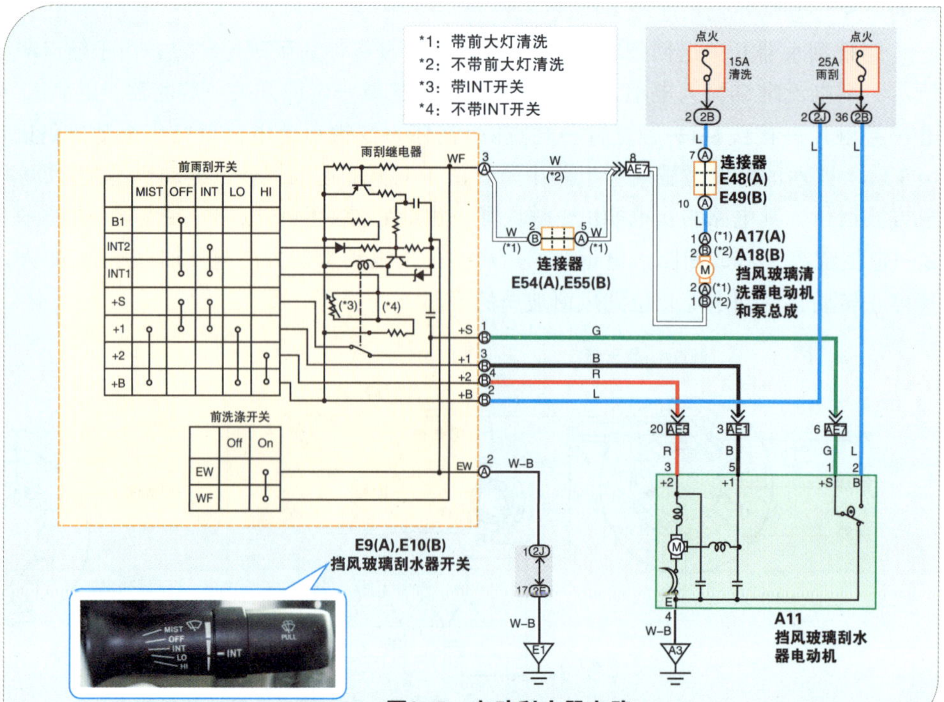

图6-5 电动刮水器电路

当挡风玻璃刮水器开关打在HI挡时

前雨刮开关的+B端子和+2端子导通，经点火开关后的蓄电池电压→25A 雨刮熔丝→挡风玻璃刮水器开关B2端子→前雨刮开关→挡风玻璃刮水器开关B4端子→挡风玻璃刮水器电机3号端子→刮水器电机→挡风玻璃刮水器电机4号端子→A3搭铁→蓄电池负极。此时雨刮电机高速运转。

当挡风玻璃刮水器开关打在LO挡时

前雨刮开关的+B端子和+1端子导通，经点火开关后的蓄电池电压→25A 雨刮熔丝→挡风玻璃刮水器开关B2端子→前雨刮开关→挡风玻璃刮水器开关B3端子→挡风玻璃刮水器电机5号端子→刮水器电机→挡风玻璃刮水器电机4号端子→A3搭铁→蓄电池负极。此时雨刮电机低速运转。

当挡风玻璃刮水器开关打在INT挡时

前雨刮开关的+S端子和+1端子导通，INT1端子和INT2端子导通，雨刮继电器内部线圈得电，其常开触点闭合，常闭触点断开，蓄电池电压→25A 雨刮熔丝→挡风玻璃刮水器开关B2端子→雨刮继电器常开触点→前雨刮开关+S→前雨刮开关+1→挡风玻璃刮水器开关B3端子→挡风玻璃刮水器电机5端子→刮水器电机→挡风玻璃刮水器电机4端子→A3搭铁→蓄电池负极。此时雨刮电机低速运转。几秒钟后，雨刮继电器线圈失电，其常开触点断开，常闭触点闭合，雨刮电机停止运行，等待下一个循环的开始。

当雨刮电机未停在停止位置时，电机凸轮盘开关动作，挡风玻璃刮水器电机2号端子与1号端子导通，此时，蓄电池电压→25A 雨刮熔丝→挡风玻璃刮水器2号端子→电机内部凸轮盘开关→挡风玻璃刮水器1号端子→挡风玻璃刮水器开关B1端子→雨刮继电器常闭触点→前雨刮开关+S→前雨刮开关+1→挡风玻璃刮水器开关B3端子→挡风玻璃刮水器电机5号端子→刮水器电机→挡风玻璃刮水器电机4号端子→A3搭铁→蓄电池负极。此时雨刮电机低速运转到停止位置后，电机凸轮盘开关动作，前雨刮电机2号端子与1号端子断开，电机停止。等待间隙启动下一个循环的开始。

当挡风玻璃刮水器开关打在MIST挡时

前雨刮开关的+B端子和+1端子导通，经点火开关后的蓄电池电压→25A 雨刮熔丝→挡风玻璃刮水器开关B2端子→挡风玻璃刮水器开关→挡风玻璃刮水器B3端子→挡风玻璃刮水器5号端子→刮水器电机→挡风玻璃刮水器4号端子→A3搭铁→蓄电池负极。此时雨刮电机低速运转。

当前洗涤开关在ON挡时，接通洗涤电机电路，此时洗涤电机得电运转。

二、风窗洗涤器组成与工作原理

1. 风窗洗涤器的组成

风窗洗涤器的作用是向风窗玻璃表面喷洒专用清洗液或水，在刮水片配合下，保持风窗表面洁净。

风窗洗涤器的结构如图6-6所示，主要由储液箱、洗涤泵、软管与喷嘴等组成。

储液箱由塑料制成，内装有用水、酒精或洗涤剂等配制的清洗液。洗涤泵俗称喷水电动机，由直流电动机和离心泵组成，其作用是将清洗液加压，通过软管和喷嘴喷洒到挡风玻璃表面。

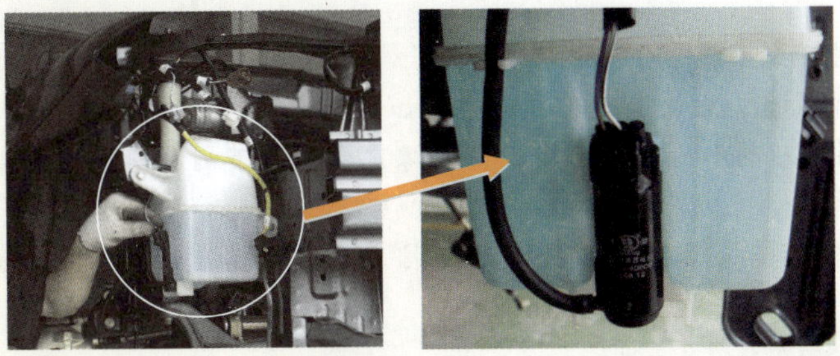

实物图

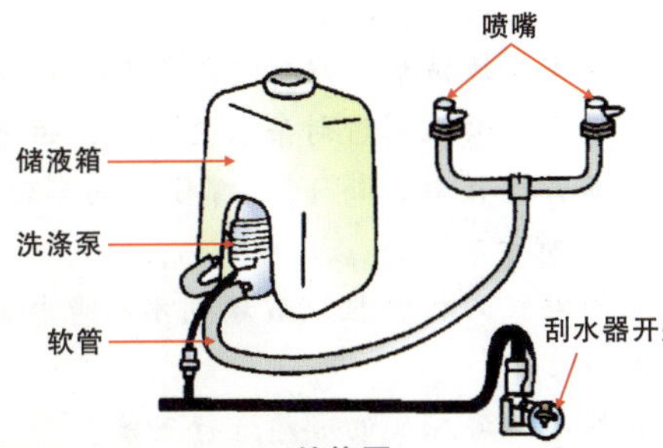

结构图

图6-6 风窗洗涤器结构

2. 风窗洗涤器的工作原理

风窗洗涤器与刮水器配合工作，二者采用同一控制电路，参看图6-5。

当前洗涤开关在ON挡时，挡风玻璃刮水器开关的A3端子与A2端子导通，经点火开关后的蓄电池电压→10A清洗熔丝→挡风玻璃清洗器电动机和泵总成→挡风玻璃刮水器开关的A3端子→前洗涤开关→挡风玻璃刮水器开关的A2端子→E1搭铁→蓄电池负极。此时洗涤电机得电运转，位于发动机盖下的两个喷嘴向风窗玻璃喷射清洗液。当驾驶员松开控制手柄时，开关将自动复位回到OFF挡，挡风玻璃刮水器开关的A3端子与A2端子断开，切断洗涤泵的控制电路，洗涤电机停止运转，喷嘴停止喷射清洗液。

三、除霜装置结构与工作原理

在有雨、雪天气，由于气温较低，风窗玻璃上易结霜，再因车厢内外温差较大，车厢内的水蒸气也易凝结于风窗玻璃上而结霜，霜层严重会影响驾驶员视线，因此汽车上安装有除霜装置。

汽车前挡风玻璃上的霜层通常是利用空调系统中产生的暖气，达到清除结霜的目的，后挡风玻璃多使用除霜热线。

自动控制除霜装置由开关、传感器、控制器、电热丝、连接线路组成。传感器安装在后风窗玻璃上，采用热敏电阻，结霜越厚，阻值越小。电热丝采用正温度系数的细小镍铬丝，自身具有一定电流调节功能。后风窗玻璃除霜装置电路如图6-7所示。

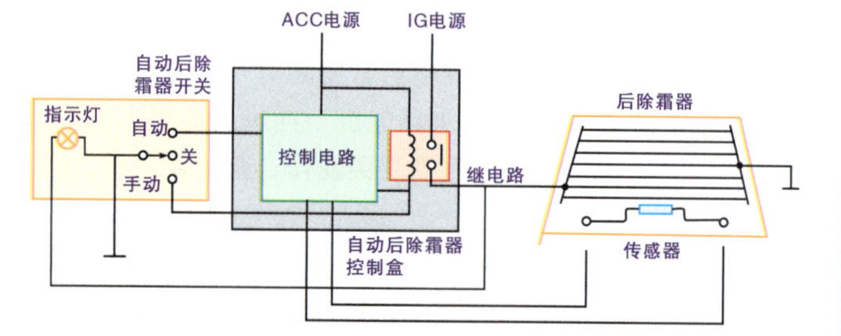

图6-7　风窗玻璃除霜装置电路

工作过程如下：

①除霜开关置“关”位置时，控制电路及指示灯电路被断开，除霜装置及指示灯均不工作。

②除霜开关置“手动”位置时，继电器线圈可经手动开关直接搭铁，继电器触点闭合，使除霜电路及指示灯接通，除霜装置及指示灯均工作。

③除霜开关置“自动”位置时，若结霜达到一定厚度，传感器电阻值急剧减小到某一设定值，控制电路使继电器线圈通电，继电器触点闭合。由点火开关IG接线柱向电阻丝供电，同时点亮仪表板上的指示灯，表示除霜装置正在工作。当玻璃上结霜减少到某一程度后，传感器电阻值增大，控制电路切断继电器线圈回路，触点断开，电阻丝断电，除霜装置停止工作，同时指示灯灭。

四、刮水器电机与雨刮片的更换

1. 刮水器电机的拆装 （以丰田轿车为例）

①拆下挡风玻璃刮水器臂罩，拆下前右挡风玻璃刮水器臂，如图6-8所示。

②拆下发动机罩密封条上的罩板，拆下发动机罩左、右侧通风孔百叶窗，如图6-9所示。

③断开连接器，拆下2个螺栓，向车辆乘客侧滑动刮水器连接总成，松开橡皮销，拆下刮水器连接总成，如图6-10所示。

④用螺丝刀松开挡风玻璃刮水器电机总成曲轴臂转轴上的2个销子，拆下挡风玻璃刮水器电机总成，如图6-11所示。

⑤按与拆卸相反的顺序进行安装。

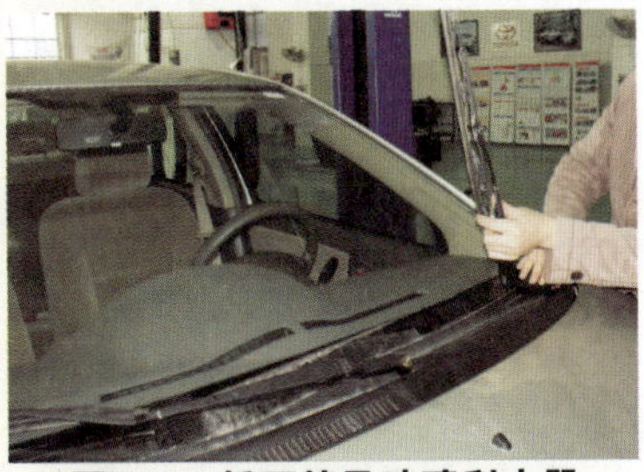

图6-8 拆下挡风玻璃刮水器

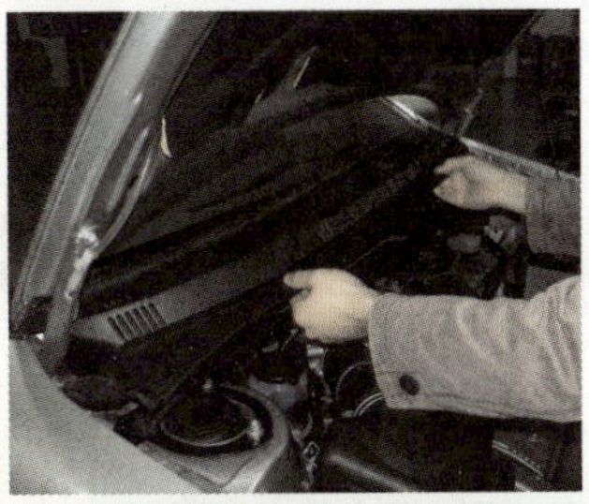

图6-9 拆下发动机罩板和通风孔百叶窗

图6-10 拆下刮水器连接总成

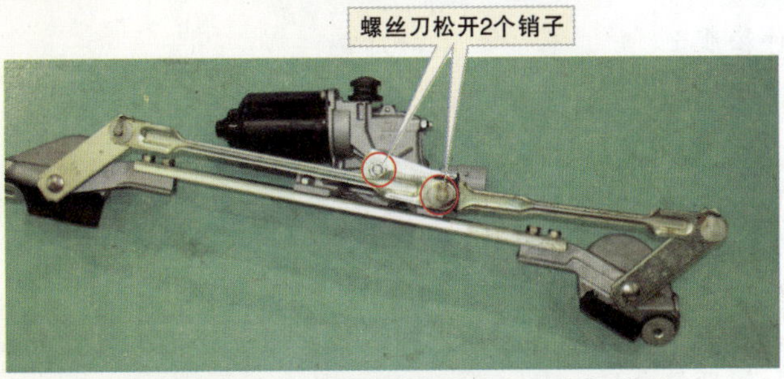

图6-11 拆下挡风玻璃刮水器电机总成

2. 刮水器橡胶条的拆装（以丰田轿车为例）

①从前左刮水器臂上拆下左侧刮水片。

②从前左刮水片上拆下左前刮水器橡胶条。

③把2个支撑板装到左前刮水器橡胶条上，安装左侧刮水器橡胶条，使橡胶条的头部（长的一边）朝向轴的一面，如图6-12所示。

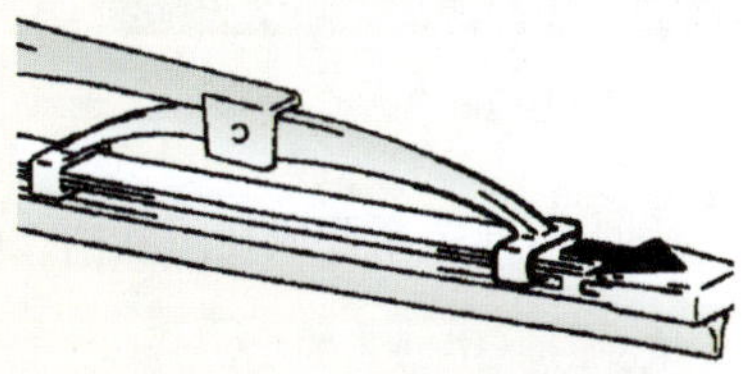

图6-12 拆装刮水器橡胶条

注意：

- 把刮水片压进橡胶条的凹槽里使之结合牢固。
- 在放回驾驶员侧的刮水器臂之前，先把乘客侧的刮水器臂放回去。

五、电动刮水器故障检修

刮水器常见的故障有：刮水器不工作、个别挡位不工作、无法自动停位等。

1. 刮水器不工作

故障现象：

接通点火开关后，刮水器开关置于各挡位，刮水器均不工作。

故障原因：

①熔断器断路。

②刮水电动机或开关有故障。

③机械传动部分锈蚀或与电动机脱开。

④连接线路断路或插接件松脱。

诊断与排除：

可参照下列步骤进行诊断检查并视情况维修：

首先检查熔断器，应无断路，线路应无松脱。

然后检查刮水器电动机及开关的电源线和搭铁线，应接触良好，没有断路。

再检查开关各个接线柱在相应挡位能否正常接通。

最后检查电动机和机械连接情况。

2. 个别挡位不工作

故障现象：

接通点火开关后，刮水器个别挡位（低速、高速或间歇挡）不工作。

故障原因：

①刮水电动机或开关有故障。
②间歇继电器有故障。
③连接线路断路或插接件松脱。

诊断与排除：

如果刮水器是高速挡或低速挡不工作，可参照下列步骤进行诊断检查并视情况维修：
①首先检查对应故障挡位的线路是否正常。
②检查开关接线柱在相应挡位能否正常接通。
③最后检查电动机电刷是否个别接触不良。如果刮水器在间歇挡不工作，应按顺序检查间歇开关（或刮水器开关的间歇挡）、线路和间歇继电器。

3. 不能自动停位

故障现象：

刮水器开关断开或在间歇挡工作时，刮水器不能自动停止在设定的位置。

故障原因：

①刮水电动机自动停位机构损坏。
②刮水器开关损坏。
③刮水臂调整不当。
④线路连接错误。

诊断与排除：

可参照下列步骤进行诊断检查并视情维修：
①首先检查刮水臂的安装及刮水器开关线路连接是否正确。
②再检查刮水器开关在相应挡位的接线柱能否正常接通。
③最后检查电动机自动停位机构触点能否正常闭合和接触良好。

六、风窗洗涤器检修

风窗洗涤器的故障大都是因输液系统而引起，因此应首先拆下泵体上的水管然后使洗涤泵工作。如果洗涤泵能够喷出清洗液，则故障在输液系统。否则，按照下列步骤查找故障。

①目测储液罐内的液体存储量，检查熔断器和线路连接是否良好。

②打开洗涤器开关，同时观察电动机。如果洗涤泵工作但不喷液，检查泵内有无堵塞，去除泵体内的任何异物；如果没有堵塞，需更换洗涤泵。

③如果洗涤泵不运转，用电压表或试灯检查开关闭合时洗涤泵电动机上有无电压。若有电压，用欧姆表检查搭铁回路，若搭铁回路良好，需更换洗涤泵。

④在上一步中，若电动机无电压，需沿线路向开关查找，检测开关工作是否正常。如果开关有电压输入，但无信号输出，需更换开关。

七、除霜装置检修

除霜装置的常见故障是不工作。

故障原因：

①熔断器或控制线路断路。
②加热丝或开关损坏。

诊断与排除：

首先检查熔断器是否正常，然后将开关接通后检查加热丝电源测电压是否正常。

如果电压为0或低于电源电压，应检查开关和电源线路，否则检查电热丝是否断路；若电热丝断路，可用润滑脂清理加热丝，并用蜡和硅脱膜剂清理加热丝断头，再用专用修理剂进行修补，将断点处连接起来，保持适当时间后即可使用。

八、汽车刮水器不工作故障维修实际操作

※ 在掌握了电动刮水器的维修知识后，现在我们一起来维修前面遇到的刮水器不工作故障。

故障原因：

熔丝熔断、导线接触不良或折断、延时继电器损坏、电动机损坏或传动机构损坏。

维修过程如下：

①检查熔丝。熔丝若熔断，更换同规格熔丝；若换新熔丝后又立即熔断，则说明熔丝后线路搭铁。

↓

②检查线路。检查各接线柱是否接触良好，逐段检查导线是否折断，紧固接线柱，排除断线。

↓

③接通开关，检查开关两端电压。若输出端无电压，则开关有故障；接通开关间歇刮水挡，延时继电器应动作，否则，延时继电器有故障。

↓

④检查刮水电机。接通开关，用手触摸电动机，若电动机发热或微微振动或有“嗡嗡”声，则可能是传动机构卡死或损坏；否则，电动机有故障，应拆修或更换。

↓

⑤经前面几步的检查，发现是电动机损坏，更换电动机后，故障排除。

在本情境的学习中，将介绍电动后视镜的组成及工作原理、电动后视镜故障的检修方法。

情境二：电动后视镜

一、电动后视镜组成与工作原理

1. 电动后视镜的组成

后视镜用来反映车辆后方、侧方和下方的情况，使驾驶员的视界更广。后视镜分外后视镜和内后视镜，这里指外后视镜。

电动后视镜由直流电动机、连接机构等组成，实物及安装位置如图6-13所示。

在左右两个后视镜的背后各装有两套永磁电动机驱动系统，其中一套电动机控制后视镜的上下运动；另一套电动机控制后视镜的左右运动。后视镜的运动方向受开关控制，开关位于不同的位置，流经电动机的电流方向就不同，电动机的转动方向就不同。

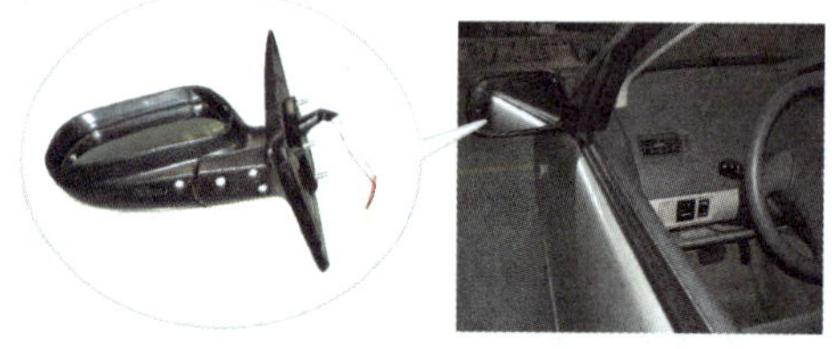

图6-13　电动后视镜实物及安装位置

2. 电动后视镜的工作原理

图6-14所示为卡罗拉电动后视镜电路，当点火开关处于ACC挡时，蓄电池电压通过一系列熔丝供电给电动后视镜电路，操作外后视镜开关的上/下、左/右键，控制后视镜电机作相应动作，从而带动车外后视镜上/下或左/右运动。

左、右后视镜的动作基本相同，下面以左后视镜的运动为例做分析：

车外后视镜开关中的选择开关选择“L”进行下列操作。

左后视镜向上运动

当按下车外后视镜开关的操纵开关“上”键时，车外后视镜开关端子8-4接通，6-7接通，电流方向为：经过熔丝后的蓄电池电压→车外后视镜开关端子8→车外后视镜开关端子4→左外后视镜电机端子5→左外后视镜电机端子4→车外后视镜开关端子6→车外后视镜开关端子7→E1搭铁→蓄电池负极，左外后视镜向上运动。

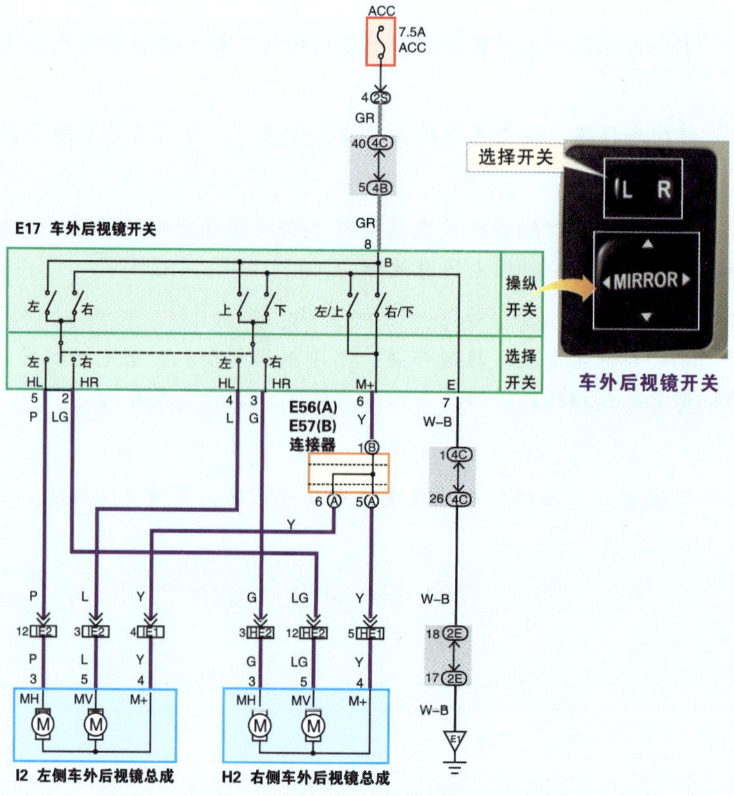

图6-14　卡罗拉电动后视镜电路

左后视镜向下运动

当按下外后视镜开关的操纵开关“下”键时，车外后视镜开关端子8-6接通，4-7接通，电流方向：经过熔丝后的蓄电池电压→车外后视镜开关端子8→车外后视镜开关端子6→左外后视镜电机端子4→左外后视镜电机端子5→车外后视镜开关端子4→车外后视镜开关端子7→E1搭铁→蓄电池负极，左外后视镜向下运动。

左后视镜向左运动

当按下外后视镜开关的操纵开关“左”键时，车外后视镜开关端子8-5接通，6-7接通，电流方向：经过熔丝后的蓄电池电压→车外后视镜开关端子8→车外后视镜开关端子5→左外后视镜电机端子3→左外后视镜电机端子4→车外后视镜开关端子6→车外后视镜开关端子7→E1搭铁→蓄电池负极，左外后视镜向左运动。

左后视镜向右运动

当按下外后视镜开关的操纵开关“右”键时，车外后视镜开关端子8-6接通，5-7接通，电流方向：经过熔丝后的蓄电池电压→车外后视镜开关端子8→车外后视镜开关端子6→左外后视镜电机端子4→左外后视镜电机端子3→车外后视镜开关端子5→车外后视镜开关端子7→E1搭铁→蓄电池负极，左外后视镜向右运动。

二、电动后视镜故障检修

电动后视镜常见的故障有：电动后视镜都不工作、电动后视镜部分功能不正常。

1. 电动后视镜都不工作

故障原因：

一般是由保险丝熔断、电源线路或搭铁线路断路引起，也可能是控制开关有故障。

维修思路：

①先检查保险丝是否正常。
②然后检查控制开关线头有无脱落、松动、电源线路或搭铁线路是否正常。
③最后检查控制开关各接点通断情况。

2. 电动后视镜部分功能不正常

故障原因：

线路断路引起，也可能是控制开关或电动机有故障。

维修思路：

①先检查线路的连接情况。
②再检查开关。
③最后检查电动机。

一辆宝来1.8L轿车电动座椅有时不能调节，座椅记忆有时紊乱。要维修该故障，我们需熟悉电动座椅的组成及工作原理，掌握电动座椅故障的检修方法。

情境三：电动座椅

一、电动座椅组成

为了提高汽车乘坐的舒适性，减少驾驶或长时间乘车的疲劳，现代轿车都安装有电动座椅调整装置。

电动座椅由座椅开关、电动机、传动装置等组成；一般电动座椅使用三个电动机实现座椅六个不同方向的调节，即：前、后、上、下、前倾、后倾（如图6-15所示）。现代轿车调节功能增多，出现了可对座椅前、后滑动调节，座椅垂直调节，后垂直调节，靠背调节，腰部支撑调节，头枕调节等功能，调节装置及其在座椅上的布置如图6-16所示。

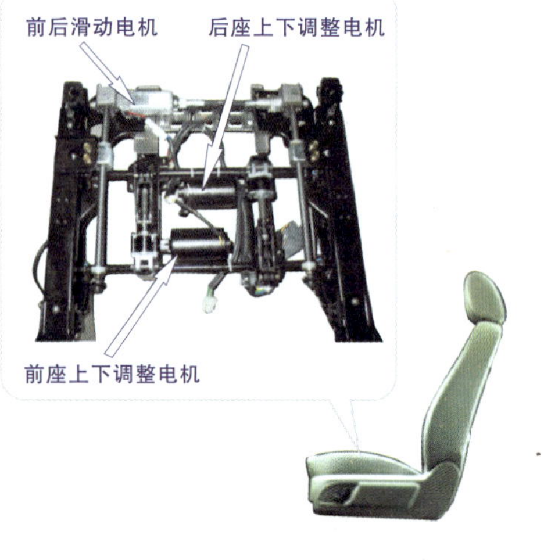

图6-15 六方向调节的电动座椅

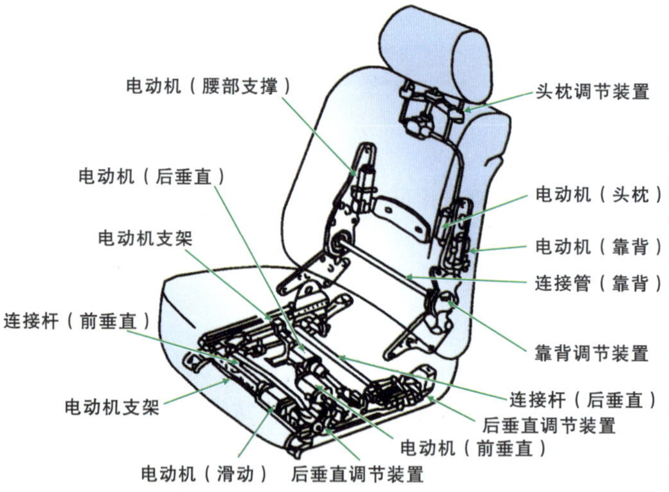

图6-16 电动座椅的调节装置及其在座椅上的布置

二、电动座椅工作原理

1. 基本工作原理

图6-17所示为丰田凯美瑞驾驶员座椅的调节电路。凯美瑞驾驶员座椅带有8向电动调节功能，并且带有两向电动调节的腰部支撑，其工作原理如下：

驾驶员座椅前后的滑动

按下座椅向前滑动键时，驾驶员座椅调节开关U7的1-9脚接通、6-4接通，蓄电池电压→30A 乘客座椅熔丝→驾驶员座椅调节开关1脚→驾驶员座椅调节开关9脚→座椅前后滑动电机→驾驶员座椅调节开关6脚→驾驶员座

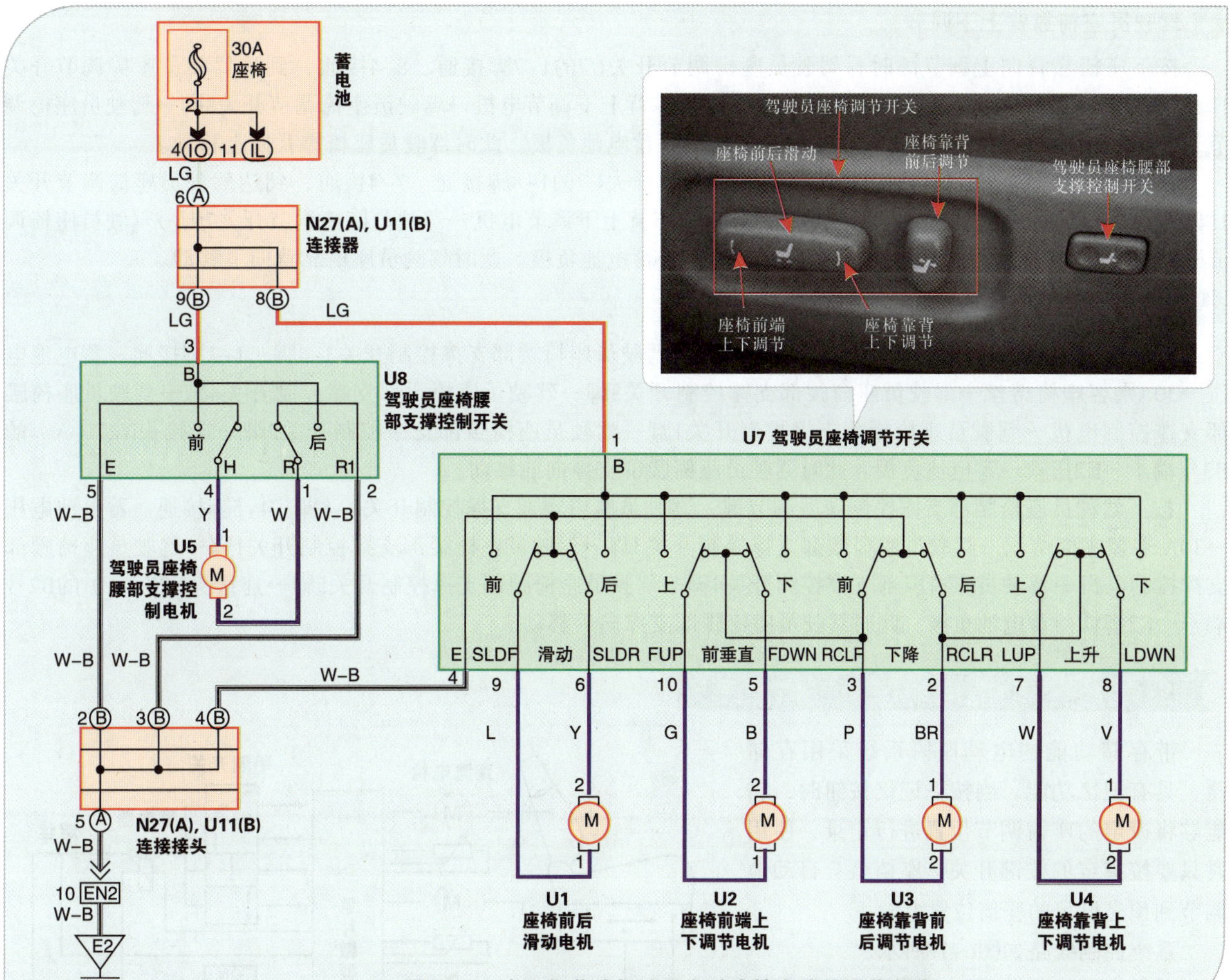

图6-17 丰田凯美瑞驾驶员电动座椅电路的调节电路

椅调节开关4脚→连接头N27（A）的B4号端子→E2搭铁→蓄电池负极。此时驾驶员座椅向前滑动。

按下座椅向后滑动键时，驾驶员座椅调节开关U7的1-6脚接通、9-4接通，到达驾驶员座椅调节开关1脚的蓄电池电压→驾驶员座椅调节开关6脚→座椅前后滑动电机→驾驶员座椅调节开关9脚→驾驶员座椅调节开关4脚→连接头N27（A）的B4号端子→E2搭铁→蓄电池负极。此时驾驶员座椅向后滑动。

驾驶员座椅前端上下调节

按下座椅前端向上调节键时，驾驶员座椅调节开关U7的1-10脚接通、5-4接通，到达驾驶员座椅调节开关1脚的蓄电池电压→驾驶员座椅调节开关10脚→座椅前端上下调节电机→驾驶员座椅调节开关5脚→驾驶员座椅调节开关4脚→连接头N27（A）的B4号端子→E2搭铁→蓄电池负极。此时驾驶员座椅前端向上移动。

按下座椅前端向下调节键时，驾驶员座椅调节开关U7的1-5脚接通、10-4接通，到达驾驶员座椅调节开关1脚的蓄电池电压→驾驶员座椅调节开关5脚→座椅前端上下调节电机→驾驶员座椅调节开关10脚→驾驶员座椅调节开关4脚→连接头N27（A）的B4号端子→E2搭铁→蓄电池负极。此时驾驶员座椅前端向下移动。

驾驶员座椅靠背前后调节

按下座椅靠背向前调节键时，驾驶员座椅调节开关U7的1-3脚接通、2-4接通，到达驾驶员座椅调节开关1脚的蓄电池电压→驾驶员座椅调节开关3脚→座椅靠背前后调节电机→驾驶员座椅调节开关2脚→驾驶员座椅调节开关4脚→连接头N27（A）的B4号端子→E2搭铁→蓄电池负极。此时驾驶员座椅靠背向前移动。

按下座椅靠背向后调节键时，驾驶员座椅调节开关U7的1-2脚接通、3-4接通，到达驾驶员座椅调节开关1脚的蓄电池电压→驾驶员座椅调节开关2脚→座椅靠背前后调节电机→驾驶员座椅调节开关3脚→驾驶员座椅调节开关4脚→连接头N27（A）的B4号端子→E2搭铁→蓄电池负极。此时驾驶员座椅靠背向后移动。

驾驶员座椅靠背上下调节

按下座椅靠背向上调节键时，驾驶员座椅调节开关U7的1-7脚接通、8-4接通，到达驾驶员座椅调节开关1脚的蓄电池电压→驾驶员座椅调节开关7脚→座椅靠背上下调节电机→驾驶员座椅调节开关8脚→驾驶员座椅调节开关4脚→连接头N27（A）的B4号端子→E2搭铁→蓄电池负极。此时驾驶员座椅靠背向上移动。

按下座椅靠背向下调节键时，驾驶员座椅调节开关U7的1-8脚接通、7-4接通，到达驾驶员座椅调节开关1脚的蓄电池电压→驾驶员座椅调节开关8脚→座椅靠背上下调节电机→驾驶员座椅调节开关7脚→驾驶员座椅调节开关4脚→连接头N27（A）的B4号端子→E2搭铁→蓄电池负极。此时驾驶员座椅靠背向下移动。

驾驶员座椅腰部支撑控制

按下驾驶员座椅腰部支撑控制向前调节键时，驾驶员座椅腰部支撑控制开关3-4脚、1-2脚接通。蓄电池电压→30A乘客座椅熔丝→驾驶员座椅腰部支撑控制开关3脚→驾驶员座椅腰部支撑控制开关4脚→驾驶员座椅腰部支撑控制电机→驾驶员座椅腰部支撑控制开关1脚→驾驶员座椅腰部支撑控制开关2脚→连接头N27（A）的B3号端子→E2搭铁→蓄电池负极。此时驾驶员座椅腰部支撑向前移动。

按下驾驶员座椅腰部支撑控制向后调节键，驾驶员座椅腰部支撑控制开关3-1脚、4-5脚接通。蓄电池电压→30A 乘客座椅熔丝→驾驶员座椅腰部支撑控制开关3脚→驾驶员座椅腰部支撑控制开关1脚→驾驶员座椅腰部支撑控制电机→驾驶员座椅腰部支撑控制开关4脚→驾驶员座椅腰部支撑控制开关5脚→连接头N27（A）的B2号端子→E2搭铁→蓄电池负极。此时驾驶员座椅腰部支撑向后移动。

2. 带储存功能电动座椅工作原理

带存储功能的电动座椅系统采用存储器，具有记忆功能。当按下记忆按钮时，它能够将设定的座椅调节位置进行记录，使用时只要按指定的按键开关，座椅就会自动地调节到预先设定的座椅位置上。

系统控制线路如图6-18所示。

系统主要由传感器、电控部分和执行器等组成，四个位置传感器用来检测座椅的设定位置。当座椅位置设定后，驾驶员按下存储器的按钮，单片微型计算机就把这些电压信号记忆在存储器中，作为重新调整位置时的基准。使用时，只要一按按钮，就能按存储的座椅位置的要求调整座椅位置。

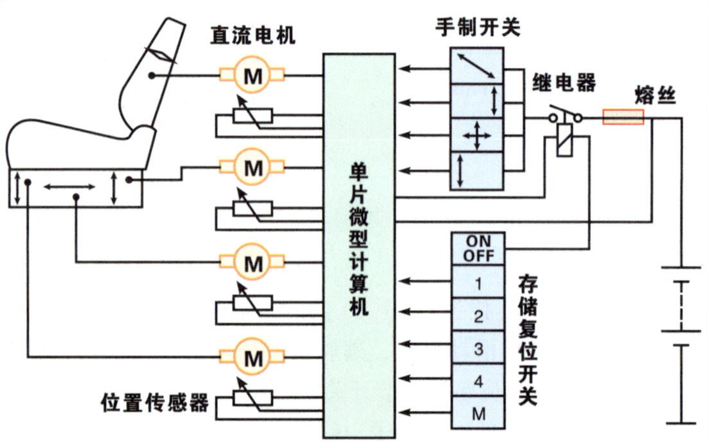

图6-18　带记忆功能电动座椅系统控制线路

三、电动座椅故障检修

电动座椅最常见的故障是：座椅不能前后运动，不能上升、下降，背部支撑不动作等。下面以凯美瑞电动座椅电路为例，对电动座椅故障进行检修。

1. 驾驶员座椅不动作

故障原因：

①座椅保险丝熔断。
②搭铁点松落。
③线束断路。

维修思路：

①检查控制电路的供电

用万用表测量连接器N27 A6端子（正极）与车身接地点（负极）的电压，正常值应为12V（蓄电池电压），否则应检查蓄电池电压、30A座椅保险丝以及蓄电池至保险丝间线束是否断路。

②检查控制电路的搭铁

用电阻表检查N27 A5端子与搭铁点“E2”间是否导通，正常情况应导通，否则检查N27连接器及搭铁点“E2”的连接是否牢固。

③检查连接器

用电阻表检查连接器N27 A6端子与B8、B9之间是否导通，正常情况时应导通，否则应更换连接器N27。

2. 电动座椅不能向前或向后移动

故障原因：

①驾驶员座椅开关损坏。
②滑动电机损坏。
③线束断路等。

维修思路：

①检查驾驶员座椅开关

用试灯或发光二极管测试驾驶员座椅开关端子“9”至车身的接地情况，且按住驾驶员座椅向前开关，试灯应点亮，否则表明驾驶员座椅向前开关损坏，应更换；然后，用试灯检查驾驶员座椅开关端子“6”至车身的接地情况，且按住驾驶员座椅向后开关，试灯应点亮，否则表明驾驶员座椅向后开关损坏，应更换。

②检查接连线束

用万用表检查驾驶员座椅调节开关“9”至座椅滑动电动机“1”、驾驶员座椅调节开关“6”至座椅滑动电动机“2”间的线束导通情况，如不导通则说明线束断路或与端子连接不良，应检修或更换。

③检查滑动电机

用试灯检查滑动电机插件端子“1”至“2”，且分别按下座椅调节向前、向后开关，试灯应分别点亮，否则说明接插件接触不良或滑动电机损坏，应检修或更换。

3. 电动座椅不能升降

故障原因：

①驾驶员座椅开关损坏。
②升降电机损坏。
③线束断路等。

维修思路：

①检查驾驶员座椅开关

用试灯或发光二极管测试驾驶员座椅开关端子“10”至车身的接地情况，且按住驾驶员座椅上升开关，试灯应点亮，否则表明驾驶员座椅上升开关损坏，应更换；然后，用试灯检查驾驶员座椅开关端子“5”至车身的接地情况，且按住驾驶员座椅下降开关，试灯应点亮，否则表明驾驶员座椅下降开关损坏，应更换。

②检查接连线束

用万用表检查驾驶员座椅调节开关“10”至座椅升降电动机“1”、驾驶员座椅调节开关“5”至座椅升降电动机“2”间的线束导通情况，如不导通则说明线束断路或与端子连接不良，应检修或更换。

③检查前升降电机

用试灯检查升降电机接插件端子“1”“2”，且分别按下座椅调节向下、向上开关，应分别点亮，否则表明接插件接触不良或前升降电机损坏，应检修或更换。

4. 电动座椅靠背不能前后调节

故障原因：

①驾驶员座椅开关损坏。

②靠背前后电机损坏。

③线束断路等。

维修思路：

①检查驾驶员座椅开关

用试灯或发光二极管测试驾驶员座椅开关端子“3”至车身的接地情况，且按住驾驶员座椅靠背向前开关，试灯应点亮，否则表明驾驶员座椅靠背向前调节开关损坏，应更换；然后，用试灯检查驾驶员座椅开关端子“2”至车身的接地情况，且按住驾驶员座椅靠背向后开关，试灯应点亮，否则表明驾驶员座椅靠背向后调节开关损坏，应更换。

②检查接连线束

用万用表检查驾驶员座椅调节开关“3”至座椅靠背前后调节电动机“2”、驾驶员座椅调节开关“2”至座椅靠背前后调节电动机“1”间的线束导通情况，如不导通则说明线束断路或与端子连接不良，应检修或更换。

③检查靠背前后电机

用试灯检查靠背前后电机接插件端子“1”“2”，且分别按下座椅调节向后、向前开关，应分别点亮，否则表明接插件接触不良或靠背前后电机损坏，应检修或更换。

5. 电动座椅靠背不能上下调节

故障原因：

①驾驶员座椅开关损坏。

②靠背上下电机损坏。

③线束断路等。

维修思路：

①检查驾驶员座椅开关

用试灯或发光二极管测试驾驶员座椅开关端子“7”至车身的接地情况，且按住驾驶员座椅靠背向上开关，试灯应点亮，否则表明驾驶员座椅靠背向上调节开关损坏，应更换；然后，用试灯检查驾驶员座椅开关端子“8”至车身的接地情况，且按住驾驶员座椅靠背向下开关，试灯应点亮，否则表明驾驶员座椅靠背向下调节开关损坏，应更换。

②检查接连线束

用万用表检查驾驶员座椅调节开关“7”至座椅靠背调节电动机“2”、驾驶员座椅调节开关“8”至座椅靠背上下调节电动机“1”间的线束导通情况，如不导通则说明线束断路或与端子连接不良，应检修或更换。

③检查靠背上下电机

用试灯检查靠背前后电机接插件端子“1”“2”，且分别按下座椅调节向上、向下前开关，应分别点亮，否则表明接插件接触不良或前靠背上下电机损坏，应检修或更换。

6. 电动座椅腰部支撑不能调节

故障原因：

①驾驶员座椅腰部支撑控制开关损坏。

②驾驶员座椅腰部支撑电动机损坏。

③线束断路等。

维修思路：

①检查驾驶员座椅腰部支撑控制开关

用试灯或发光二极管测试驾驶员座椅腰部支撑控制开关端子“4”至车身的接地情况，且按住驾驶员座椅腰部支撑向前开关，试灯应点亮，否则表明驾驶员座椅腰部支撑向前开关损坏，应更换；然后，用试灯检查座椅腰部支撑控制开关端子“1”至车身的接地情况，且按住驾驶员座椅腰部支撑向后开关，试灯应点亮，否则表明驾驶员座椅腰部支撑向后开关损坏，应更换。

②检查接连线束

用万用表检查驾驶员座椅腰部支撑控制开关“1”至座椅腰部支撑调节电动机“2”、驾驶员座椅腰部支撑控制开关“4”至座椅靠背调节电动机“1”间的线束导通情况，如不导通则说明线束断路或与端子连接不良，应检修或更换。

③检查驾驶员座椅腰部支撑电动机

用试灯检查驾驶员座椅腰部支撑电动机接插件端子“1”“2”，且分别按下座椅腰部支撑向前、向后开关，应分别点亮，否则表明接插件接触不良或驾驶员座椅腰部支撑电动机损坏，应检修或更换。

四、汽车电动座椅不能调整故障维修实际操作

※在掌握了汽车电动座椅的维修知识后，现在我们一起来解决宝来1.8L轿车电动座椅有时不能调节，座椅记忆有时紊乱的故障。

维修过程如下：

①进入舒适系统地址码46，查询故障码为：“01173驾驶侧座椅前后高度调节电机/舒适系统数据总线故障”。

↓

②进入数据诊断接口地址码19，查询到了故障含义为数据总线单线模式的故障码。

↓

③连接故障诊断仪VAS5051观察舒适系统总线的波形，发现low线对地短路。由于数据诊断接口以星型方式与舒适系统控制单元、4车门控制模块及电动座椅控制单元连接，在将4个车门及电动座椅控制单元的插头断开后，测量总线波形仍是以high线单线运行的。

↓

④分别测量仪表后方的绿色插头中8、9号接脚（舒适总线到组合仪表）对地的电阻以及两线之间的电阻，未见异常。对仪表内的8号和9号接脚进行电阻测量，其阻值接近无穷大。

⑤数据诊断接口是网关服务器，它能将几种不同的总线系统信息进行转换，以实现不同系统间信息的交换。

⑥试更换组合仪表，故障现象消失且波形正常。测量损坏仪表的8、9脚对地电阻为无穷大，而正常阻值为2.6 kΩ左右。可见，此车的故障是由于仪表内Low线对地断路引起的。

⑦更换组合仪表（图6-19），对新仪表进行自适应后，故障排除。

图6-19　宝来轿车组合仪表

维修经验：

对于座椅有时无法调节，中央门锁有时失效的故障，原因多是数据诊断接口损坏，少量是舒适系统控制单元损坏。

一辆日产风度A32轿车电动车窗不工作，要求给予维修。要维修该故障，我们需熟悉电动车窗的组成及工作原理、了解车窗升降器总成的折装要点、掌握电动车窗故障的检修方法。

情境四：电动车窗与电动天窗

一、电动车窗组成与工作原理

1. 电动车窗的组成

电动车窗又称电动门窗，驾驶员或乘客在座位上操纵控制开关，利用电动机驱动玻璃升降器实现车窗玻璃的升降。电动车窗主要由玻璃升降器、直流电动机、开关（主控开关、分控开关）等组成。

（1）玻璃升降器

常用的玻璃升降器有齿扇式和钢丝滚筒式两种，如图6-20所示。

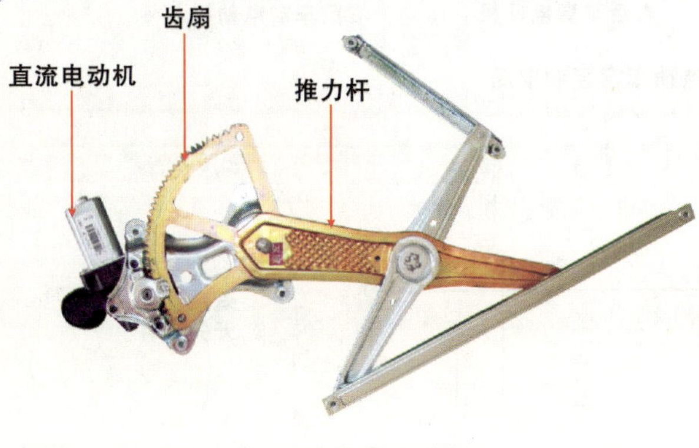

（a）齿扇式玻璃升降器

齿扇式玻璃升降器：是通过齿扇来实现换向作用。齿扇上安有螺旋弹簧，当车窗上升时，螺旋弹簧伸展，释放弹性能量，以减轻电动机负荷；当车窗下降时，螺旋弹簧收缩，吸收能量，从而使车窗无论是上升还是下降，电动机的负荷基本相同

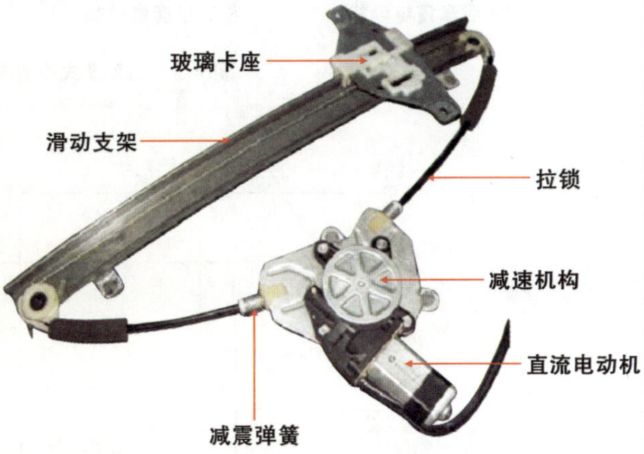

（b）钢丝滚筒式玻璃升降器

钢丝滚筒式玻璃升降器：在直流电动机前端安装有减速机构，其上安装一个绕有钢丝的滚筒，玻璃卡座固定在钢丝上且可在滑动支架上移动

图6-20 玻璃升降器

（2）直流电动机

车动车窗上采用的电动机有永磁式和双绕组串励式两种。

采用永磁式电动机时，电动机不直接搭铁，电动机的搭铁受开关控制，通过改变电动机的电流方向改变电动机的转向，从而实现车窗的升降，控制电路如图6-21所示。

采用双绕组串励式电动机时，电动机一端直接搭铁，电动机有两绕组，通过接通不同的磁场绕组，使电动机的转向不同，实现车窗的升降，控制电路如图6-22所示。

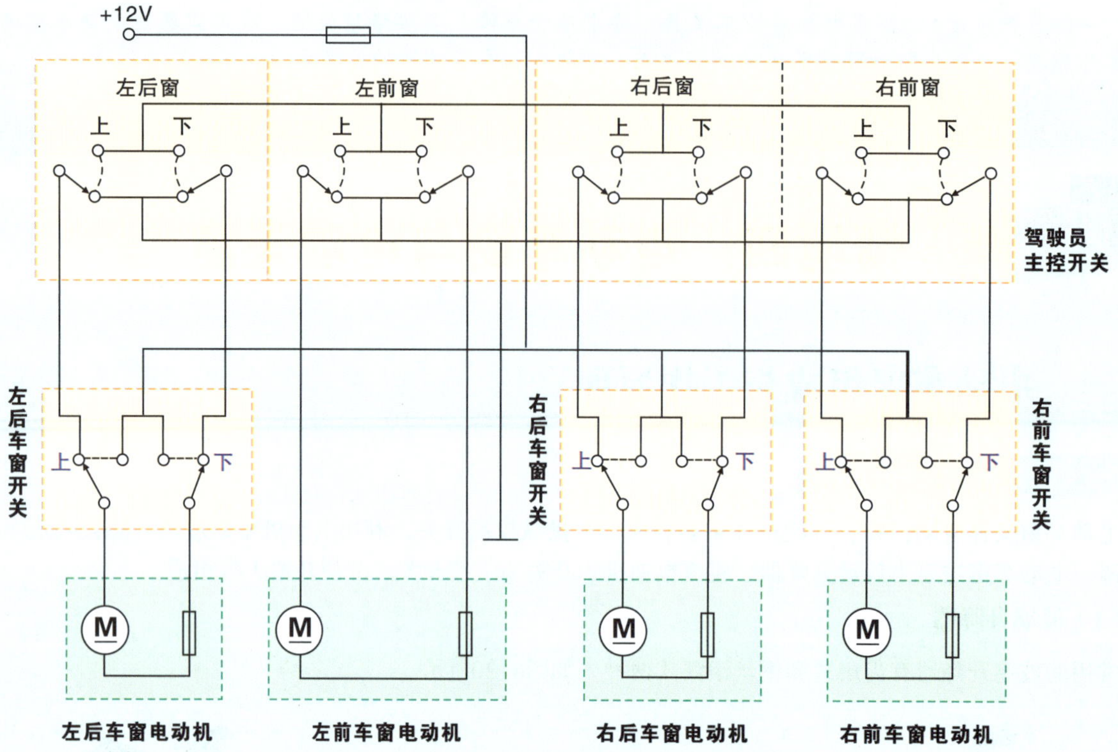

图6-21　永磁式电动机电动车窗控制电路

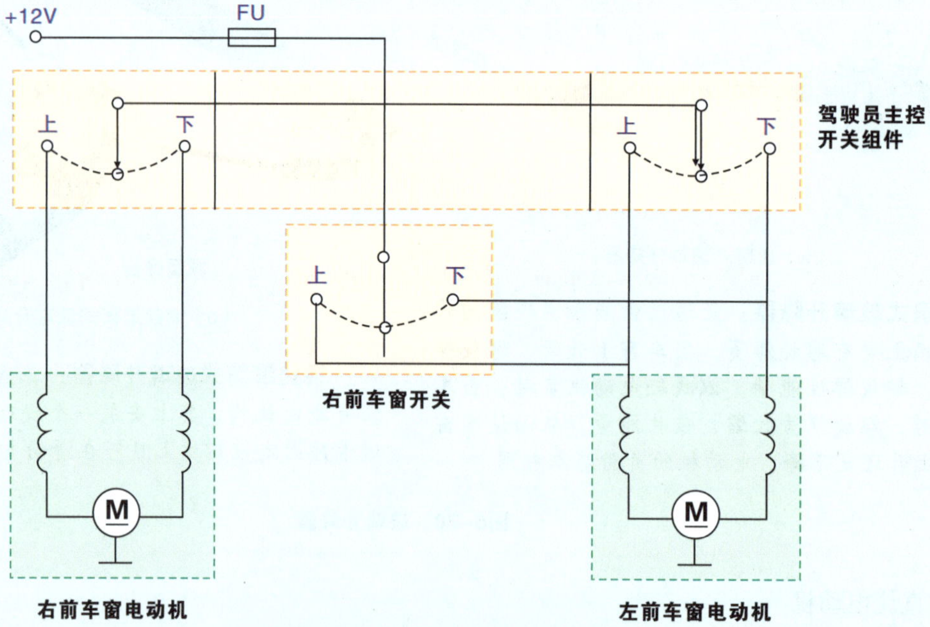

图6-22　双绕组串励式电动机电动车窗控制电路

（3）控制开关

所有车窗系统都有两套控制开关：一套是主控开关，安装在驾驶员侧车门扶手上或仪表板上（图6-23），由驾驶员控制玻璃升降；另一套为分控开关，安装在乘客侧车窗中部（图6-24），可由乘客操纵。主控开关上还安装有控制分开关的安全开关，如果断开它，分开关就不起作用。

图6-23　卡罗拉轿车车窗主控开关

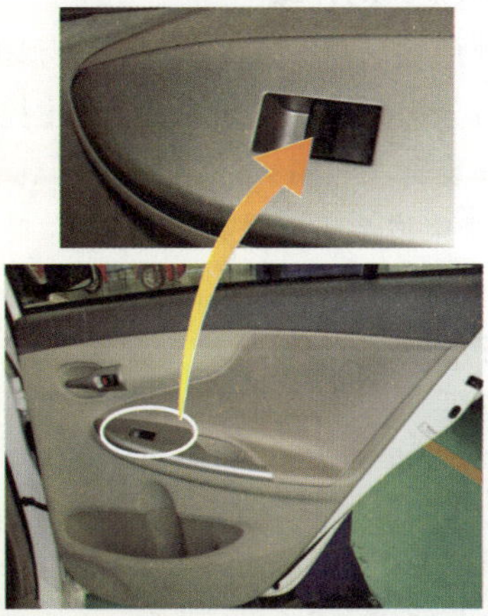

图6-24　卡罗拉轿车右前乘客侧车窗分控开关

2. 电动车窗的工作原理

图6-25所示为本田飞度轿车电动车窗控制系统线路，它采用永磁式直流电动机驱动车窗玻璃升降。

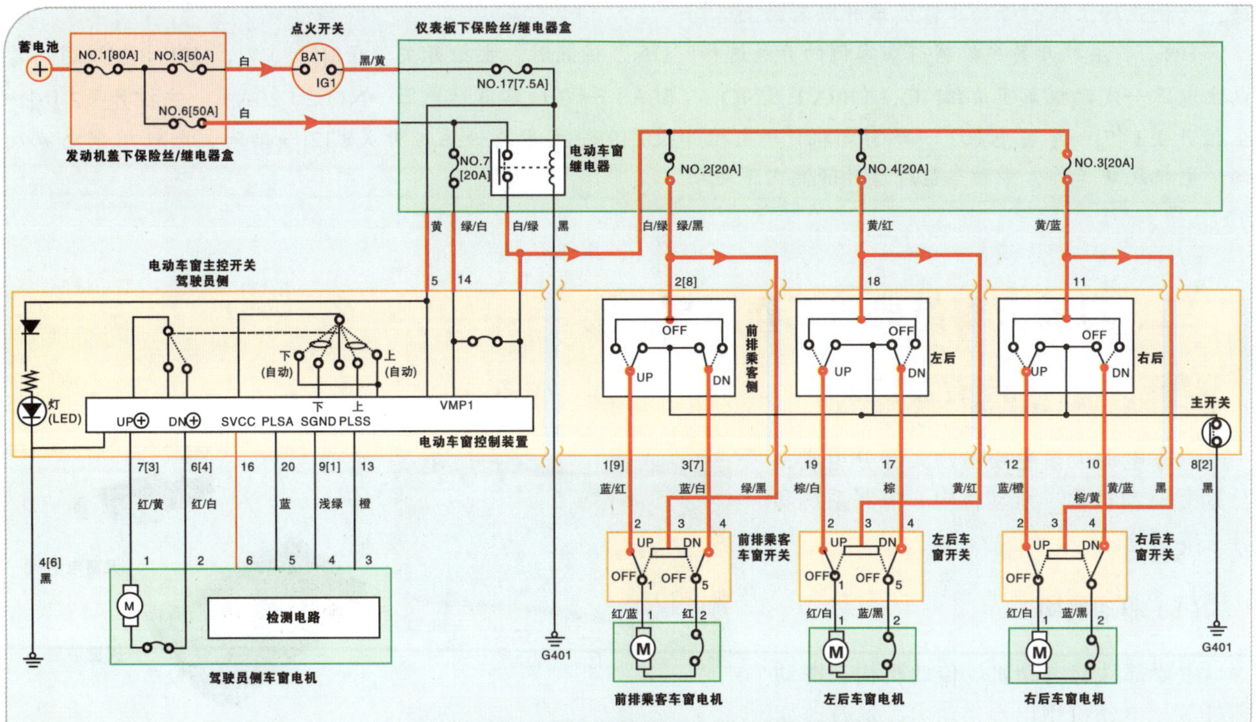

图6-25　本田飞度轿车电动车窗控制系统线路

当点火开关处于IG1位置时，电动车窗继电器线圈通电，吸合常开开关，接通蓄电池电源至各车窗控制电机的线路。位于驾驶员侧的主控开关控制驾驶员侧车窗的动作，同时也能控制各车窗的动作。其他车窗控制开关只能控制相应的车窗动作。同时，驾驶席侧车窗具有自动升降功能。

（1）驾驶员侧车窗的控制

驾驶员侧车窗的控制由主控开关内的电动车窗控制装置控制。电动车窗控制装置接收驾驶席侧车窗的开关信号，控制电机的运转。飞度自动车窗带有防夹功能，当选择自动升降模式时，检测电路随时检测电机控制电流的变化，并反馈给电动车窗控制装置控制电机的正转或反转。

（2）乘客侧车窗的控制

乘客侧车窗的控制前提条件是主开关须闭合，接通至搭铁的通路。以前排乘客车窗控制为例，前排乘客车窗的控制方式可分为前排乘客开关控制和主控开关控制。

前排乘客车窗开关控制：

UP：当前排乘客车窗开关选择“UP”时，开关端子3-1、5-4接通。蓄电池电源→发动机盖下熔丝NO.1（80A）及NO.6（50A）→电动车窗继电器→NO.2（20A）→前排乘客车窗开关3#→前排乘客车窗开关1#→车窗电机1#→车窗电机2#→前排乘客车窗开关5#→前排乘客车窗开关4#→主开关→主控开关8#[2]→接地。电机控制回路接通，电机正转工作，带动车窗玻璃升降器向上运动。

DN：前排乘客车窗开关选择“DN”时，前排乘客开关端子3-5、1-2接通。蓄电池电源→发动机盖下熔丝NO.1（80A）及NO.6（50A）→电动车窗继电器→NO.2（20A）→前排乘客车窗开关3#→前排乘客车窗开关5#→车窗电机2#→车窗电机1#→前排乘客车窗开关1#→前排乘客车窗开关2#→主开关→主控开关8#[2]→接地。电机控制电流反向，电机反转工作，带动车窗玻璃升降器向下运动。

主控开关控制：

UP：当主控开关内控制前乘客侧的开关选择“UP”位置时，主控开关端子2[8]-1[9]、3[7]-8[2]接通。蓄电池电源→发动机盖下熔丝NO.1（80A）及NO.6（50A）→电动车窗继电器→NO.2（20A）→主控开关2#[8]→主控开关1#[9]→车窗电机1#→车窗电机2#→主控开关3#[7]→主开关→主控开关8#[2]→接地。电机控制回路接通，电机正转工作，带动车窗玻璃升降器向上运动。

DN：当主控开关内控制前乘客侧的开关选择“DN”位置时，主控开关端子2[8]-3[7]、1[9]-8[2]接通。蓄电池电源→发动机盖下熔丝NO.1（80A）及NO.6（50A）→电动车窗继电器→NO.2（20A）→主控开关2#[8]→主控开关3#[7]→车窗电机2#→车窗电机1#→主控开关1#[9]→主开关→主控开关8#[2]→接地。电机控制电流反向，电机反转工作，带动车窗玻璃升降器向下运动。

二、电动天窗组成与工作原理

1. 汽车电动天窗的组成

汽车电动天窗主要由四大部分组成，分别是驱动机构、滑动机构、控制系统和开关等部分。

图6-26 电动天窗结构

（1）驱动机构

主要部件有电动机、传动机构、滑动螺杆等。电动机用以提供动力，通过改变电流的方向从而改变旋转方向，实现天窗的开关。

（2）滑动机构

主要部件有导向销、导向块、连杆、托架和前、后枕座等。

（3）控制系统

主要部件有ECU，ECU是用来接收开关输入的信息，通过运算和判断，控制天窗的开闭。

（4）开关

主要控制开关和限位开关组成。控制开关是产生控制信号的；限位开关是用来检测天窗所处位置的。

2. 电动天窗的控制电路

电动天窗的控制电路如图6-27所示。

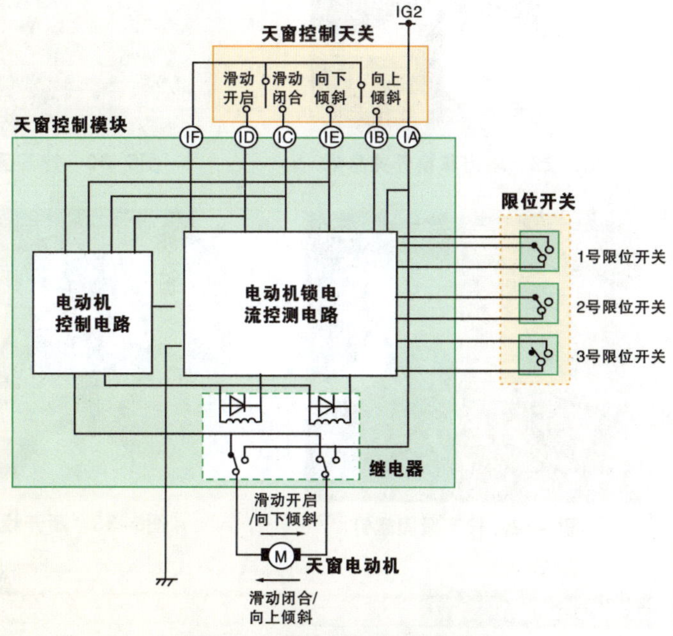

图6-27 电动天窗的控制电路

①天窗打开：接通点火开关且天窗开关按至“OPEN”位置时，信号从天窗开关送到天窗控制模块，此时天窗2号限位开关接通，继电器工作，电动机转动，打开天窗。

②天窗关闭：接通点火开关，天窗打开且1号限位开关和2号限位开关均接通时，当天窗开关被按至“CLOSE”位置，信号从天窗开关送到天窗控制模块，继电器工作，电动机转动，关闭天窗。

③向上倾斜：接通点火开关，天窗关闭时，当天窗开关按在向上倾斜位置，信号从天窗开关到天窗控制模块，继电器工作，电动机转动，天窗向上倾斜。

④向下倾斜：接通点火开关，1号限位开关和2号限位开关均断开时，当天窗开关按在向下倾斜位置，信号从天窗控制开关输送给天窗模块，继电器工作，电动机转动，天窗下倾。

⑤倾斜提示系统：天窗处于向上倾斜状态时，将点火开关从ON挡转至ACC挡或OFF挡，则天窗控制模块接通蜂鸣器，蜂鸣器响起以提醒驾驶员，天窗处于倾斜状态。

三、车窗升降器总成拆装

门窗升降器的拆卸

1. 拆解 （以比亚迪F3轿车为例）

①拧下车窗玻璃开关的紧固螺钉，如图6-28所示。

②取出车窗玻璃开关总成，并断开其线束插头，如图6-29所示。

③拧下车门内拉手的固定螺钉，如图6-30所示。

④取下车门护板总成。

⑤拆下车门内拉手，如图6-31所示。

⑥拆下车门护板支撑架，取下车门护垫。

⑦将玻璃升降开关与线束重新连接好，然后将门窗玻璃升到相应位置。

⑧拧下车窗玻璃升降器与车门的紧固螺钉，如图6-32所示。取出车窗玻璃。

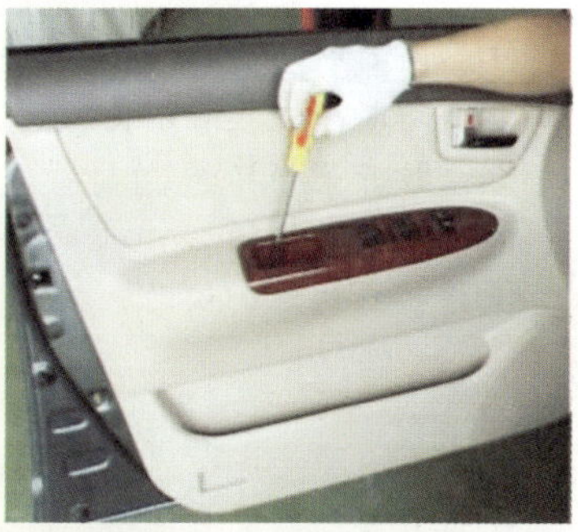
图6-28 拧下紧固螺钉

⑨断开车窗玻璃升降器线束插头，如图6-33所示。

⑩然后取出车窗玻璃升降器，如图6-34所示。

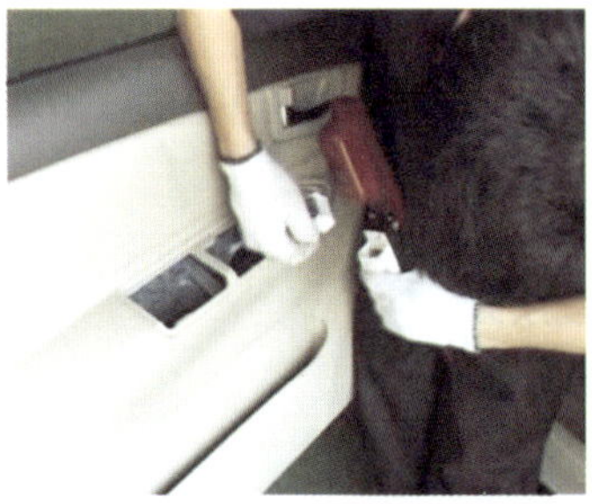

图6-29　取出车窗开关总成

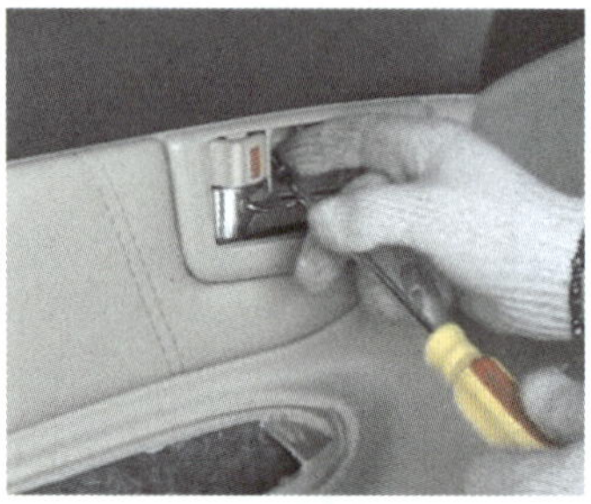

图6-30　拧下固定螺钉

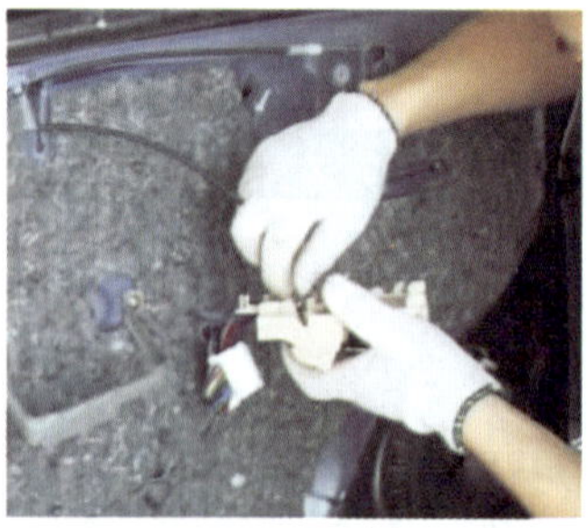

图6-31　拆下车门内拉手

图6-32　拧下紧固螺钉

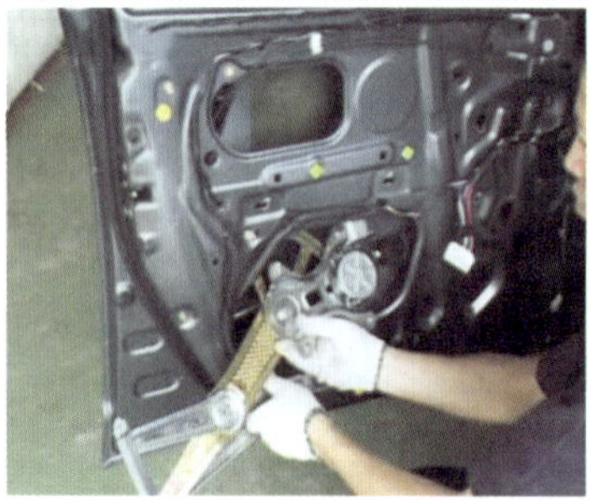

图6-33　断开线束插头

图6-34　取出车窗玻璃升降器

2. 安装

按拆卸相反的顺序进行安装。

> ⚠注意：
>
> 安装、调整完后，应确保车窗玻璃能平稳、顺利地上升或下降。

四、电动车窗故障检修

电动车窗常见故障有：所有车窗均不能升降、部分车窗不能升降或只能向一个方向运动、电动车窗有异响等。

1. 所有车窗均不能升降

故障原因：

①熔断器断路。

②线路断路，接触不良。

③主控开关损坏。

④直流电动机损坏。

⑤搭铁点锈蚀、松动。

维修思路：

①检查熔断器是否断路。

②若熔断器良好，则应将点火开关接通，检查点火开关接线柱上的电压是否正常，如电压为零，则应检查电源线路；电压正常，则应检查搭铁线是否良好。

③若搭铁不良时，应清洁、紧固搭铁线；若搭铁良好，应对主控开关、直流电动机进行检查。

2. 部分车窗不能升降或只能向一个方向运动

故障原因：

①该车窗按键开关损坏。
②该车窗电动机损坏。
③连接导线断路。
④主控开关损坏。

维修思路：

①检查主控开关中的安全开关是否正常，该车窗的按键开关工作是否正常。
②检查该车窗的电动机正反转是否运转稳定。
③检查连接导线。
④若车窗只能向一个方向运动，一般是按键开关故障或部分线路断路或接错，可以先检查线路连接是否正常，再检修开关。

3. 电动车窗有异响

故障原因：

①传动机构调整不当。
②卷丝筒内钢丝绳脱槽。
③电动机盖板或固定架与车窗玻璃碰擦。

维修思路：

①检查调整各部件连接情况。
②检查调整钢丝绳的位置。
③检查安装支架弧度是否正确。

五、电动天窗故障检修

对于电动天窗故障，可按下表所示进行故障诊断：

表6-1 电动天窗故障诊断

故障现象	故障部位	故障现象	故障部位
滑动天窗系统不工作	①继电器 ②仪表熔断丝 ③滑动天窗开关 ④滑动天窗限位开关 ⑤滑动天窗驱动齿轮 ⑥滑动天窗的导轨 ⑦线束	滑动天窗系统在半途停止工作（外界物体如石块等落入电动总成里）	①滑动天窗开关 ②滑动天窗限位开关 ③滑动天窗驱动齿轮 ④线束

六、汽车电动车窗不工作故障维修实际操作

※在掌握了汽车电动车窗的维修知识后，现在我们一起来解决前面遇到的日产风度A32轿车电动车窗不工作的故障。

维修过程如下：

①先将左后升降器开关拆掉，发现未插插头，原来左后升降开关已被人为地打开过，内部电器原件已被掏空，已无法再修复。

②装上一个新的左后升降器开关，发现左后门开关没反应，用左前门开关控制左后门升降器时后边两车窗可同时升降，但用左前门或右后开关控制右后门升降器，升降器均无反应。拔掉新的左后升降器开关插头，测试升降器的工作情况，确定右后升降器开关本身没问题，但左前门上主开关的右后开关不能控制右后，而其左后开关却能控制，把右后升降器开关装在左后测试，左后升降器能正常工作，前门控制也正常；再把新的开关装在左后，升降器也能正常工作，可把两个开关同时装在左右两边时，升降器就出现了故障，因此怀疑两个后升降器电路有联系。

③根据该车升降器电路（图6-35），测量电源、搭铁均正常，该车采用多路控制，只有两根数据线传送信号数据，主门能控制两后门，说明信号线没问题，而主门发送的左后门升降信号，能使两个后门同时工作，即：两个后门开关能同时接受前门主开关的升降信号，说明两个后开关都是左侧的。查询配件编号后，确定判断正确。找了一右后门开关装上，故障排除。

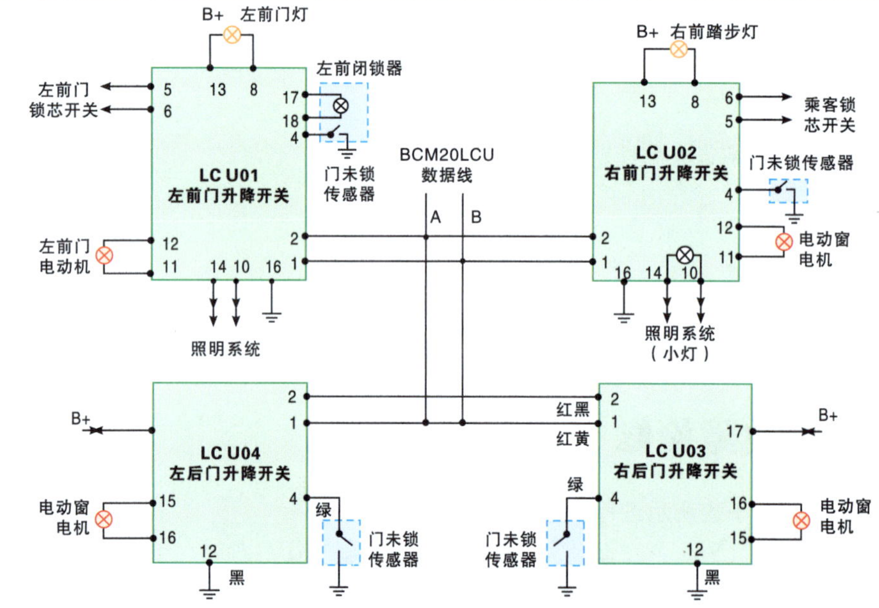

图6-35 风度A32车门多路传输系统电路图

原因分析：

由于该车装备为多路控制，几个开关位置都是唯一的，不能互换，而左后与右后开关的装配位置及插头完全一样，导致开关左、右装错，引起了故障。

一辆捷达轿车左前门中控锁开关能自动闭锁，但不能自动开锁，要求给予维修。

要维修该故障，我们需熟悉汽车中控门锁的结构与工作原理、了解汽车中控门锁的拆装要点、掌握汽车中控门锁故障的检修方法。

情境五：汽车中控门锁

一、汽车中控门锁结构

1. 汽车电子门锁的结构

汽车电控门锁系统主要由控制开关、门锁控制器和门锁执行机构等组成。

（1）控制开关

控制开关的类型主要有：门锁控制开关、钥匙控制开关、行李箱门开启器开关、门控开关、门锁开关等。

①门锁控制开关

安装在前左门和右门的扶手上，如图6-36所示。将开关推向前门是锁门，推向后门是开门。

②钥匙控制开关

安装在每个前门的钥匙门上，如图6-37所示。当从外面用钥匙开门和关门时，钥匙控制开关便发出开门或锁门的信号给门锁ECU。

③行李箱门开启器开关

用来开启行李箱，拉动此开关便能打开行李箱门，图6-38所示为丰田卡罗拉轿车行李箱开启器开关。

④门锁开关

用于检测车门的开闭情况。当车门关闭，门锁开关断开；车门开启，门锁开关接通。

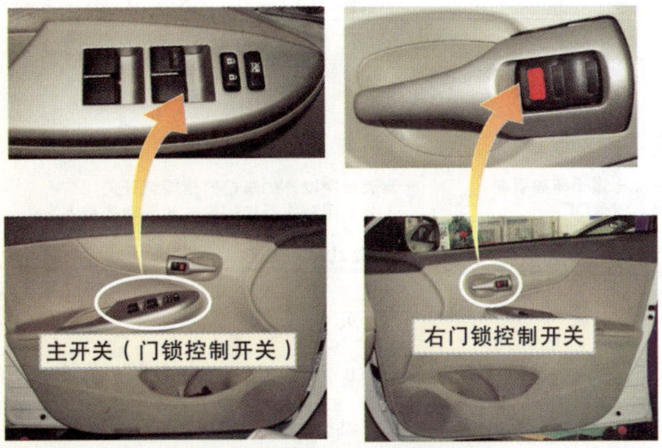

图6-36 门锁控制开关

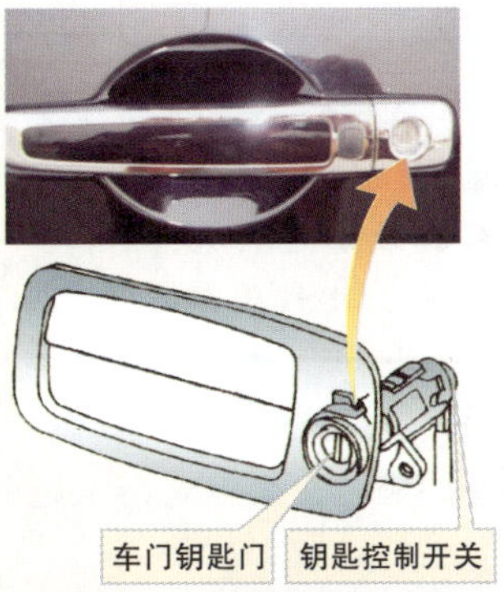

图6-37 钥匙控制开关

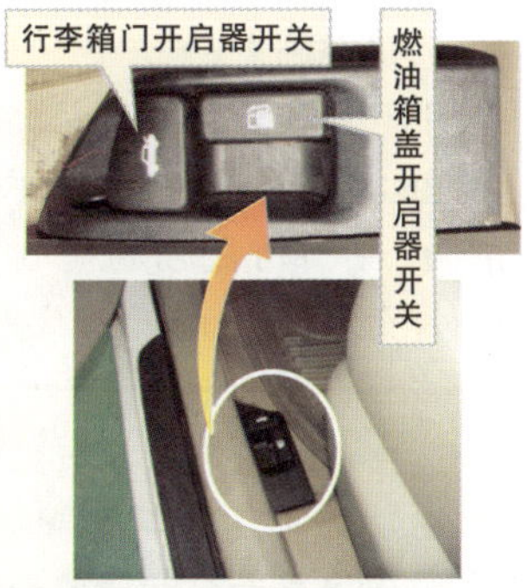

图6-38 卡罗拉行李箱门开启器开关

（2）门锁控制器

门锁控制器为门锁执行机构提供开锁和闭锁脉冲电流，主要类型有晶体管式门锁控制器、电容式门锁控制器和车速感应式门锁控制器。

①晶体管式

门锁控制器内部设有闭锁和开锁两个继电器，由晶体管开关电路控制，利用电容器的充、放电过程，控制一定的脉冲电流持续时间，使门锁执行机构完成闭锁和开锁动作。如图6-39所示。

②电容式

该系统利用充足了电的电容器，在工作时继电器串联接入电容器的放电回路，使其触点短时间闭合。当正向或反向转动车门钥匙时，相应的电路开关（闭锁或开锁）接通，电容器放电电流通过继电器线圈（开锁或闭锁继电器）搭铁，线圈产生电磁吸力，触点闭合，接通执行机构电磁线圈的电路，完成闭锁或开锁的动作。当电容器放电完毕后，继电器触点打开，中央门锁系统停止工作。此时另一只电容器被充电，为下一次操纵做好准备。如图6-40所示。

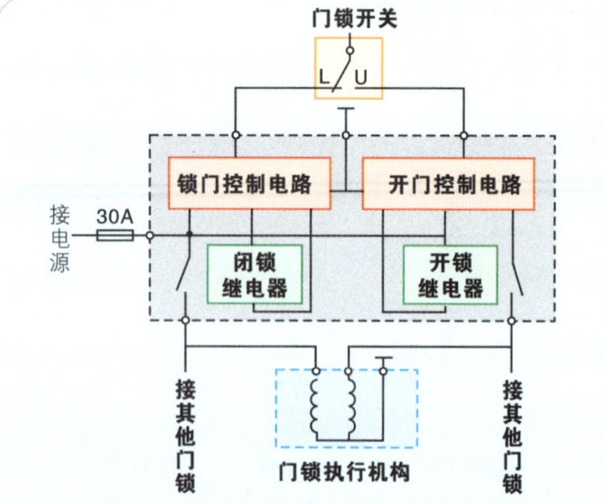

图6-39　晶体管式中央门锁系统电路

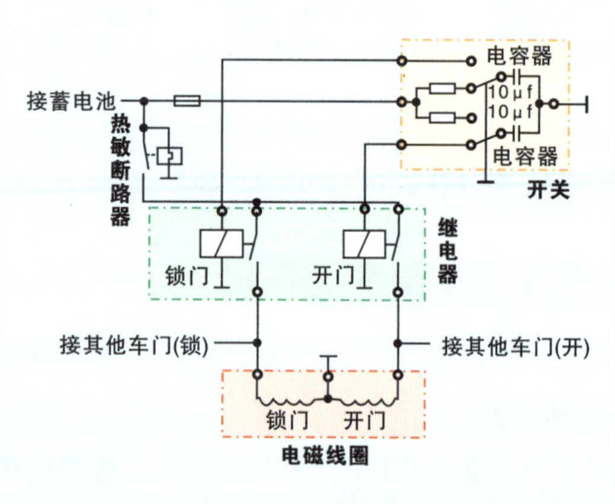

图6-40　电容式中央门锁系统电路

③车速感应式

在中央门锁系统中加装一车速（10km/h）感应开关，当汽车行驶速度达10km/h以上时，若车门未闭锁，不需要驾驶员操纵，门锁控制器将自动关闭。每个门可单独进行门锁。车速感应式中央门锁系统电路如图6-41所示。

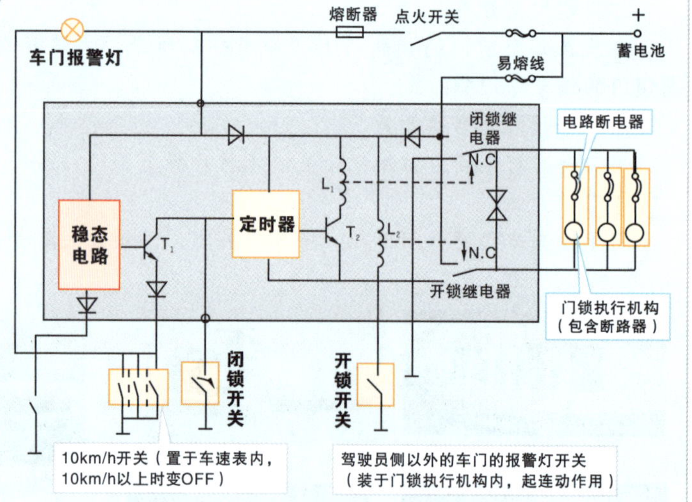

图6-41　车速感应式中央门锁系统电路

（3）执行机构

汽车电子门锁的执行机构一般采用电磁铁或电动机控制。

①电磁铁式门锁执行机构

图6-42所示为一种双线圈式门锁执行机构。当给锁门线圈通电时，衔铁带动连杆左移，即锁门；当给开门线圈通电时，衔铁带动连杆右移，即开锁。

②电动机式门锁执行机构

电动机式自动车门锁如图6-43所示，它由双向永磁电动机以及齿轮和齿条等组成，电机旋转带动齿条伸出或缩回完成开锁和闭锁动作。

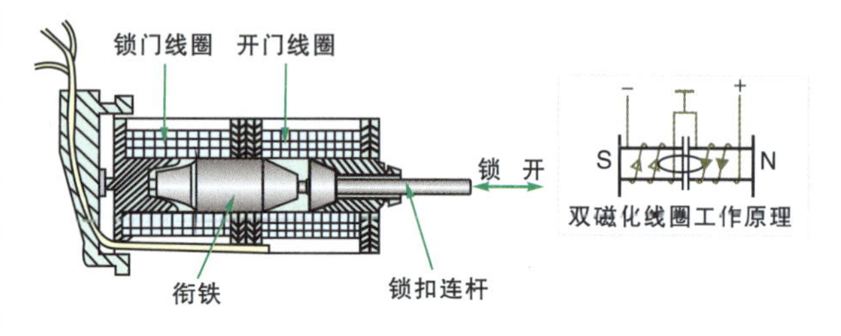

图6-42　双线圈式门锁执行机构

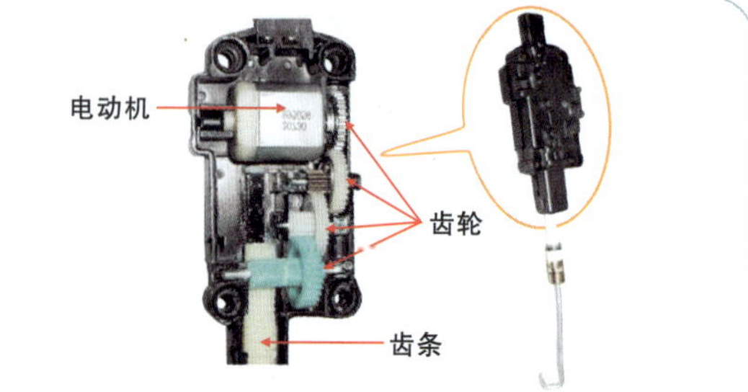

图6-43　电动机式自动车门锁

2. 汽车遥控车门的组成

遥控门锁系统的作用是在没有钥匙的情况下，利用遥控器在一定距离内完成车门的打开及锁止。遥控门锁系统不但能控制驾驶员侧车门，还可控制其他车门和行李舱门。遥控门锁系统由发射器、接收器及执行器等组成，图6-44所示。

发射器也称遥控器，其作用是利用发射开关发射规定代码的无线遥控信号，控制驾驶员侧车门、其他车门、行李舱门等的开启和锁闭，且具有寻车功能。发射器分为组合型（发射器与点火钥匙合二为一）和分开型两种，如图6-45所示。

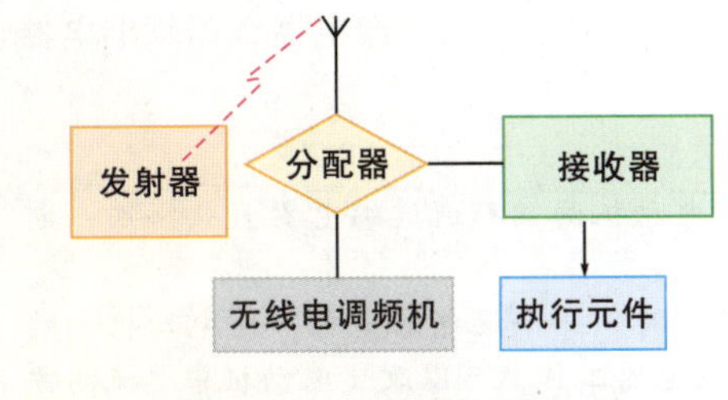

图6-44　遥控系统的组成

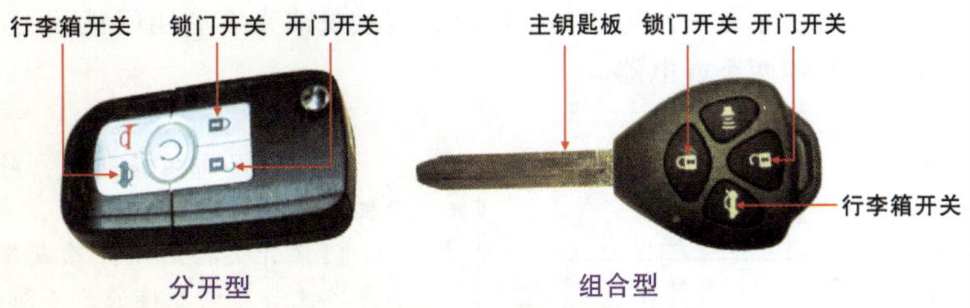

图6-45　发射器

图6-46所示为丰田威驰轿车无线遥控门锁系统零部件位置。

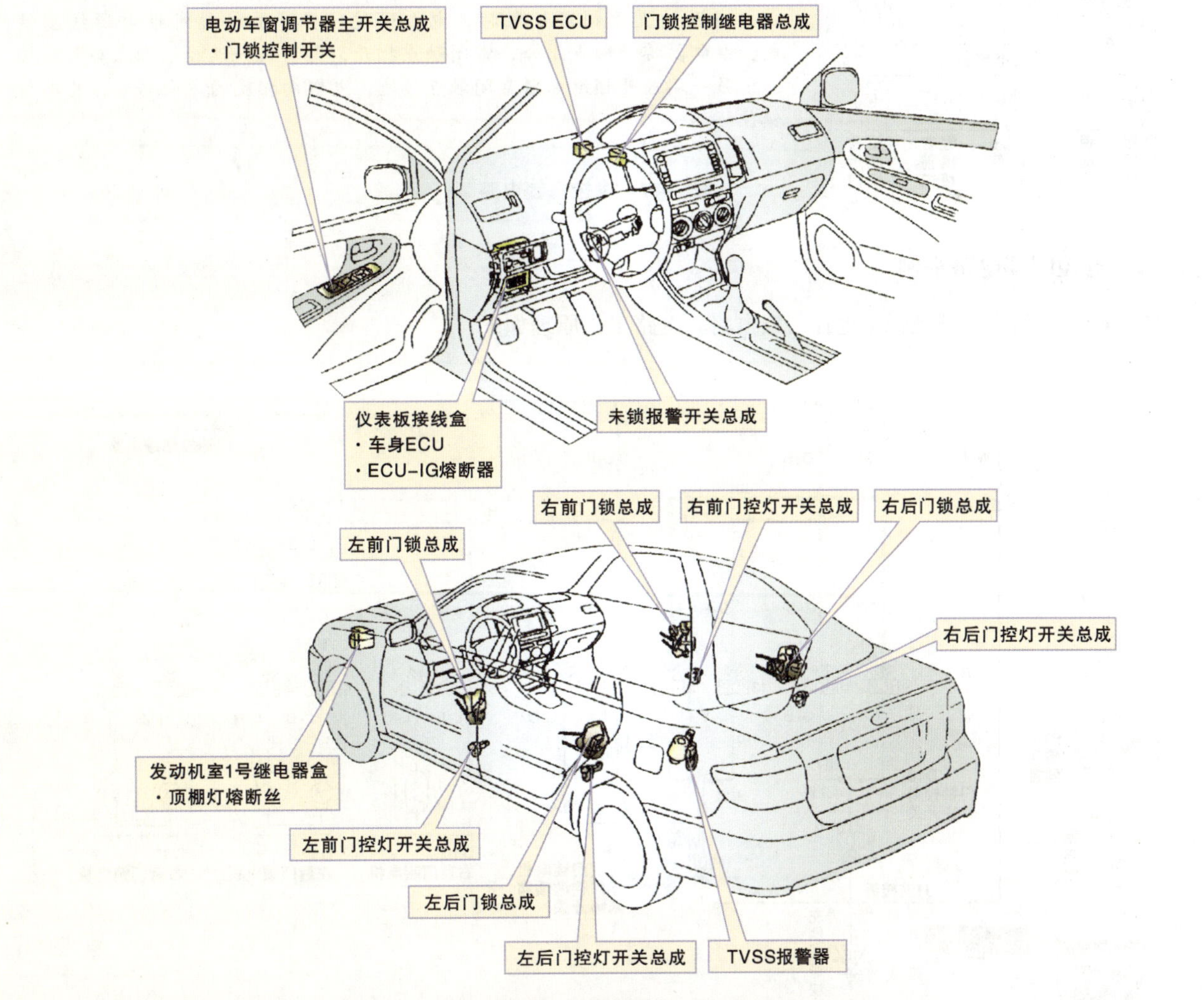

图6-46　丰田威驰轿车无线遥控门锁系统零部件位置

二、汽车中控门锁工作原理

1. 电控门锁工作原理

（1）电控门锁电路

电控门锁的作用是通过电磁铁机构或电动机式机构来打开及锁止车门锁。它是由门锁执行机构及联动机构、门锁控制开关、门锁控制继电器等主要部分组成。目前，高档车一般采用的是自动锁门式，它是在可以手动控制门锁开闭的基础上，还可以根据汽车车速自动锁死车门。

图6-47所示是一种电控门锁电路，驾驶员或乘客利用门锁开关可以接通或断开门锁继电器，门锁继电器包括锁定和开锁两个继电器。

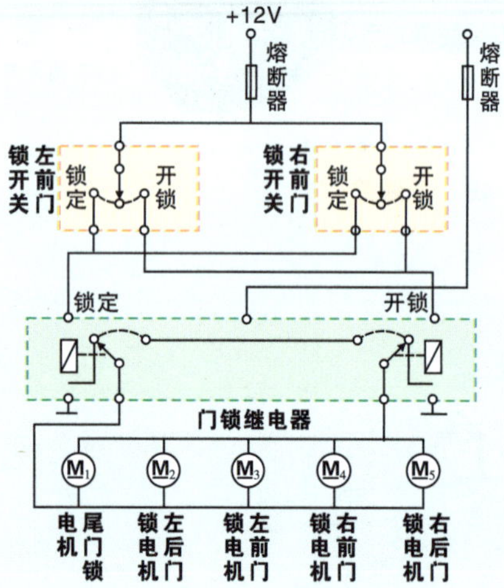

门锁开关都不接通时，所有电动机两端都通过继电器直接搭铁，电动机不转

门锁开关接通（开锁或锁定）时，一个继电器通电，使电动机一端不再搭铁而与电源接通，不同的继电器工作，可以改变电动机中电流的方向，使门锁电动机的转向改变，实现开锁和锁定。具体工作原理如下：

当开关置于开锁位置时，开锁继电器线圈得电，继电器常开触点闭合，常闭触点打开，电动机一端经该触点与电源接通，另一端经锁定继电器常闭触点接地，电机转动把门锁打开

当开关置于锁定位置时，电源通过门锁开关给锁定继电器线圈供电，继电器常开触点闭合，常闭触点打开，电动机一端经该触点与电源接通，另一端经开锁继电器常闭触点接地，电机向相反的方向转动，将车门锁住

图6-47　电控门锁电路

（2）电控门锁电路举例

图6-48所示为丰田威驰轿车电控门锁电路。电路工作原理如下：

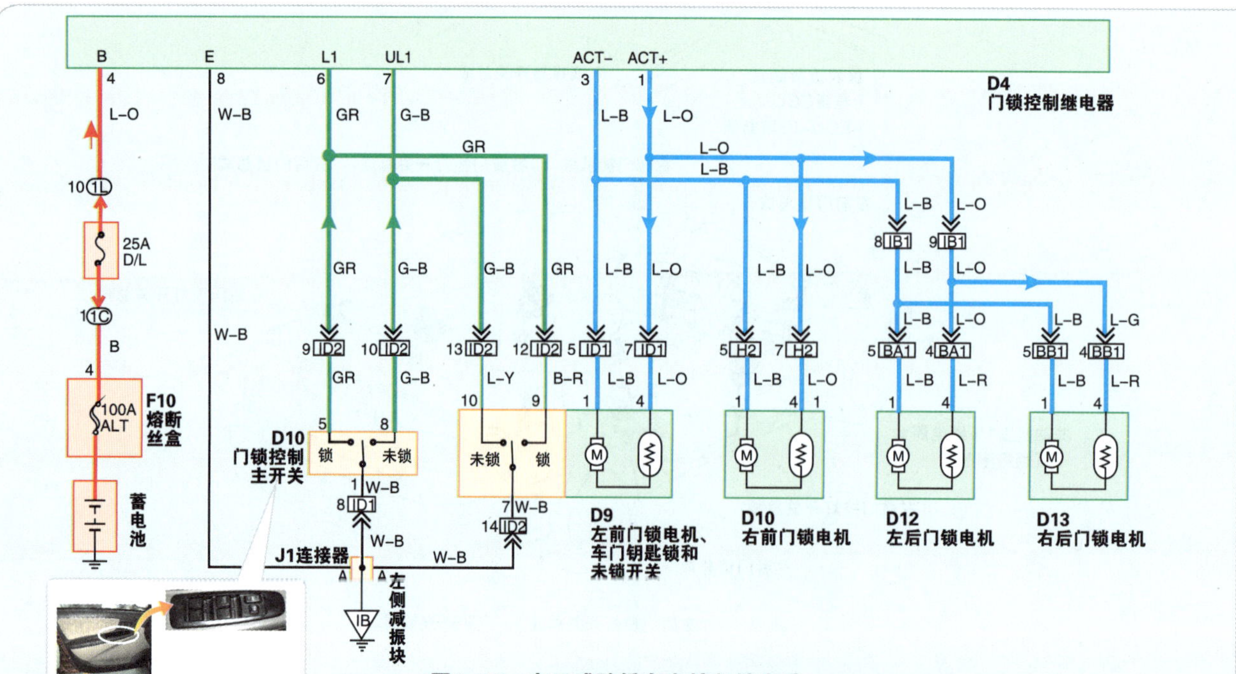

图6-48　丰田威驰轿车电控门锁电路

电控门锁控制继电器D4接收来自主开关D10和左前门车门锁的信号，然后驱动门锁电机，其中左前门锁电机、右前门锁电机、左后门锁电机、右后门锁电机并连接入门锁控制继电器的3脚和1脚，ACT+和ACT-为门锁电机控制信号输出端。

当门锁开关置于“锁”位置时，门锁控制继电器的6脚输入搭铁信号，门锁控制继电器识别为锁门信号，继电器动作，从其1脚输出蓄电池电压，分别经左前门锁电机、右前门锁电机、左后门锁电机、右后门锁电机后回到门锁控制继电器的3脚，此时左前门、右前门、左后门、右后门电动机运转，同时上锁。

当门锁开关置于“未锁”位置时，门锁控制继电器的7脚输入搭铁信号，门锁控制继电器识别为开锁信号，继电器动作，从其3脚输出蓄电池电压，分别经左前门锁电机、右前门锁电机、左后门锁电机、右后门锁电机后回到门锁控制继电器的1脚，此时左前门、右前门、左后门、右后门电动机运转，同时开锁。

2. 遥控车门系统工作原理

电控单元根据钥匙开关、门锁控制开关的位置及车速传感器的信号发出锁门或开锁指令，通过电磁铁或电动机实现锁门或开锁。若驾驶员未从点火开关中拔出钥匙便锁车门，则电控单元根据钥匙开关提供的信号自动实现开锁，使所有车门门锁打开。

图6-49所示为丰田威驰轿车遥控车门电路。电路分析如下：

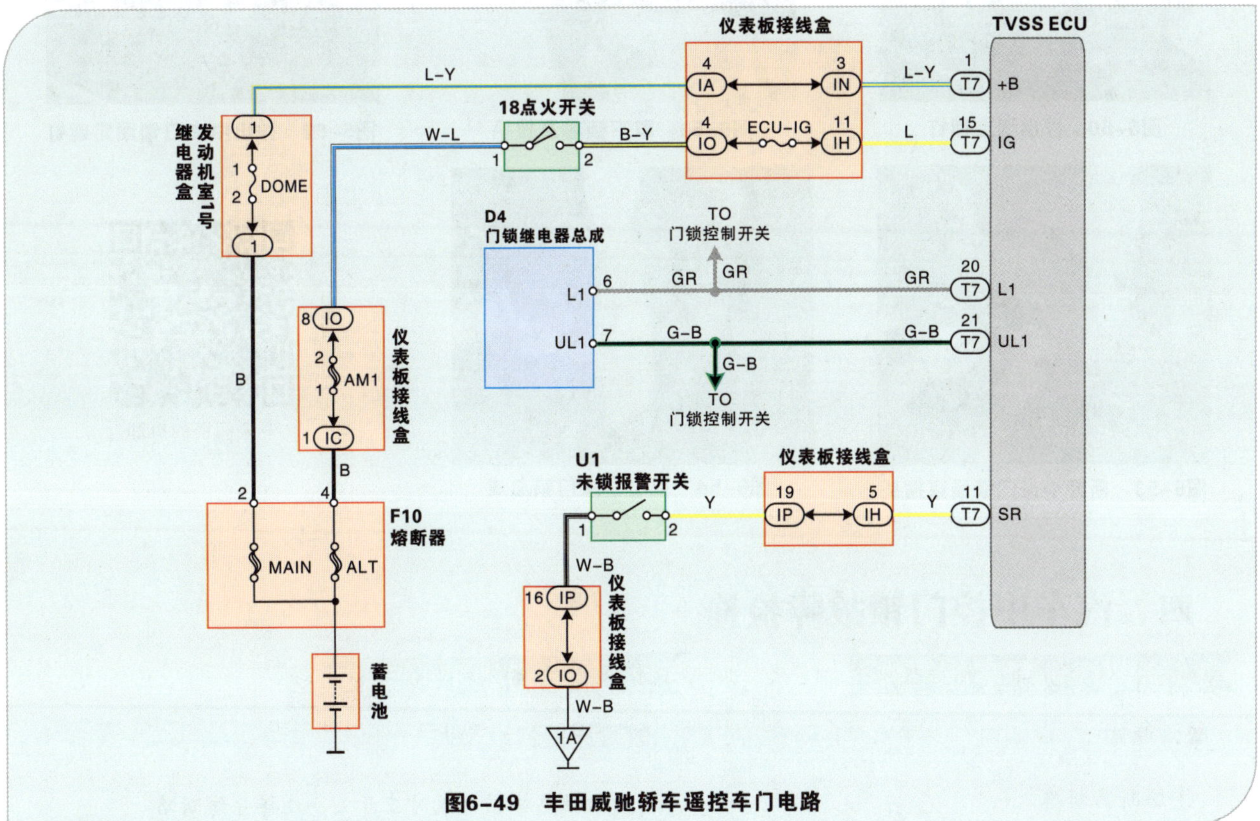

图6-49　丰田威驰轿车遥控车门电路

蓄电池电压→MAIN熔丝→DOME熔丝→防盗系统（TVSS）ECU的1脚，此为常电源电路；当点火开关闭合时，蓄电池电压→ALT熔丝→AM1熔丝→点火开关→ECU-IG熔丝→防盗系统ECU的15脚。

防盗系统ECU接收来自发射器的信号，并通过其20脚、21脚（其中20脚输出的是上锁信号，21脚输出的是开锁信号）把这个信号发送给门锁控制继电器总成，门锁控制继电器总成向每个门锁电机发出上锁/开锁信号实现控制。具体上锁/开锁电路分析参看威驰电动门锁部分。

其中防盗系统（TVSS）ECU的7脚外接未锁报警开关，该开关用来检测点火开关钥匙是否插入，当钥匙插入时，未锁报警开关闭合；当钥匙拔出时，未锁报警开关断开。

三、汽车中控门锁拆装

1. 拆解

（以比亚迪F3轿车为例）

①拧出车门锁芯的固定螺钉，如图6-50所示。

②取下锁芯以及车门外拉手，如图6-51所示，取下车门外把手密封垫。

③拧出中央门锁电动机总成的固定螺钉，如图6-52所示。

④断开中央门锁电动机总成的线束插头，如图6-53所示。

⑤取出中央门锁电动机总成，如图6-54所示。

2. 安装

按与拆解相反的顺序进行安装。

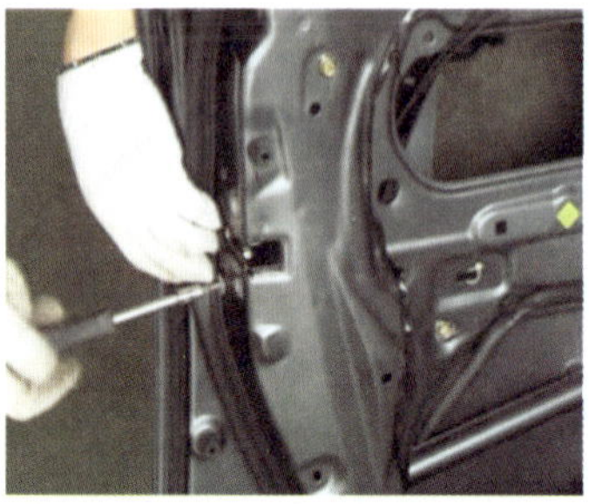

图6-50　拧出固定螺钉

图6-51　取下锁芯及拉手

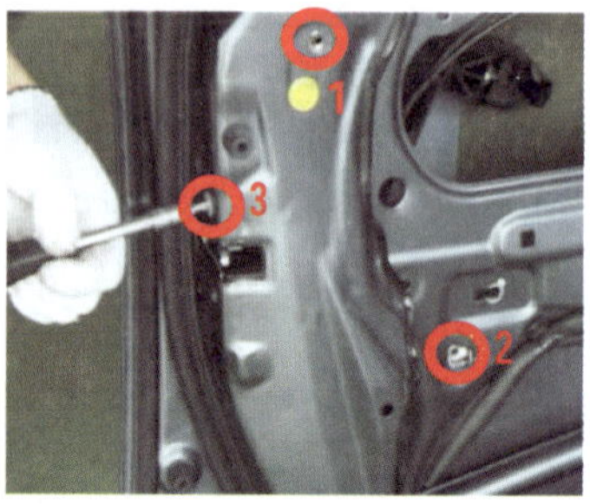

图6-52　拧出中央门锁固定螺钉

图6-53　断开中央门锁线束插头

图6-54　取出中央门锁总成

中央门锁的拆卸

四、汽车中控门锁故障检修

1. 全部门锁都不能工作

故障原因：

①熔断器断路。

②继电器损坏。

③门控开关触点烧蚀。

④搭铁点锈蚀或松动。

⑤连接线路断路。

维修思路：

①首先检查熔断器是否断路；若熔断器良好，则应将门控开关接通，检查电机接线柱上的电压是否正常。

②若电压为0，则应检查继电器和电源线路；若电压正常，则应检查搭铁线是否良好。

③搭铁不良时，应清洁、紧固搭铁线；若搭铁良好，应对开关和电动机进行检测。

2. 部分门锁不能工作

故障原因：

该门锁电机损坏或对应开关、连接导线断路。

维修思路：

先检查线路是否正常，再检查开关和电动机。

3. 汽车遥控器不能控制门锁

故障原因：

①遥控器电池无电。
②遥控器损坏。
③继电器损坏。
④熔断器断路。
⑤未锁警告灯开关总成烧蚀短路。
⑥电控单元损坏。
⑦线束断路。

维修思路：

①检查遥控器发光二极管是否闪亮。按3次开关，检查发射器发光二极管是否亮3次。如果正常，说明遥控器无故障；如果不正常，则更换遥控器电池后，按3次开关，检查发射器发光二极管是否亮3次。如果不正常，更换门控发射器；如果正常，则说明是遥控器电池无电。

②检查熔断器是否断路。

③检查无线门锁功能。按遥控器开关1s，遥控器正对驾驶员一侧的车门外侧把手，距离车辆1 000mm。如果正常，无线门锁故障；如果不正常，转到下一步骤。

④检查未锁报警开关总成的导通性，如果不正常，更换未锁警告灯开关总成。

⑤检查继电器。

⑥检查线束或连接器。

五、汽车中控门锁故障维修实际操作

※在掌握了汽车中控门锁的维修知识后，现在我们一起来解决前面遇到的捷达轿车左前门中控锁开关能自动闭锁，但不能开锁的故障。

维修过程如下：

①根据经验判断，这种故障现象多为开关或继电器故障，用换件维修法，更换左前门中控锁电动窗开关和仪表下的中控锁电动窗继电器，更换故障仍不能排除。

↓

②检查线路，按照电路图检查，驾驶员侧中控锁开关E150到中控锁控制单元J379只有两根线，分别是黄色线控制闭锁和灰黑色线控制开锁，而且这两根线在线路中没有插头连接。

↓

③利用万用表的导通挡直接测量中控锁开关E150的2号脚到中控锁控制单元J379的8号脚的通断，结果显示断路，所以中控锁控制单元J379接收不到中控锁开关E150的开锁信号。

↓

④将左前门的线束从中央继电器处拔出，检查有无断路处，发现在车门铰链处线束有一处被磨破，将线束修复后故障排除 。

思考与练习

一、填空题

1. 永磁式刮水电动机是通过改变电刷间的________来进行变速的。

2. 如果刮水器在间歇挡不工作，应顺序检查刮水器开关的________挡、线路和________。

3. 风窗洗涤器的作用是向风窗玻璃表面喷洒专用________或________，在刮水片配合下，保持风窗表面洁净。

二、判断题（正确的打“√”，错误的打“×”）

1. 刮水器的自动复位是指在任何时刻切断刮水电动机电路时，刮水片都能自动停止在风窗玻璃的下部。（　　）

2. 汽车前、后挡风玻璃都是利用空调系统中产生的暖气来除霜的。（　　）

3. 电动车窗系统主控开关上安装有控制分开关的安全开关，如果断开它，分开关就不起作用。（　　）

三、选择题

1. 汽车电动刮水器由（　　）驱动

A. 发电机　B. 发动机　C. 微型直流电动机　D. 启动机

2. 自动控制除霜装置中电热丝采用（　　）的细小镍铬丝，自身具有一定电流调节功能

A. 正温度系数　B. 负温度系数　C. 不随温度变化

3. 电动后视镜在任何方向均不能移动，最可能的原因是（　　）

A. 所有开关断路　B. 电源断路　C. 所有电机损坏　D. 所有电机过载保护器断开

4. 将电动车窗电机拆下后，在其位置接12V试灯，开关在“上升”位置时，灯不亮。在“下降”位置时，灯亮，这表明（　　）

A. 搭铁故障　B. 电机故障　C. 电源短路　D. 开关或开关之间的线路不正常

5. 电动座椅在任何方向均不能移动，最不可能的原因是（　　）

A. 电源断路　B. 开关断路　C. 电机损坏　D. 电路断路

参考文献

[1] 谭本忠．汽车电气系统结构与维修图解教程．北京：机械工业出版社，2008
[2] 周建平．汽车电气设备构造与维修．北京：人民交通出版社，2005
[3] 毛峰．汽车电器设备与维修．北京：机械工业出版社，2005
[4] 张春化，蹇小平．汽车电器与电路．北京：人民邮电出版社，2003
[5] 赵奇．汽车电气系统结构与维修．北京：中国劳动社会保障出版社，2003
[6] 于明进，于光明．汽车电气设备构造与维修．北京：高等教育出版社，2007
[7] 陈作兴．汽车电气系统结构与修理．北京：中国劳动社会保障出版社，2008
[8] 吴基安，吴洋．汽车电子新技术．北京：电子工业出版社，2006
[9] 王大伟，董训武．捷达电喷系列轿车维修手册．北京：机械工业出版社，2005
[10] 张美娟．汽车电器与电控系统简明教学图解．北京：电子工业出版社，2004
[11] 赵学敏，王玉东．汽车电气系统构造与维修．北京：国防工业出版社，2003
[12] 孙余凯．看图学修汽车电器．北京：人民邮电出版社，2008
[13] 程国元．汽车电气维修技能实训教程．北京：国防工业出版社，2006
[14] 胡光辉．汽车电气．北京：北京理工大学出版社，2008
[15] 于万海．汽车电气设备原理与检修．北京：电子工业出版社，2005
[16] 吴基安．汽车电路识图与检修．北京：电子工业出版社，2003
[17] 毛峰．汽车车身电控技术．北京：机械工业出版社，2004
[18] 胡光辉．汽车故障诊断技术．北京：电子工业出版社，2005
[19] 孙余凯，项绮明，等．汽车电器识图技巧．北京：人民邮电出版社，2003
[20] 李春明．汽车车身电子技术．北京：北京理工大学出版社，2003